普通高等院校经济管理类"十三五"应用型规划教材
【经济管理类专业基础课系列】

微观经济学
MICROECONOMICS
第2版

主　编　彭佑元　吴青龙
副主编　王文寅　申丹虹　王志强　郭　强
参　编　韩　辉　张艳林

机械工业出版社
China Machine Press

图书在版编目（CIP）数据

微观经济学 / 彭佑元，吴青龙主编 . —2 版 . —北京：机械工业出版社，2019.9
（普通高等院校经济管理类"十三五"应用型规划教材·经济管理类专业基础课系列）

ISBN 978-7-111-63463-8

I. 微… II. ①彭… ②吴… III. 微观经济学 – 高等学校 – 教材 IV. F016

中国版本图书馆 CIP 数据核字（2019）第 167439 号

  微观经济学是经济与管理类专业的核心课程之一，是重要的专业基础课。本书系统地介绍了微观经济学的主要内容，包括均衡价格理论、效用论（消费者行为理论）、生产和成本理论（生产者行为理论）、厂商均衡理论、生产要素价格理论、一般均衡理论、市场失灵理论等。本书在保持经典理论的框架和内容的基础上，适当结合学科新观点和现实经济热点，安排了一些案例和习题，以利于学生更好地掌握和运用知识。

  本书可作为普通高等院校经济管理类各专业微观经济学课程的专门教材。

出版发行：机械工业出版社（北京市西城区百万庄大街22号 邮政编码：100037）
责任编辑：李晓敏   责任校对：殷 虹
印　　刷：北京文昌阁彩色印刷有限责任公司   版　　次：2019年9月第2版第1次印刷
开　　本：185mm×260mm　1/16   印　　张：14.5
书　　号：ISBN 978-7-111-63463-8   定　　价：35.00元

客服电话：(010) 88361066　88379833　68326294   投稿热线：(010) 88379007
华章网站：www.hzbook.com   读者信箱：hzjg@hzbook.com

版权所有·侵权必究
封底无防伪标均为盗版
本书法律顾问：北京大成律师事务所　韩光 / 邹晓东

Preface 前言

《微观经济学》第1版自2012年出版以来，以通俗易懂、理论与实际结合、逻辑结构清晰等特色获得广大教师与学生的喜爱。随着时间的推移，书中的案例和数据需要不断更新，同时，广大教师在教学实践中提出了许多富有建设性的修订意见。我们结合教师的意见和往届学生的建议，在保持第1版原有特色的基础上，有针对性地进行修订，使得本书更加具有针对性和时效性。具体的修订内容如下。

（1）在"1.1 经济学发展简史"部分增加了重商主义的内容，并且结合学生的建议和学习心得重写了"1.4 学习西方经济学的方法"。

（2）第2章对所有案例进行了更新和补充。

（3）第4章整体做了修订，增加了短期成本曲线与长期成本曲线的关系分析。

（4）第5章在完全竞争市场部分增加了完全竞争行业的长期供给曲线；在完全垄断市场部分增加了价格歧视的分析；在寡头垄断市场部分增加了施塔克尔贝格模型等内容。

（5）第6章在"6.1 生产要素的需求"部分增加了共同需求的概念，对"6.4 收入分配"的内容进行了调整，删掉了分配政策部分的内容，将6.3的内容调整为生产要素市场均衡；结合新的资料，增加了若干专栏，对原有数据资料进行了更新；对实训与实践部分的案例分析题进行了重新设计。

（6）第7章对内容进行了调整，由原来的3节调整为5节；删除了第1版中"7.2.2 旧福利经济学"的内容，增加了新内容"7.5 社会福利的最大化问题及其均衡解"。

（7）第8章删除了和前面有交叉的内容，更新了案例；对部分内容进行了文字修订，使之更加通俗易懂。

本书的具体编写分工如下：王文寅编写第1章，彭佑元编写第2、3章，吴青龙编写第4、5章，郭强编写第6章，王志强编写第7章，申丹虹编写第8章。韩辉和张艳林参与了部分章节的辅助编写和统稿工作。彭佑元负责编写体例的设计和全书的统稿工作。

在编写过程中，编者参考了大量的教材和文献，得到了许多经济学教师的建议，在此对相关作者和教师表示敬意和感谢，我们还要感谢机械工业出版社华章公司对本书出版给予的支持，感谢高伟编辑为此付出的辛勤劳动。

由于编者水平有限，书中肯定存在不足之处，恳请广大教师和读者提出宝贵的意见。

编者
2019年6月

教学建议　Suggestion

一、教学目的

在我国高校经济和管理专业的教学中，西方经济学（包括微观经济学和宏观经济学）是核心课程之一，是一门重要的专业基础课程。"微观经济学"以理论和模型的形式描述现代市场经济的运行机制和一般规律，核心是资源配置的价格机制。该课程旨在培养学生的经济学思维，使学生系统掌握微观经济分析的基本概念、基本原理和基本方法，并运用这些原理和方法来分析现实经济问题。

二、先修、后续课程及关系

微观经济学的特点之一是用数学方法来论证和表述经济理论，打好数学基础是学好这门课程的前提。这样，高等数学或微积分就是必要的先修课。同时，学习微观经济学可以为学习其他专业课程打下良好的基础。比如，管理专业开设的管理经济学课程，就是微观经济学在管理决策中的应用；成本会计学离不开微观经济学的成本理论；市场营销学离不开微观经济学的价格理论；等等。

三、教学方法和手段

微观经济学的教学方法有多种，使用本书尤其要注意以下方法的运用：

（1）逻辑法。微观经济学的研究方法是演绎法，因而教学上也要体现这种方法，也就是要讲清楚微观经济学的逻辑性。首先是说明课程的内容体系和结构，使学生一开始就理解课程的整体框架。其次是说明每一章的逻辑地位，以及每章内容的逻辑结构。最后是在讲授每一个原理时，也需注意从立论到证明的展开过程。

（2）互动法，即课堂教学过程中的师生互动。这种方法要求教师进行启发式教学，有的问题让学生给出答案，还可适当向学生提问，教师切忌"满堂灌"。教师应适当安排几次课堂讨论，让学生在其指导下就某个问题交换看法甚至互相辩论，以加深对难点、重点内容的理解。

（3）案例法。教学上要理论联系实际，运用社会或生活中的事例来解释理论，既能使理论易于理解，也有利于培养学生分析实际问题的能力。运用案例法，对于具体问题的阐述或深入浅出，或由浅入深，可以激发学生的学习兴趣。

在教学手段上，注意综合运用板书、PPT、网络视频等多种形式，原则是**提高课堂教学效率和教学质量。不要过分依赖PPT，避免使它变为另一种教材而被"照屏宣科"**。

从学生的角度来说，要学好课程，需认真完成"三部曲"，即课前尽可能哪怕是粗略地预习一下相关内容，上课时认真听讲和做好笔记，课后多做练习题并阅读老师指定的参考书。用经济学的语言说，这是"最优"的学习方法，是实现知识最大化的必要途径。

四、学时分配

学时分配见下表：

章节序号	教学内容	讲授	讨论及习题	合计
1	经济学概述	4		4
2	需求、供给与价格理论	8		8
3	消费者行为理论	8	2	10
4	生产者行为理论	8		8
5	厂商均衡理论	8		8
6	生产要素价格的决定和收入分配	8	2	10
7	一般均衡理论与福利经济学	6		6
8	市场失灵与微观经济政策	6	2	8
	总复习	2		2
	合计	58	6	64

目　　录　Contents

前言
教学建议

第 1 章　经济学概述 /1
1.1　经济学发展简史 /2
1.2　微观经济学的研究对象 /4
1.3　微观经济学的研究方法 /7
1.4　学习西方经济学的方法 /10

第 2 章　需求、供给与价格理论 /13
2.1　需求理论 /14
2.2　供给理论 /19
2.3　市场均衡理论 /23
2.4　弹性理论 /28
2.5　蛛网理论 /49

第 3 章　消费者行为理论 /55
3.1　效用理论 /55
3.2　无差异曲线 /59
3.3　消费者均衡理论 /63
3.4　收入变化和价格变化与消费者选择 /66

第 4 章　生产者行为理论 /75
4.1　生产理论 /76
4.2　成本理论 /94

第 5 章　厂商均衡理论 /108
5.1　市场的分类和厂商利润最大化的原则 /109
5.2　完全竞争市场的厂商均衡 /110
5.3　完全垄断市场的厂商均衡 /120
5.4　垄断竞争市场的厂商均衡 /130
5.5　寡头垄断市场的厂商均衡 /133

第 6 章　生产要素价格的决定和收入分配 /141
6.1　生产要素的需求 /142
6.2　生产要素的供给 /149
6.3　生产要素市场均衡 /157
6.4　收入分配 /164

第 7 章　一般均衡理论与福利经济学 /171
7.1　一般均衡理论概述 /172
7.2　经济效率 /175
7.3　帕累托最优条件 /177
7.4　完全竞争经济的均衡与帕累托最优状态 /186
7.5　社会福利的最大化问题及其均衡解 /188

第 8 章　市场失灵与微观经济政策 /195
8.1　作为市场失灵的垄断 /196
8.2　不对称信息 /201
8.3　外部效应 /207
8.4　公共物品和公共资源 /214
8.5　收入分配差距与政府调节 /218

参考文献 /226

Chapter 1 第1章

经济学概述

> 经济学家研究如何配置稀缺手段，对不同商品的不同稀缺程度如何使不同商品之间的估价比率发生变化感兴趣，对稀缺条件的变化（不论是目的的变化造成的，还是手段的变化造成的，也不论是需求造成的，还是供给造成的）如何影响这种比率感兴趣。经济学是把人类行为当作目的与具有各种不同用途的稀缺手段之间的一种关系来研究的科学。
>
> ——莱昂内尔·罗宾斯《经济科学的性质和意义》

莱昂内尔·罗宾斯（1898—1984），英国经济学家，伦敦学派的主要代表人物。

罗宾斯在经济学上的贡献主要体现在以下三方面。

第一，经济学宗旨和方法论方面的研究。在这一方面，罗宾斯对经济学研究领域的界定，以及与其他社会科学的区别等看法，对经济学家确定经济科学的性质产生了重大的影响。

第二，长期坚持经济自由主义思想，确立了伦敦学派的独特作用。

莱昂内尔·罗宾斯
(Lionel C. Robbins)

第三，尽管罗宾斯本人在研究工作中很少用到现代经济学分析中必不可少的数学工具，但他领导下的伦敦经济学院成为当时经济计量理论的研究中心。

本章核心内容提示

1. 经济学的由来和发展；
2. 微观经济学的研究对象；
3. 微观经济学的研究方法；
4. 学习经济学的意义和方法。

微观经济学和宏观经济学是经济学（西方经济学）的两大组成部分，学习微观经济学，首先要了解西方经济学的发展历程、研究对象和研究方法。

1.1 经济学发展简史

这里所说的经济学，即通常所谓的西方经济学，主要是指流行于欧美发达市场经济国家的经济理论和政策主张。作为对市场经济的理论描述和规范研究，西方经济学经历了重商主义、古典经济学、新古典经济学、现代经济学几个发展阶段。

1.1.1 重商主义

重商主义产生和发展于15～17世纪封建制度瓦解和欧洲资本原始积累时期。这个时期，资本主义生产关系开始萌芽和成长；地理大发现扩大了世界市场，给商业、航海业、工业以极大刺激；商业资本发挥着突出的作用，促进各国国内市场的统一和世界市场的形成。随着商业资本的发展和封建国家支持商业资本的政策的实施，产生了从理论上阐述这些经济政策的要求，逐渐形成了重商主义的理论。

重商主义是资产阶级对资本主义生产关系最初的理论探讨，也是资产阶级经济学的第一个派别。重商主义的发展经历了早期重商主义和晚期重商主义两个阶段。早期重商主义产生于15～16世纪，以货币差额论为中心（即重金主义），强调少买，主张采取行政手段，禁止货币输出，反对商品输入，以贮藏尽量多的货币。晚期重商主义的中心思想是贸易差额论，强调多卖，认为对外贸易必须做到商品的输出总值大于输入总值，以增加货币流入量。16世纪下半叶，西欧各国力图通过实施奖励出口，限制进口（即奖出限入）的政策措施，保证对外贸易出超，以达到金银流入的目的。

重商主义具有如下基本特征：第一，在理论上，重商主义把货币和金银作为财富的唯一形态，认为财富的来源在于流通领域，除了开采金银矿藏之外，只有对外贸易才是国家致富的源泉。第二，在政策上，重商主义主张国家主动干预经济生活，比如，采取相应政策，积极发展和扩大对外贸易，以保证货币尽可能多地流入国内，少流向国外。第三，在研究方法上，重商主义采用的是经验主义研究方法，只关注流通过程的表面现象，从商业资本的运动形式去分析经济活动的表面联系，没有揭示生产活动的规律性，理论不成体系。

1.1.2 古典经济学

古典经济学的最主要代表人物是亚当·斯密，他于1776年出版的《国民财富的性质和原因的研究》（简称《国富论》）被认为是近代经济学诞生的标志。斯密创建了劳动价值论，论述了分工对提高劳动生产率、增加社会财富的积极作用及对工人的不利影响，分析了与资本主义社会三个阶级相应的三种收入，从而形成了涉及当时经济理论的所有范畴和内容的古典政治经济学体系。

大卫·李嘉图是古典经济学的又一位重要代表人物，是古典政治经济学的完成者。他在斯密学说的基础上，在价值理论、货币理论、收入理论、对外贸易理论等方面都做出了新的贡献，其代表作是 1817 年完成的《政治经济学及赋税原理》。

与大卫·李嘉图同时及在其后，一些经济学家如纳索·威廉·西尼尔、约翰·穆勒、托马斯·罗伯特·马尔萨斯、让·巴蒂斯特·萨伊等人的研究则有所不同，他们的研究基本脱离了劳动价值论，分别提出了经济学方法论、人口论、"生产三要素"论、供求平衡的"销售论"、节欲论等。其中，约翰·穆勒于 1848 年出版的《政治经济学原理》是上述从斯密到萨伊的所有理论的综合，这本书在很长时间内对欧洲的经济学教育产生了重要影响。

1.1.3 新古典经济学

19 世纪 70 年代，三位经济学家几乎同时提出了边际效用论，他们是维也纳学派的门格尔、数理学派的杰文斯和瓦尔拉斯。随后，美国经济学家克拉克又提出了边际生产力理论。边际效用论反对古典经济学的劳动价值论，认为价值的形成以物品的稀缺性为前提，以物品的效用为必要条件；价值是人对稀缺产品的效用的一种主观评价，边际效用是衡量价值量的尺度。边际效用论提出了一种新的研究方法——边际分析法，边际被定义为数学上的变量，边际量就是总量函数的一阶导数，这样，数学方法在经济学中的应用就获得了切入点和路径。这就是经济学史上所谓的"边际革命"，对西方经济学的发展产生了深远的影响。

英国经济学家阿尔弗雷德·马歇尔在 1890 年出版了《经济学原理》，这是第二本具有里程碑意义的教科书，他由此成为经济学学说史上第一位真正的集大成者，是"剑桥学派"的创始人。马歇尔把古典经济学的供给分析与边际学派的需求分析加以综合，提出了均衡价格理论，并为经济学研究创立了一套分析工具和方法（边际分析、局部均衡分析等）。马歇尔的学说是对古典经济学的继承和发展，既坚持了古典经济学的市场主导和自由放任的思想，又有理论和方法创新，因此被称为"新古典经济学"。新古典经济学为微观经济学的形成奠定了坚实的基础。从马歇尔开始，"政治经济学"的名称就被"经济学"所替代。

截至 20 世纪 30 年代，微观经济学在许多方面得到了丰富和发展，这包括：爱德华·哈斯丁·张伯伦和琼·罗宾逊的"垄断竞争"理论，维尔弗雷多·帕累托、约翰·希克斯等人对序数效用论和一般均衡论的拓展，福利经济学的形成等。

1.1.4 现代经济学

20 世纪 30 年代世界经济大萧条粉碎了新古典经济学关于市场机制能自动调节供求从而达成充分就业的神话，在这样的背景下，英国经济学家约翰·梅纳德·凯恩斯于 1936 年发表了《就业、利息和货币通论》。凯恩斯认为经济危机的根源在于有效需求不足，改变需求不足的根本途径在于政府干预。在研究方法上，凯恩斯开创了总量分析的先河，建立了不同于微观经济学的宏观经济学。这就是经济学史上的"凯恩斯革命"。

面对凯恩斯理论与新古典经济学（或者说宏观经济学与微观经济学）在理论、方法和政策上的分歧，美国经济学家保罗·萨缪尔森于 1948 年出版了《经济学》教科书，试图对二者进行梳理、调和与综合。萨缪尔森所谓的"新古典综合"，就是把凯恩斯的就业理论同新古典经济学的价值论和分配论加以综合与贯通，并以微观经济学来服从宏观经济学。"新古典综合"理论从 20 世纪 50 年代到 70 年代中期广泛流行于西方经济学界，成为西方经济学的新正统。

20 世纪 70 年代西方发达国家出现的"滞涨"（经济停滞与通货膨胀并存）局面，暴露出凯恩斯主义政府干预的弊端，这为各种反凯恩斯的经济理论的流行提供了客观条件。一开始是货币主义最有影响，后来新古典宏观经济学（理性预期学派）影响较大。为了答复这些反对派，新凯恩斯主义应运而生，即在凯恩斯主义基础上吸取非凯恩斯主义某些观点与方法而形成的理论。不管新凯恩斯主义和非凯恩斯主义进行怎样的争论，二者都致力于为宏观经济学构筑微观基础，因而在客观上都推动了现代宏观经济学乃至微观经济学的发展。

在现代宏观经济学发展的同时，微观经济学在深度和广度上也得到拓展，为此做出贡献的有新制度经济学、信息经济学、博弈论等。

1.2　微观经济学的研究对象

每一门科学都有自己特定的研究对象，如数学研究现实世界的空间形式和数量关系，物理学研究物质运动最一般的规律和物质的基本结构。西方经济学也有自己的一般研究对象，而且微观经济学和宏观经济学的研究对象也不尽相同。

1.2.1　微观经济学研究对象的确定

在凯恩斯主义出现之前，经济学主要就是微观经济学，而对于经济学（微观经济学）的研究对象，不同时代的经济学家有着不同的观点和解释。

在亚当·斯密那里，经济学的研究对象诚如他的著作的名称，是"国民财富的性质和原因"。约翰·穆勒认为经济学（政治经济学）是研究财富如何生产、分配、交换和消费的科学，奠定了经济学内容四大部分的框架。马歇尔在《经济学原理》中指出："政治经济学或经济学是一门研究人类一般生活事物的学问，它研究个人和社会活动中与获取和使用物质福利必需品最密切相关的那一部分。"㊀

1932 年，英国经济学家罗宾斯出版了著名的《经济科学的性质和意义》，对规范经济学研究的内容和方法起到重要作用。他认为一门科学的定义总是产生于这门科学创立之后而不是之前，他在综合了前人关于经济学的定义的基础上指出，人的目的是多种多样的，

㊀　马歇尔. 经济学原理［M］. 朱志泰，译. 北京：商务印书馆，1964.

而达到这些目的的时间和手段是有限的，这是经济学研究内容统一化的基础，经济科学研究的是人类行为在配置稀缺资源时所表现的形式。"经济学是把人类行为当作目的与具有各种不同用途的稀缺手段之间的一种关系来研究的科学。"[1]这是关于经济学研究对象的经典定义。

罗宾斯之后关于经济学研究对象的表述尽管多种多样，但基本精神都是符合罗宾斯的定义。例如，萨缪尔森指出："经济学研究的是一个社会如何利用稀缺的资源生产有价值的商品，并将它们在不同的人中间进行分配。"[2]

综上所述，我们可以得出一个简要的结论，即微观经济学是研究稀缺资源在各种可供选择的用途之间如何进行有效配置的科学。

1.2.2 资源的稀缺性

人类要生存就必须消费，要消费就必须生产，消费和生产是一对矛盾。人的消费欲望不仅具有多样性，而且是无穷无尽的，然而，用来满足人类欲望的物品却是有限的。这里的物品分为两种，一种是"自由物品"，即人类无须通过努力就能自由取用的物品，如阳光、空气、水等，其数量是无限的。而实际上，如果人类不尊重和保护自然，明亮的阳光、清洁的空气和水等也是有限的。另一种是"经济物品"，即人类必须借助资源进行劳动才能获得的物品，其数量是有限的。经济资源或生产要素包括自然资源（如土地、森林、矿藏）和社会资源（机器设备、劳动、技术、资金等）。

由此可见，相对于人类社会的无穷欲望而言，经济物品，或者说生产这些物品所需要的资源总是不足的，或者说是稀缺的。资源的稀缺性既是相对的，也是绝对的，即它存在于人类历史的各个时期，稀缺性是人类社会永恒的问题。

经济学正是基于稀缺性而产生的，没有稀缺性就没有经济学。如何使用相对有限的资源来满足人类无限多样化的需要，是经济学所要解决的核心问题。

1.2.3 资源配置

人的需求是多方面的，这决定了满足这些需求的产品、生产这些产品的部门也是多种多样的。在特定的时间和技术条件下，社会可支配的资源是一个定数，投入到某些生产上的资源增加，就必然导致另一些生产上的资源减少。有限资源在各种可能用途之间的分配，就是资源配置。例如，在资源约束下，消费品生产多了，投资品就少了；军用品生产多了，民用品就少了。

资源配置是在一定的经济体制中实现的。资源配置的经济体制大体上分为自给经济、计划经济、市场经济和混合经济四种。自给经济是一种以家庭为单位、与落后的小生产方式相联系的古老的资源配置方式。计划经济是由政府的中央计划部门预先对资源进行分配

---

[1] 罗宾斯. 经济科学的性质和意义 [M]. 朱泱，译. 北京：商务印书馆，2000.
[2] 萨缪尔森，诺德豪斯. 经济学（原书第18版）[M]. 萧琛，等译. 北京：人民邮电出版社，2008.

的一种资源配置方式。市场经济是市场机制对资源配置起基础性作用的资源配置方式，即主要通过市场对有限资源进行配置。市场经济由于存在竞争，能促使生产经营者不断改进技术，提高质量，降低成本，改善管理，所以是一种比较有效的资源配置方式，但不能很好地实现社会公平。在现代市场经济国家中，没有纯粹的市场经济体制和计划经济体制，而是市场与计划不同程度、不同形式的结合，即所谓"混合经济"。

1.2.4 选择：微观经济学的基本问题

综上所述，由于资源是稀缺的，所以我们必须在生产上进而在消费和分配上做出选择。资源配置实际上是一个选择的问题，进一步说，经济学实质上就是选择的科学。选择是针对经济生活的三大问题（三个W），构成经济学的基本问题。

第一，生产什么（what）？

要选择的问题是，如何运用总量既定的生产资源来生产哪些产品，每种产品生产多少，以最大限度地满足人们的多种需要。这实质上是一个市场问题，取决于消费者手中有多少货币，如何花掉这些货币，货币是生产的"选票"。

第二，如何生产（how）？

这里的问题是，在生产同一种产品的许多不同方法中，哪种是最有效率的方法。选择既要从技术角度考虑要素最优配置的要求，也要从经济角度进行成本与收益的比较。

第三，为谁生产（whom）？

这基本上是一个收入分配问题，即生产出来的产品如何在社会成员之间进行分配。分配的主要形式有工资、利润、利息、地租等，它们分别是劳动、企业家才能、资本、土地等生产要素的价格。

1.2.5 微观经济学与宏观经济学

西方经济学按其考察对象的大小，通常被分为微观经济学与宏观经济学。

微观经济学以单个经济单位（如单个家庭、单个厂商、单个市场等）为考察对象，研究单个家庭（居民户）如何以有限的收入实现效用最大化；单个企业（厂商）如何把有限的资源分配在各种商品的生产上以实现利润最大化。与研究对象相适应，微观经济学的研究方法是个量分析方法，即研究经济变量的单项数值如何决定。围绕资源配置问题，微观经济学的主要内容有：价格理论、消费者行为理论、生产理论、成本理论、厂商均衡理论、分配理论、一般均衡理论、福利经济学、市场失灵与微观经济政策。其中价格理论是微观经济学的核心，这是因为资源配置的主要方式是市场机制，而价格则是市场机制的主要因素。

宏观经济学以整个国民经济为考察对象，着重研究全社会范围内的资源利用问题。宏观经济学的主要方法是总量分析，即研究整个经济运行中的经济变量及其关系。宏观经济学的主要内容有：国民收入决定理论、经济周期与经济增长理论、货币与通货膨胀理论、宏观经济政策，其中国民收入决定理论是核心。

由此可见，微观经济学与宏观经济学在研究对象、具体研究方法、解决的主要问题、中心理论、基本内容等方面各有其特点，正是这些特点决定了二者的区别。另外，作为一个大的知识体系的两个缺一不可的组成部分，二者之间也存在比较密切的联系。首先，二者都是考察与研究经济现象和经济发展规律的，这些现象和规律不是截然分离而是相互联系的，决定了二者互为补充，互为支撑，共同构成西方经济学的整体。其次，二者是整体与部分的关系。整体是由部分构成的，而部分总是整体中的部分，整体和部分互相依赖、互相影响。最后，微观经济学是宏观经济学的基础。比如，宏观经济学在论述就业理论以及通货膨胀理论等的时候，离不开微观经济学的工资理论、价格理论等。

1.3 微观经济学的研究方法

学习西方经济学，不仅要掌握它的基本内容，还需理解它的研究方法，方法是阐述内容的手段，贯穿在内容之中。

1.3.1 研究假设

经济学要从纷繁复杂的现象中分析得出一般性结论和规律，就必须采取抽象法以概括研究对象的共性和本质，为此就需要研究假设。研究假设是研究者根据相关理论和经验事实，对研究问题做出的一种推测性论断或假定性解释，以奠定研究的基础，规范研究的思路。微观经济学的主要假设有：经济人假设、完全信息假设和市场出清假设。

1. 经济人假设

经济学是一门研究人的学问，"经济人"便是对经济生活中各种各样的人的抽象。"经济人"有三个特点，即它是自利的、会计算的和理性的，概言之，"理性经济人"就是要力图以最小的经济代价去追逐和获得最大的经济利益。经济人的思想出自亚当·斯密，后来西尼尔定量地确定了个人经济利益最大化公理，而约翰·穆勒在此基础上总结出"经济人假设"，最后帕累托将"经济人"这一名词引入经济学中。

经济人假设认为，人具有完全理性，而完全理性的特点在于追求利益"最大化"。最大化原则构成了西方经济学最重要的基础，是微观经济学中各种经济主体（居民户、厂商）的目标函数：居民户追求的是如何以有限的收入实现效用最大化，厂商追求的是如何把有限的资源分配在各种商品的生产上以实现利润最大化。最大化原则也为微观经济学进行数学分析奠定了基础，因为最大化问题可以用数学上的求极值方法来解决。

经济人假设也存在一定的缺陷，比如它忽视了现实中人的复杂性、人的需要的多样性以及人性的变动性。然而，从精确研究的需要看，经济人假设是经济学最适合的假设，也是最具普适性的假设。

2. 完全信息假设

所谓完全信息，就是市场参加者所需要的关于某种经济状态的全部知识。完全信息假设是指买者掌握产品的质量、价格等全部信息，卖者掌握消费者的需求量和偏好等全部信息。我们知道，在现实中，没有哪个市场主体能够拥有决策所需要的全部知识。那么，经济学又为什么要假设信息是完全的呢？第一，完全信息假设是经济人假设的必然要求，从某种意义上说，没有完全信息就没有经济人的理性行为。这是因为，信息是决策的前提和基础，决策者（消费者和生产者）只有全面了解相关信息，才有可能做出理性的决策。第二，完全信息假设是微观经济学价格理论的前提，只有信息是完全的，市场价格机制才会有效，资源最优配置才能实现。或者说，正是因为价格体系集中了我们所需的全部信息，它才能作为"看不见的手"发挥作用。第三，均衡分析是微观经济学的重要方法，而均衡模型也是以环境状态中存在完全信息，以及经济代理人具有完全信息需求为条件建立起来的。比如，消费者在每个时点上都了解市场各种商品的全部可能价格，厂商对生产要素、价格与投入产出之间各种形式的可能组合配置也熟悉，这样消费者与厂商之间在任何时点都能了解市场各种商品的供求状态，于是就出现市场均衡价格。

3. 市场出清假设

市场出清假设与前两个假设具有明确的因果关系，是前两者的逻辑推论。

市场出清假设是指无论劳动市场上的工资还是产品市场上的价格都具有充分的灵活性，可以根据供求情况迅速进行调整。有了这种灵活性，产品市场和劳动市场就不会存在超额供给。因为一旦产品市场出现超额供给，价格就会下降，直至商品价格降到使买者愿意购买为止；如果劳动市场出现超额供给，工资就会下降，直至工资降到使雇主愿意为所有想工作的失业者提供工作为止。因此，每一个市场都处于或趋向于供求相等的一般均衡状态。

显然，市场出清的关键是存在一个自由价格机制。对于价格机制自由传递供求信息的作用，瓦尔拉斯形象地将其构想为"拍卖人"的"搜索过程"，该拍卖人的任务是寻找并确定能使市场供求一致的均衡价格。拍卖人先报出一组价格，居民户和厂商根据该价格申报自己的需求和供给，如果供求不一致，居民户和厂商就可以抽回自己的申报，拍卖人则修正自己的价格，报出另一组价格。只要某个市场的需求大于供给，就提高该市场的价格，反之则降低其价格，直到找到均衡价格为止。㊀均衡价格就是供给等于需求时的价格，此时市场上既无超额供给也无超额需求，即市场出清。

1.3.2 主要方法

1. 边际分析

边际的基本含义是"追加的最后一个单位"，在数学上属于导数和微分的概念，即自

㊀ 瓦尔拉斯. 纯粹经济学要义［M］. 蔡受百, 译. 北京：商务印书馆, 1989.

变量发生微量变动时，因变量在边际上的变化，边际值表现为两个微增量的比。边际分析方法就是把经济变量之间的关系看作一种函数关系，研究如何确定一个最佳的自变量值和函数值。

边际分析方法是西方经济学研究的基本方法，广泛运用于经济行为和经济变量的分析，如效用、产量、收益、成本、利润等。经济学家认为理性人要用边际量进行分析，这是由于西方经济学研究的是资源最优配置，而最优点实际就是函数的极值点，求极值就是对函数求导数。经济学研究之所以能够数学化，道理也在这里。例如，研究投入要素和产量之间的关系，可以把生产要素作为自变量，把产量作为因变量。自变量（生产要素）变动量与因变量（产量）变动量之间的关系，可以反映生产中的某些规律。

2. 均衡分析

均衡原是一个物理学概念，指一个物体因受到同一直线上两个方向相反、大小相等的外力作用所处的一种静止不动状态。英国经济学家马歇尔将均衡概念应用于经济分析，即经济均衡。所谓经济均衡是指经济中各种对立的、变动着的力量势均力敌，使相关的经济事物处于相对静止、不再变动的状态。例如，经济决策者在权衡决策时，如果认为该决策在一定约束条件下是最优的，重新调整它已不可能获得更多的好处，从而不再改变其经济行为，则称此种情况达到均衡状态。

均衡分析可分为局部均衡分析和一般均衡分析。局部均衡是孤立地考察某一市场的某种商品（或生产要素）的价格或供求量如何达成均衡，而假定这一市场对其他市场不产生影响，其他市场对这一市场也不产生影响。马歇尔的均衡价格论，就是假定某一商品的价格只取决于该商品本身的供求状况而不受其他商品价格、供求状况等因素的影响，来研究这一商品的价格如何受供给和需求两种相反的力量的作用而达到均衡。一般均衡论则是研究整个经济体系的价格和产量结构如何实现均衡，它把整个经济体系视为一个整体，从市场上所有商品的价格、供求是相互影响、相互依存的前提出发，考察各种商品的价格、供求同时达到均衡状态条件下的价格决定问题。也就是说，一种商品的价格不仅取决于它本身的供求，而且受其他商品的价格和供求的影响，因而一种商品的价格和供求的均衡，只有在所有的商品的价格和供求都达到均衡时才能决定。一般均衡分析涉及的经济变量太多，而这些经济变量又是错综复杂和瞬息万变的，因而使用起来十分复杂和困难。所以，在西方经济学中，大多采用局部均衡分析方法。

3. 静态分析、动态分析和比较静态分析

如果考虑时间因素，经济学研究方法又分为静态分析、动态分析和比较静态分析。

静态分析抽掉了时间因素和具体变动的过程，是一种静止地、孤立地考察某些经济现象的方法。这种方法与均衡方法有着内在联系，分析经济现象的均衡状态以及有关的经济变量达到均衡状态所需要具备的条件。动态分析则考察时间因素的影响，并把经济现象的变化当作一个连续的过程来看待，研究经济变量在一定时间过程中的变动，这些变量在变

动过程中的相互影响和彼此制约的关系，以及它们在每一时点上变动的速率等。比较静态分析介于静态分析和动态分析之间，是对经济现象有关经济变量一次变动（而不是连续变动）的前后进行比较，而不涉及转变期间和具体变动过程本身。

如上所述，西方经济学大多采用局部均衡分析方法，与此相适应，微观经济学也主要使用静态分析和比较静态分析，只在蛛网定理这类研究中才采用动态分析方法。

4．实证分析和规范分析

实证分析和规范分析的区别主要表现为：有无"价值判断"，对经济事物做社会价值的判断（是好还是坏）。实证分析超脱价值判断，只研究经济本身的内在规律，它要回答"是什么"的问题。规范分析则以某些标准作为分析处理经济问题的依据，它要回答"应该是什么"的问题。

尽管经济学应该既是实证经济学也是规范经济学，但实证分析是经济学的最基本方法。面对经济现象，经济学要根据事实进行客观陈述，并对陈述进行验证。也就是说，实证分析可以简化为某种可根据经验数据加以证明的形式。在微观经济学里，除了福利经济学等内容外，大部分都采用实证分析。

1.3.3 经济模型

经济模型是指用来描述所研究的经济变量之间依存关系的理论结构。经济模型可用文字表达（叙述法），也可用数学方程式（代数法）表达，还可用几何图形式表达（几何法、画图法）。经济学教科书主要用数学方法来描述经济模型，所以一般把经济模型定义为经济理论的数学表述。

经济现象既错综复杂，又变化多端，为了简便研究和精确研究起见，有必要运用科学的抽象法，舍弃一些次要的因素或变量，抽象出为数不多的主要变量，按照一定函数关系把这些变量编成单一方程或联立方程组，构成模型。这样就可以简练地反映经济现象的内部联系及其运动过程，帮助人们进行经济分析和经济预测，解决现实的经济问题。

经济变量可分为外生变量与内生变量。内生变量是指该模型本身所要决定的变量，一般是指因变量与自变量。外生变量是指由模型以外的因素所决定的已知变量，是模型据以建立的外部条件，一般指可变的参数，是方程组的系数。[一]

1.4 学习西方经济学的方法

学习西方经济学，要把握定性分析和定量分析相结合的方法。任何事物都是质和量的统一，经济现象也是这样，认识经济现象也要定性和定量相结合。定性分析主要是认识经济现象质的规定性，即它的基本特征和运行规律。这就要求学生要弄清课程中的概念、判

[一] 高鸿业．西方经济学（微观部分）[M]．4版．北京：中国人民大学出版社，2007．

断与原理，以及概念之间、原理之间的关系。定量分析是对事物的量化分析，这是西方经济学的特点，它的数学化形式和内容，使其在社会科学丛林中具有显著的地位（社会科学"皇冠上的明珠"）。学生不仅要打好数学的基础，而且在学习过程中要仔细体会经济学如何运用数学工具来实现表述的简洁、清晰和无歧义。

学习西方经济学，要结合西方发达国家的实际。西方经济学产生和发展于西方的市场经济，它是对西方国家市场经济制度和运行机制的抽象反映与系统描述。这就要求学生要理解西方国家的经济结构、经济运行和经济政策，例如以私人产权为基础的经济制度，以市场竞争为主要动力的资源配置机制，以及微观经济政策和宏观经济政策，等等。事实上，现在新闻媒体对西方经济动态的报道和述评就经常使用经济学的理论甚至术语。

学习西方经济学，要联系我国改革开放和社会主义现代化建设的实际。我国是社会主义市场经济国家，与西方国家的市场经济有着本质的区别，我们当然不可以全盘使用基于西方市场经济的经济学理论来指导我国的经济发展和改革。此外，同为市场经济体制，我国与西方国家在资源配置和经济政策上又存在一些共性。我们可以借鉴西方经济的相关理论和方法，来分析和解决我国改革开放与社会主义现代化建设中的一些问题，同时要明确西方经济理论和实践与我国国情的差异，避免照抄照搬。

西方经济学经过长期的发展，已形成内容丰富、流派众多的庞大理论体系。在经济与管理学科中，西方经济学是一门重要学科，是学习其他专业知识的前提和基础。每个专业都有自己特殊的知识素养要求，而学好经济学是培养学生"扎实的基础理论"的要求。按照我国教育部门有关经济学和管理学的教学指导意见，西方经济学是核心课程之一，要求学生通过掌握基本理论和方法，训练经济学的思维方式，为以后学习专业课程奠定良好的"系统知识"。

本章小结

本章是学习微观经济学的入门内容，主要介绍这门课程知识的来源以及体系的形成，研究对象、研究任务和研究方法各是什么，学生学习这门课要注意哪些学习方法。具体内容包括以下三个方面。

（1）西方经济学的发展，经历了重商主义、古典经济学、新古典经济学、现代经济学等阶段。西方经济学按其考察对象的大小，通常被分为微观经济学与宏观经济学。马歇尔的"新古典经济学"为微观经济学的形成奠定了坚实的基础，后来的许多经济学家进一步丰富了微观经济学的内容。

（2）微观经济学是研究稀缺资源在各种可供选择的用途之间如何进行有效配置的科学。微观经济学的基本问题是生产什么、如何生产、为谁生产。

（3）微观经济学的研究假设有：经济人假设、完全信息假设、市场出清假设。主要方法包括边际分析，均衡分析，静态分析、动态分析和比较静态分析，实证分析和规范分析，等等。

实训与实践

一、基本概念

1. 经济学　　　　2. 微观经济学　　　3. 宏观经济学
4. 边际分析　　　5. 均衡分析　　　　6. 比较静态分析
7. 实证分析

二、判断

1. 如果社会不存在稀缺性，也就不会产生经济学。（　　）
2. 只要有人类社会，就会存在稀缺性。（　　）
3. 资源的稀缺性决定了资源可以得到充分利用，不会出现资源浪费的现象。（　　）
4. 因为资源是稀缺的，所以产量是既定的，永远无法增加。（　　）
5. 生产什么、如何生产和为谁生产，这三个问题被称为资源利用问题。（　　）
6. 在不同的经济体制下，资源配置和利用问题的解决方法是不同的。（　　）
7. 经济学根据其研究范畴不同，可分为微观经济学和宏观经济学。（　　）
8. 微观经济学要解决的问题是资源利用，宏观经济学要解决的问题是资源配置。（　　）
9. 微观经济学的中心理论是价格理论，宏观经济学的中心理论是国民收入决定理论。（　　）
10. 微观经济学的基本假设是市场失灵。（　　）

三、分析简答

1. 西方经济学的发展经历了哪几个主要阶段？
2. 微观经济学研究的对象是什么？
3. 什么是规范经济学？什么是实证经济学？
4. 请列举出发生在你身边的经济现象。

Chapter 2 第 2 章

需求、供给与价格理论

每个人都在力图应用他的资本,来使其产品得到最大的价值。一般地说,他并不企图增进公共福利,也不知道他所增进的公共福利是多少。他所追求的仅仅是他个人的安乐,仅仅是他个人的利益。在他这样做时,有一只看不见的手引导他去完成一种目标,而这种目标绝不是他所追求的东西。由于追逐自己的利益,他经常增进社会利益,其效果要比他真正想增进社会利益时所得到的效果要大。

——亚当·斯密《国富论》

亚当·斯密(1723—1790),英国经济学家,经济学的主要创立者。如果要评选人类历史上最伟大的经济学家,恐怕非斯密莫属。他于 1776 年出版的《国民财富的性质和原因的研究》(简称《国富论》)揭示了市场经济的运行规律。他关于一只"看不见的手"自发调节经济的思想至今仍然是"经济学皇冠上的宝石"。斯密的功绩就是把当时零星片断的经济学学说,经过有体系的整理,使之成为一门分门别类独立于哲学的大学问,他所建立的古典经济学是我们从蒙昧走向科学的起点。因此世人尊称亚当·斯密为"现代经济学之父"和"自由企业的守护神"。

亚当·斯密
(Adam Smith)

📖 本章核心内容提示

1. 需求、供给的含义,以及影响需求、供给曲线的因素;
2. 市场价格的决定和供求分析方法;
3. 价格的变化及价格机制的作用;
4. 弹性的含义及需求弹性与供给弹性的计算方法;
5. 价格如何调节经济,以及相关的微观经济政策。

2.1 需求理论

2.1.1 需求与需求量

据说某公司有两名推销员被派到非洲某地推销鞋子，两人到该地一看，当地人根本就不穿鞋。其中一名推销员说："你看，非洲人根本就不穿鞋，我们的鞋怎么可能卖出去呢？"另一名推销员则说："就是因为非洲人不穿鞋，所以，只要我们改变他们的观念，就会有一个巨大的需求市场！"

这是一个很多人都知道的故事，从故事中我们发现两名推销员对同一市场得到截然不同的结论。那么，究竟什么是需求？形成需求的条件是什么？需求是否能够改变？需求的多少与什么因素有关？需求是否有规律可循？如果你能够对这些问题进行思考，你就已经踏上经济学的征途了。

1. 需求

需求（demand）是决定价格的关键因素之一。需求是指消费者在某一特定时期内，在某一价格水平下对某种商品有购买力的需要。

在理解需求这个概念时应该注意的是，不要将需求与需要混为一谈，需要是人类的一种要求、一种欲望，不一定完全地予以满足。需要的满足过程就是消费过程。在市场经济条件下，需要的满足是通过购买商品而后进行消费来实现的。将购买过程用经济学的术语来描述，就是需求过程。需求是需要的体现，但需求并不完全等于需要。由于人类的需要是无限的，无法完全确定，因此，经济学上的需求是指消费者有能力来满足的那部分需要。从这个意义上来说，经济学的需求应是一种有效需求。

需要形成需求必须具备两个基本条件：

1）需求是有**购买欲望**的需要；
2）需求是有**支付能力**的需要。

需求过程涉及两个变量，一是商品或服务的价格，二是人们在该价格下愿意而且能够购买的数量。这两个变量之间是一种对应关系，即与每一价格相对应，都存在一个购买量，消费者愿意购买的数量随着价格的变化而变化。

2. 需求表和需求曲线

我们可以用一个例子来表述需求表的概念。例如，市场调查结果显示，在 2010 年 1 月的某地市场上，当苹果的价格为 3 元/千克时，市场需求量为 300 千克；当价格为 4 元/千克时，需求量为 250 千克；当价格为 5 元/千克时，需求量为 200 千克；当价格为 6 元/千克时，需求量为 150 千克；当价格为 7 元/千克时，需求量为 100 千克；等等。根据这些具体数字，我们可以描述出该市场上苹果的需求量与价格之间的关系，如表 2-1 所示。

表2-1 某市场对苹果的需求表

	价格（元/千克）	需求量（千克）
a	3	300
b	4	250
c	5	200
d	6	150
e	7	100

某种商品（上例中的苹果）的价格与需求量之间关系的表就是需求表（demand schedule）。需求表实际上是用数字表格的形式来表述需求这个概念。

根据表 2-1 我们可以将各点在图上描绘出来，将各点用光滑的曲线连接得到图 2-1。在图 2-1 中，横轴代表需求量，纵轴代表价格，D 即为需求曲线。需求曲线是根据需求表画出的，是表示某种商品价格与需求量关系的曲线，向右下方倾斜。需求曲线（demand curve）实际上是用图形的形式来表述需求这个概念。

图 2-1 是一条自左上方往右下方倾斜的曲线，这表明价格和需求量之间是反向关系，也就是说，价格越高，需求量越小，反之，价格越低，需求量越大。从图 2-1 中，我们可以看出经济学的三种表达方式：文字、表格和图形。用图形来表示

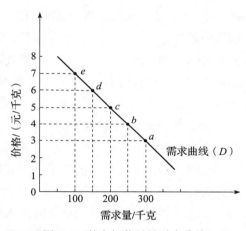

图 2-1 某市场苹果的需求曲线

的优点是非常直观，变量之间的关系一目了然，如需求曲线就非常直观地将价格和需求量之间的关系表达出来了。当然，在这种表达中有一个假定条件，那就是商品的价格及与其相对应的需求量是可以无限细分的，因而需求曲线表现为一条光滑连续的曲线。

3. 需求量

表 2-1 和图 2-1 表示了消费者在不同价格下所愿意购买的苹果的数量。因此，在一定的时间和一定的价格条件下，消费者愿意并且有能力购买某种商品或服务的数量就是该商品的需求量（quantity demanded）。商品的需求量与价格之间呈现某种关系，同时，商品的需求量还受到其他非价格因素的影响。

2.1.2 影响需求量的因素和需求函数

1. 影响需求量的因素

上述需求表和需求曲线立足于这样一个假定——影响需求的其他因素不变。这一假定显然是不现实的，因为我们可以观察到这样的现象：当商品价格不变时，商品的需求量却可能发生变化。这说明，价格绝不是影响商品需求量的唯一因素。实际上，一种商品的需

求量是由多种因素决定的，除了商品的价格以外，还包括下列几种重要的因素。

（1）消费者的嗜好或偏好。消费者的嗜好或偏好也就是消费者个人的爱好。比如，有人爱吃，有人爱穿，有人爱玩，有人喜欢抽烟，有人喜欢喝酒，有人喜欢旅游，等等，大千世界，无奇不有。这些都取决于个人的生活习惯与价值判断，而这种生活习惯与价值判断又是由很复杂的因素造成的。这里不对这些因素进行分析，我们要说明的是，消费者的偏好是影响消费者需求的重要因素。因为对有些人来说，只要能买到自己喜欢的东西，价格高一些也是合算的，而这只能用偏好因素来解释。

（2）消费者的收入。人们对某种商品的需求是以其收入为后盾的。有人挥金如土，购买一个LV包花费数万元；购买豪华轿车花费数百万元；但有人吃一顿麦当劳都认为奢侈，吃一盒10元钱的盒饭也感觉很贵。对大多数商品和服务来说，收入越高，消费者的购买力越强，需求量越大；收入越低，消费者的购买力越弱，因而需求量也就越小。如果消费者收入的增加后需求量增加，而收入减少后需求量减少，则该商品是正常品（normal good）。大部分商品都是正常品，但有些商品的需求量随着消费者收入的增加而减少，这样的商品是劣等品（inferior good）。例如，猪肉中的肥肉、低档次的服装等。

（3）相关商品的价格。所谓的相关商品可以分为两类，一类为替代品（substitute），另一类为互补品（complement）。替代品是可以互相替代使用的商品，如猪肉和牛肉，圆珠笔与钢笔等。一种商品的需求量与其替代品的价格成正比，即某种商品的替代品价格上升，人们对该种商品的需求量就会上升，正如猪肉涨价，人们对牛肉的需求量会上升一样。反之，如果替代品的价格下降，人们就会更多地消费替代品，而减少对这种商品的需求。所谓互补品是指两种需要配合使用的商品，如钢笔和墨水，汽车和汽油，计算机和计算机软件等。显然，一种商品的需求量与其互补品的价格成反比，即互补品的价格上涨，人们对该种商品的需求量下降，正如汽油涨价会减少人们对汽车的需求量一样。

（4）地区人口数量。一般来说，某个地区的人口数量越多，则该地区的市场容量越大，对商品和服务的需求越大。有关资料显示：中国现有人口近14亿（不含香港、澳门和台湾地区的人口数据），每天城乡消费总额在30亿元以上。每天消费粮食80多万吨以上，相当于一个粮食基地县全年的总产量；消费猪肉6万吨以上，即每天要宰生猪100多万头；食用植物油2万吨以上，即每天要吃掉60万亩⊖油菜所榨的油；消费糖1.6万吨以上，即每天要吃掉4.8万亩甘蔗地所产的糖；消费鲜蛋1 870万千克，即每天要吃掉18.6万只良种蛋用鸡全年产的蛋。每天会买下近6万台电视机和12万只手表。仅仅是一天，中国城乡就会开通电话1万多部，销售绸缎200多万米。每天存入银行的钱有8.8亿元人民币……这些数字几乎天天在被刷新。因此，许多跨国公司认为中国是其全球最重要的市场。

（5）人们对价格水平的预期。价格预期对消费者需求的影响在经济即将发生剧变的时候最为明显。比如，在通货膨胀前夕，由于预期价格将会上涨，故市场上会出现抢购现象；而在预期价格将会下跌时，人们会减少购买，将货币留在手边，以便将来购买更便宜

⊖ 1亩=666.667平方米。

的商品。在政府出台一系列控制房地产价格的政策时,消费者认为房价会下跌,于是,普遍持观望态度,持币待购,导致房地产市场萧条。在金融市场上,预期因素对投资者的行为更是具有戏剧性的影响。

2. 需求函数

如果我们把影响需求的因素作为自变量,并分别以 P 代表一种商品的价格,以 M 代表收入,以 T 代表偏好,以 P_0 代表相关商品的价格,以 N 代表人口数量,以 E 代表预期的价格,R 代表其他因素,把该种商品的需求量作为因变量,并以 Q_d 表示,则影响需求的因素和需求量之间的关系可以表示为函数关系,该函数称为需求函数(demand function)。根据以上分析,我们得到需求函数的一般形式:

$$Q_d = f(P, M, T, P_0, N, E, R) \tag{2-1}$$

式(2-1)中,R 代表上述六大因素以外的其他因素,比如在有些场合,消费者的需求甚至受天气、周围环境、周围人的言辞态度等因素的影响,但这些因素只在一些特殊场合才起作用。该函数式表示,一种商品的需求受多种因素影响,并且需求量与这些因素之间存在一一对应的关系。由于它把影响需求的所有因素都列举出来了,所以是最完整的需求函数。

如果我们假定影响需求的其他因素不变,只考察需求量与价格之间的关系,则我们可以得到简化的需求函数:

$$Q_d = f(P) \tag{2-2}$$

式(2-2)中,需求量被看成是唯一地取决于价格的变量。本节开始时对需求、需求表和需求曲线的讨论实际上就是在假定其他因素不变的基础上进行的。由这个简化的需求函数可以得到需求曲线。

需求函数可以是线性的,也可以是非线性的。当需求函数是非线性的时候,需求曲线是一条曲线,曲线上每一点处切线的斜率不相等,其基本形式如下:

$$Q_d = \alpha \cdot P^{-\beta} \tag{2-3}$$

式(2-3)中,α、β 均为大于零的常数。

当需求函数是线性的时候,需求曲线就是一条直线,线上每一点处切线的斜率是相等的,线性需求函数的基本形式可写成:

$$Q_d = a - b \cdot P \tag{2-4}$$

式(2-4)中,a 和 b 为常数且均大于零,a 实际上代表需求曲线在横轴上的截距,其经济意义是当价格为零时消费者的需求量,b 则代表需求曲线相对于价格轴的斜率。

3. 需求变化与需求量变化

理解需求变化和需求量变化之间的区别非常重要。需求变化(或需求水平变化)是指曲线的移动。如果除商品价格之外的影响消费者购买该商品的因素发生改变,需求曲线就会出现移动。需求量的变化是指产品价格变化导致的沿着需求曲线的运动。图 2-2 反映了这两种变化的重要区别。如果某市场上苹果的价格从 5 元/千克下降到 4 元/千克,结果是

沿着需求曲线 D_1 从点 A 到点 B 运动，即需求量从 55 千克增加到 70 千克。如果消费者的收入增加了，或者是其他因素发生变化，导致消费者在每个价格上想购买更多的苹果，那么需求曲线向右运动（从 D_1 移动到 D_2），即需求增加。需求曲线从 D_1 移动到 D_2 导致苹果在价格为 5 元/千克时，需求量从 A 点的 55 千克增加到 C 点的 80 千克。

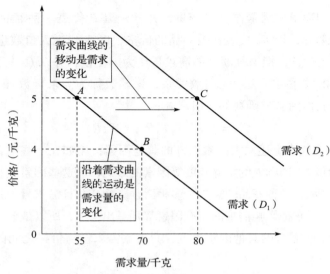

图 2-2　需求变化与需求量变化

2.1.3　需求法则

根据以上分析，一般情况下商品的价格和需求量之间的反向关系称为**需求法则**（law of demand）或**需求定理**：在其他条件不变时，人们对一种商品的需求量与该商品的价格之间存在反向关系，即当价格提高时，该商品需求量减少，当价格下降时，该商品需求量增加。

需求法则之所以存在，是因为替代效应和收入效应两个因素的作用。所谓替代效应（substitution effect）是指由于一些商品之间存在替代关系，因此一种商品的价格上升，会使其相对替代商品变得更贵，导致消费者转向使用它的替代品，从而使该种商品的需求量减少。而当这种商品的价格下降时，会使其相对替代商品变得便宜，人们会用该种商品来代替其他商品，从而使该种商品的需求量增加。例如消费者对苹果和梨的购买。

所谓收入效应（income effect），是指当一种商品的价格下降时，假定其他商品的价格不变，用同样的货币（或收入）在不减少其他商品购买量的情况下，可以买进更多的该种商品，这表示消费者的实际收入提高了；而当该种商品的价格上升时，同样的货币只能购买更少的该种商品，这意味着消费者的实际收入下降了（尽管名义收入仍然不变）。这种由于商品价格变化带来的实际购买力变化进而导致的需求量变化，称为收入效应。

正是由于替代效应和收入效应的共同作用，需求量和价格之间才呈现出我们所看到的那种反向关系。当然，并不是在任何时候都可以看到需求量与价格之间的反向关系。在现实生活中，我们有时也可以看到相反的情况：价格下降，需求量减少；价格上升，需求量增加。其典型例子是，在金融市场上投资者在预期因素的作用下追涨杀跌。另一个例子是，消费者为了显示自己的身价地位，对价格越高的商品，购买欲望越强。这些例子可看作是需求法则的例外，但这些例子并没有否定需求法则。需求法则是指在其他条件不变时，价格与需求量之间具有反向关系，而在这些例子中，显然是其他条件发生了变化。

2.2 供给理论

2.2.1 供给与供给量

某个偏远的小山村，一位70岁的老人在自己家中养了几只大母鸡，大母鸡每天散养在村中的房前屋后，在草丛中觅食，从不食用饲料和添加剂。这些大母鸡每月能够下30只鸡蛋，但老人从未到市场上销售她的鸡蛋，只是积攒下来招待客人或者等在城市的孙子回来吃。

在上面这个小故事中，这位老人的鸡蛋是否形成供给？形成供给的条件是什么？哪些因素影响生产者对产品的供给？

1. 供给

供给（supply）也是决定价格的关键因素之一。供给是指生产者在某一特定时期内，在某一价格水平下愿意并且有能力提供某种商品。理解供给时要注意供给与生产的区别，经济学中的生产是指将投入转化为产出的活动，或是将生产要素进行组合以制造产品的活动。生产的产品能否形成供给，还需要看该产品是否被送到市场上交易，即生产者是否有出售的意愿。

因此，形成供给必须具备两个基本条件：

1）生产者有**出售意愿**；
2）生产者有**生产能力**。

供给过程涉及两个变量，一是商品或服务的价格，二是生产者在该价格下愿意而且能够提供的商品数量。这两个变量之间是一种对应关系，即与每一价格相对应，都存在一个供给数量，生产者愿意提供的商品数量一般随着价格的变化而变化。这里给出**供给定理**：在其他条件不变的情况下，某商品的供给量与价格之间呈同方向的波动，即供给量随着商品本身价格的上升而增加，随着商品本身价格的下降而减少。

2. 供给表和供给曲线

供给表（supply schedule）是表示商品价格和这种商品的供给数量之间的关系的表格。例如，2018年冬天在某市场上通过调查发现：苹果的价格在3元/千克时，市场的供给数量是100千克；价格在4元/千克时，市场的供给数量是150千克；价格在5元/千克时，市场的供给数量是200千克；价格在6元/千克时，市场的供给数量是250千克；价格在7元/千克时，市场的供给数量是300千克。根据以上调查结果，我们可以做出该市场上苹果的市场价格与供给数量之间的关系，如表2-2所示。

表2-2 某市场上苹果的供给表

	价格（元/千克）	供给量（千克）
a	3	100
b	4	150
c	5	200
d	6	250
e	7	300

根据表2-2中的数字，我们可以做出该市场上苹果的供给曲线，如图2-3所示。供给曲线（supply curve）是表示商品价格和这种商品的供给数量之间的关系的曲线。供给表和供给曲线均显示：随着苹果价格的上升，生产者愿意提供更多的苹果到该市场上销售。我们将供给曲线简化为一条直线，但并不是所有的供给曲线都是直线。

3. 供给量

表2-2和图2-3表示了苹果生产者在不同价格下所愿意出售的苹果数量。因此，在一定的时间和一定的价格条件下，生产者愿意并且有能力提供某种商品或服务的数量就是该商品的供给量（quantity supply）。商品的供给量与价格之间呈现某种变动关系，同时，商品的供给量还受到其他非价格因素的影响。

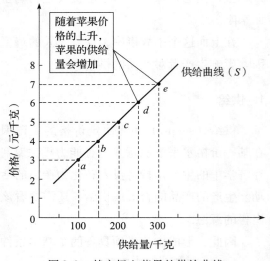

图2-3 某市场上苹果的供给曲线

2.2.2 影响供给量的因素和供给函数

1. 影响供给量的因素

一种商品的供给数量不但取决于价格因素，还要受到该商品的生产成本、技术水平、相关商品的价格、生产者对未来价格的预期、市场上生产者的数量等的影响。这些影响因素的变动，导致该商品的供给曲线移动，影响该商品的供给水平。

（1）**商品的生产成本**。引起商品生产成本改变的主要原因是用于生产该商品的各种投入品价格发生变化。例如，生产某种电视机的液晶显像管价格上涨了，导致这种电视机的生产成本上升，而这种类型的电视机销售价格不变，则企业生产这种电视机就无利可图，这种电视机的供给将会减少，市场供给曲线就会向左移动。反之，如果投入品（显像管、其他原材料等）的价格下降，这种电视机的供给将会增加，市场供给曲线就会向右移动。

（2）**技术水平**。一般情况下，生产某种商品的技术水平提高了，企业在相同的投入下能够生产出更多的商品，提高了企业的生产效率，降低了企业的生产成本，增加了企业的利润，企业将会在每个价格上增加市场供给，导致供给曲线向右移动。例如，由于互联网技术的广泛应用，导致 IT 产品供给大量增加。

（3）**相关商品的价格**。对于一个生产者来说，选择生产什么商品与相关商品的价格有关系。在一种商品的价格不变，相关商品的价格发生变化时，该商品的供给量会发生改变。例如，市场上白菜的价格高涨，许多原来种油菜的农户就会改种白菜，导致市场上白菜的供给增加，白菜的供给曲线向右移动。

（4）**生产者对未来价格的预期**。如果生产者预期其产品未来的价格会高于当前的价格，生产者就会扩大生产，增加产品的供给；如果生产者对未来持悲观的预期，认为产品未来的价格会下降，生产者则会减少生产或者放弃生产，导致市场供给减少。但是在金融市场上，可能会有不同的结论。

（5）**市场上生产者的数量**。市场上生产者的数量改变会导致市场供给量发生改变。当新的生产者进入市场时，市场供给量会增加，供给曲线向右移动；当现有生产者退出该市场时，市场供给量会减少，供给曲线向左移动。例如，2011 年由于内蒙古自治区、甘肃等地大量的农户种植土豆，导致市场上土豆的供给大量增加。

表 2-3 总结了导致市场供给曲线发生变动的主要变量，这些变量的增加导致供给曲线移动如表 2-3 所示。反之，如果这些变量减少，供给曲线移动的方向会相反。引起供给曲线移动的深层次原因是多方面的，大家可以从不同的角度进行分析。

表 2-3 影响市场供给曲线移动的变量

变量的增加……	引起供给曲线移动到……	这是因为……
商品的生产成本	（图：供给曲线由 S_1 向左移动到 S_2）	该产品的利润下降或消失
技术水平	（图：供给曲线由 S_1 向右移动到 S_2）	该产品的成本下降

变量的增加……	引起供给曲线移动到……	这是因为……
相关商品的价格	S_2 在 S_1 左侧（向左移动）	替代品增加
生产者对未来价格的预期	S_2 在 S_1 右侧（向右移动）	希望获得更多的利润
市场上生产者的数量	S_2 在 S_1 右侧（向右移动）	更多的生产者，提供更多的产品导致每个价格上供给量的增加

2. 供给函数

如果我们把影响供给的因素作为自变量，并分别以 P 代表一种商品的价格，以 C 代表该商品的生产成本，以 T 代表技术，以 P_0 代表相关商品的价格，以 N 代表生产者数量，以 E 代表预期的价格，以 R 代表其他因素，把该种商品的供给量作为因变量，并以 Q_s 表示，则影响供给的因素和供给量之间的关系可以表示为函数关系，该函数称为供给函数（supply function）。根据以上分析，我们得到供给函数的一般形式：

$$Q_s = f(P, C, T, P_0, N, E, R) \tag{2-5}$$

如果我们假定影响供给的其他因素不变，只考察供给量与供给价格之间的关系，我们则可以得到简化的供给函数：

$$Q_s = f(P) \tag{2-6}$$

在式（2-6）中，供给量被看成是唯一地取决于价格的变量。本节开始时对供给、供给表和供给曲线的讨论实际上就是在假定其他因素不变的基础上进行的。由这个简化的供给函数可以得到供给曲线。

供给函数可以是线性的，也可以是非线性的。当供给函数是非线性的时候，供给曲线是一条曲线，曲线上每一点处切线的斜率不相等，其基本形式如下：

$$Q_s = \delta \cdot P^\gamma \tag{2-7}$$

式（2-7）中，δ、γ 均为大于零的常数。

当供给函数是线性的时候，供给曲线就是一条直线，线上每一点处切线的斜率是相等的，线性供给函数的基本形式可写成：

$$Q_s = c + d \cdot P \tag{2-8}$$

式（2-8）中，c 和 d 为常数且均大于零，c 实际上代表供给曲线在横轴上的截距，其经济意义是当价格为零时生产者愿意提供的数量，d 则代表供给曲线相对于价格轴的斜率。

3. 供给变化与供给量变化

我们在前面已经区分了需求变化与需求量变化之间的差异。供给（或供给水平）变化与供给量变化之间也存在相似的差别。供给（或供给水平）的变化是指供给曲线的移动，是因为非价格因素引起的供给量的改变。而供给量的变化是指产品的价格变化所导致的沿着供给曲线的移动。图 2-4 清晰地描述了供给变化与供给量变化的区别。

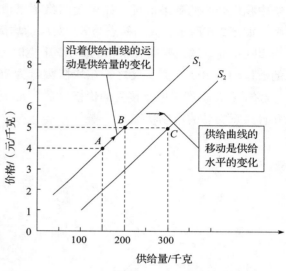

图 2-4　供给变化与供给量变化

2.3　市场均衡理论

我们知道，需求是从消费者的角度分析在不同因素的综合作用下，消费者对某种水平的需求状况；供给是从生产者的角度分析在不同资源约束下，生产者能够提供的商品数量。市场通常是组织经济活动的一种好方法。⊖市场能够将消费者和生产者带到一起，进行商品的交易，实现消费者需求的满足和生产者的盈利，引导生产者生产消费者需要的商品。那么，在商品交易过程中，商品的价格是如何确定的？市场均衡如何形成？需求、供给的变化对均衡价格会产生怎样的影响？

2.3.1　市场均衡的含义

在经济学中，均衡是一个重要的概念，常见的有关均衡的概念有市场均衡、一般均衡、局部均衡、贸易均衡等。均衡（equilibrium）是指经济事务中有关的变量在一定条件的相互作用下达到某种相对静止的状态。市场均衡（market equilibrium）是指一种商品在市场上消费者的需求量与生产者的供给量处于相等的状态。我们将该商品的需求曲线和供

⊖ 曼昆. 经济学原理 [M]. 北京：北京大学出版社，1999.

给曲线放到同一坐标系中，可以发现它们相交于一点，这一交点 E 称为市场均衡点，如图 2-5 所示。

均衡点 E 对应的价格称为均衡价格（P_E），此时，消费者愿意支付的价格（P_d）和生产者愿意接受的价格（P_s）与均衡价格相等；对应的数量称为均衡数量（Q_e），同样，消费者愿意购买该商品的数量（Q_d）和生产者愿意出售的数量（Q_s）与均衡数量相等。市场上需求量和供给量相等的状态，在经济学上也称为市场出清的状态。例如，在需求和供给中我们介绍的苹果市场，如果我们将苹果市场的需求曲线和供给曲线放入同一坐标系中，如图 2-6 所示，其均衡点为 E，对应的均衡价格（P_E）为 5 元/千克，均衡数量（Q_E）为 200 千克。这意味着在价格为 5 元/千克时，消费者愿意购买的数量和生产者愿意销售的数量均为 200 千克。反之，在均衡数量为 200 千克时，消费者愿意支付的最高价格是 5 元/千克，生产者愿意接受的价格也是 5 元/千克。因此，买卖双方处于一种都感到满意并且愿意交易的市场状态。

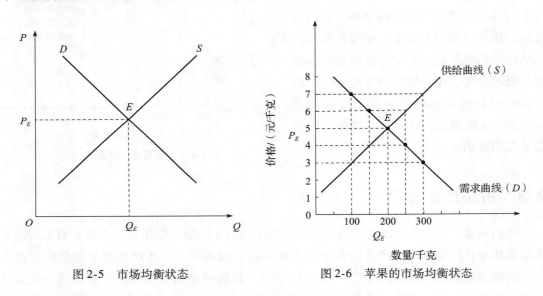

图 2-5　市场均衡状态　　　　　　　　图 2-6　苹果的市场均衡状态

2.3.2　市场均衡的形成：市场如何消除过剩和短缺

商品在市场上的均衡状态是如何形成的呢？在市场上，非均衡是常态，均衡是短暂的。因为市场上存在诸多影响需求和供给的因素，这些因素在不停地改变，导致价格、需求曲线、供给曲线也迅速变动，因此，我们常常说市场是瞬息万变的。我们来看看如果市场处于非均衡状态会发生什么。

以苹果市场为例，如图 2-7 所示，假定苹果市场的价格是 7 元/千克，而不是 5 元/千克的均衡价格，此时，市场上苹果的供给量是 300 千克，而在此价格下，市场上苹果的需求量只有 100 千克。市场上明显供给大于需求，导致市场上商品过剩，过剩量为 200 千克（=300 千克 -100 千克）。市场出现过剩时，生产者就存在商品积压，便产生降价销售的动机，通过降价可以增加需求量、降低供给量。那么，价格下降到多少比较合适呢？只要价格（P_E）高于 5 元/千克，市场就一定有过剩，只有当价格下降到（P_E）5 元/千克时，市场实现均衡，达到稳定状态。

但是，如果苹果市场的价格为 4 元/千克，低于均衡价格，如图 2-7 所示，那么市场的供给量只有 150 千克，需求量却为 250 千克。市场上需求量大于供给量，导致市场上商品短缺，短缺量为 100 千克（=250 千克-150 千克）。由于市场短缺，部分消费者不能购买到自己想要的商品，消费者有提高支付意愿的动机，较高的价格会刺激生产者生产并出售更多的商品。这种市场调整会缓解市场供求矛盾，但是，只要该市场上苹果的价格（P_E）低于 5 元/千克，市场总会存在短缺，只有当价格（P_E）上升到 5 元/千克时，市场才能实现均衡，达到稳定状态。

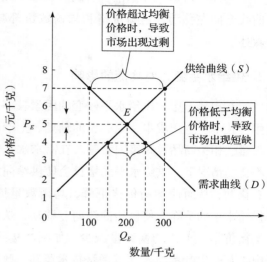

图 2-7　苹果市场的均衡过程

由此可知，在竞争性的市场中，当市场上的实际价格偏离均衡价格时，市场上总会存在变动的力量，使得需求或供给发生改变，最终实现市场均衡。

2.3.3　需求和供给变化对市场均衡的影响

市场影响均衡的因素比较多，这些因素的变化可能会导致需求曲线移动、供给曲线移动或者需求曲线与供给曲线同时移动，它们的移动使得原来的均衡遭到破坏，各种影响力量相互作用，会建立新的市场均衡。在新的均衡中，均衡价格和均衡数量又如何改变呢？

1. 需求水平变化对均衡的影响

在市场上影响消费者需求水平改变的因素较多，例如，消费者的收入、偏好、人口数量、预期以及相关商品等。一般情况下，在供给水平不变的情况下，需求水平的增长会使需求曲线向右移动，从而使得均衡价格上升、均衡数量都增加；反之，需求水平下降会使需求曲线向左移动，使得均衡价格下降、均衡数量都减少。如图 2-8 所示，当消费者的收入增加以后，对于正常品而言，需求曲线随着收入的增加而向右移动，从 D_0 移动到 D_1，由于供给水平假定不变，则均衡点

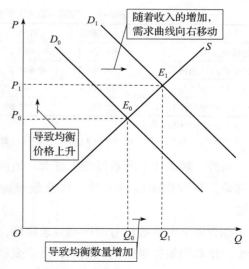

图 2-8　需求水平提高对均衡的影响

从 E_0 移动到 E_1,均衡价格从 P_0 上升到 P_1,均衡数量从 Q_0 增加到 Q_1。

同样的道理,如果消费者的收入减少或者其他因素导致消费者需求水平下降,则需求曲线会向左移动,均衡价格和均衡数量都减少,大家可以自己作图分析,在此不再重复叙述。

2. 供给水平变化对均衡的影响

在市场上影响供给水平改变的因素较多,如生产技术、生产成本、生产者的预期、生产者的数量、相关商品及政策因素等。在需求水平保持不变的情况下,供给水平的增长会使供给曲线向右移动,从而使均衡价格下降,均衡数量增加;供给水平的下降会使供给曲线向左移动,从而使均衡价格上升,均衡数量减少。如图2-9所示,由于新的生产者加入(或者是技术革新、政策支持等因素),市场上总的供给水平增长,供给曲线向右移动,从 S_0 移动到 S_1,需求水平没有发生改变,则均衡点从 E_0 移动到 E_1,均衡价格从 P_0 下降到 P_1,均衡数量从 Q_0 上升到 Q_1。

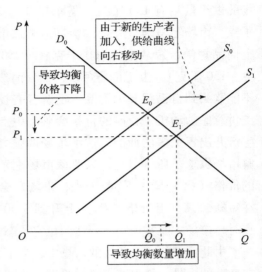

图2-9 供给水平提高对均衡的影响

例如,2005年12月29日,第十届全国人大常委会第十九次会议高票通过决定,自2006年1月1日起废止《农业税条例》,取消除烟叶以外的农业特产税,全部免征农业税,并且对种地的农民按照实际耕种面积实行耕种补贴,农民种地的积极性得到提高,从2005年到2010年,我国的粮食播种面积、粮食总产量、粮食人均产量连续保持较高的增长,如表2-4所示。

表2-4 2005~2010年我国粮食耕种及产量统计数据

	2005	2006	2007	2008	2009	2010
粮食播种面积(千公顷[①])	104 278.4	105 489.1	105 638	106 793	108 985.7	109 876.1
粮食总产量(万吨)	48 402.2	49 804.2	50 160.3	52 870.9	53 082.1	54 647.7
人口总数(万人)	130 756	131 448	132 129	132 802	133 450	134 091
粮食人均产量/(公斤/人)	370.17	378.89	379.63	398.12	397.77	407.54

①1公顷=10 000平方米。
资料来源:根据《中国统计年鉴》(2006~2011)整理。

同理,如果生产者数量减少或者其他因素导致生产者供给水平下降,则供给曲线会向左移动,导致均衡价格上升,均衡数量减少,大家可以自己作图分析,在此不再重复叙述。

综合以下两点我们可以得到**供求定理**:在其他条件不变的情况下,需求变动分别引起均衡价格和均衡数量的同向变动;供给变动引起均衡价格的反向变动,引起均衡数量的同向变动。

3. 需求和供给同时变化对均衡的影响

前面我们分析了需求水平或者供给水平单独改变时市场均衡的改变情况，但是，在现实生活中，一段时间内需求和供给会同时发生改变，那么，市场均衡情况又会如何变化呢？

例如，在某一市场上，随着人口和消费者收入的增加，该市场的需求水平提升，需求曲线在一段时间内就会向右移动。然而，在这段时间内，可能会有新的生产者不断加入或者生产者通过技术革新提高了生产效率，供给水平也在提高，供给曲线也会向右移动。市场均衡价格和均衡数量究竟是上升还是下降，通常取决于需求曲线和供给曲线移动的幅度。如图 2-10 所示，如果需求曲线移动的幅度大于供给曲线移动的幅度，则导致均衡价格上升，均衡数量增加；如图 2-11 所示，如果供给曲线移动的幅度大于需求曲线移动的幅度，则导致均衡价格下降，但均衡数量依然增加。

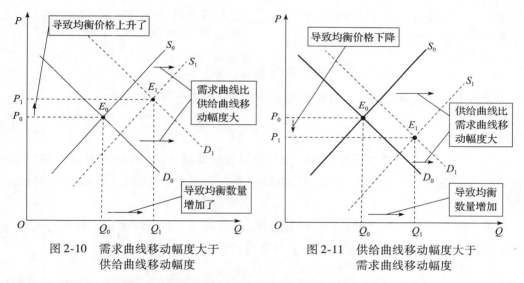

图 2-10　需求曲线移动幅度大于供给曲线移动幅度

图 2-11　供给曲线移动幅度大于需求曲线移动幅度

表 2-5 总结了需求曲线与供给曲线的移动存在的可能组合以及它们对均衡价格（P_E）和均衡数量（Q_E）的影响。表中加黑的条目表示需求曲线向右移动、供给曲线也向右移动，导致均衡价格可能上升、下降或者不变，但均衡数量一定是增加的，如图 2-10 和图 2-11 所表示的情况。表中的其他条目所表述的情况大家可以自己动手作图，对其均衡价格和均衡数量的变化情况进行详细的分析。

表 2-5　需求曲线与供给曲线的移动对均衡价格（P_E）和均衡数量（Q_E）的影响

	供给曲线不变	供给曲线右移	供给曲线左移
需求曲线不变	P_E、Q_E 均不变	P_E 下降、Q_E 增加	P_E 上升、Q_E 下降
需求曲线右移	P_E 上升、Q_E 增加	P_E（下降、上升、不变）、Q_E 增加	P_E 上升、Q_E（增加、减少、不变）
需求曲线左移	P_E 下降、Q_E 减少	P_E 下降、Q_E（增加、减少、不变）	P_E（下降、上升、不变）、Q_E 减少

2.4 弹性理论

市场上的消费者和生产者对价格变化均会做出反应。消费者对某些商品的价格变化比较敏感,价格上升时会大幅减少对某些商品的支出,导致该商品的需求量大幅下降,如家庭小轿车、手机、CBA 球赛的门票等。但是,某些商品如粮食、食盐、煤气等商品的消费对价格变化不敏感,它们的需求量受价格波动的影响较小。那么,我们如何来度量价格波动对需求的影响程度呢?我们将弹性概念引入经济学中来分析这类问题。

2.4.1 弹性的一般概念

弹性概念在经济学中已经得到广泛应用,只要是两个变量之间存在函数关系,我们一般就可以用弹性来描述因变量对自变量变化的反应灵敏程度。也就是说,弹性是这样的一个系数,当一个经济变量发生 1% 的变动时,它引起的另外一个经济变量变动的百分比。在经济学中,弹性的一般表达式为:

$$\text{弹性系数} = \frac{\text{因变量的变动比例}}{\text{自变量的变动比例}}$$

如果两个经济变量之间的函数关系为 $Y=f(X)$,则弹性的一般表达式如下:

$$e = \frac{\Delta Y/Y}{\Delta X/X} = \frac{\Delta Y}{\Delta X} \cdot \frac{X}{Y} \tag{2-9}$$

式(2-9)中,e 为弹性系数,ΔX、ΔY 分别表示变量 X、Y 在一段时间内的变动量。因为 ΔX、ΔY 在函数 $Y=f(X)$ 所表示的曲线上是一段弧线,因此,式(2-9)又称为弧弹性。

如果经济变量 X 的变化量 ΔX 趋于无穷小,即 $\Delta X \rightarrow 0$,且 $\Delta Y \rightarrow 0$ 时,则弹性表示为某一点的弹性,在经济学上称为点弹性,其计算公式如下:

$$e = \lim_{\Delta X \rightarrow 0} \frac{\Delta Y/Y}{\Delta X/X} = \lim_{\Delta X \rightarrow 0} \frac{\Delta Y}{\Delta X} \cdot \frac{X}{Y} = \frac{dY}{dX} \cdot \frac{X}{Y} \tag{2-10}$$

由弹性的定义及其计算公式可以看出,弹性是两个变量变动百分比之比,与两个变量的计量单位没有关系;同时,弹性和该函数曲线的斜率是两个完全不同的概念,不要将二者混淆。本节主要介绍需求弹性和供给弹性及其弹性在经济社会中的应用。

2.4.2 需求弹性

需求弹性(demand elasticity)是指商品的需求量对影响其需求量因素的反应灵敏程度,其计算公式为:

$$\text{需求弹性系数} = \frac{\text{需求量的变动比例}}{\text{影响需求量变动的因素的变动比例}}$$

需求弹性主要包括需求的价格弹性、需求的交叉弹性和需求的收入弹性,其中需求的价格弹性在无特殊说明的情况下就简称为需求弹性。

1. 需求的价格弹性

需求的价格弹性（price elasticity of demand）是指在一定时间内，一种商品的需求量对需求价格的反应灵敏程度。或者说，在一定时间内，一种商品的价格变化百分之一引起该商品的需求量变化的百分比。其计算公式为：

$$需求的价格弹性 = \frac{需求量变动的百分比}{价格变动的百分比}$$

由需求定理可知，需求量和需求价格呈反向变动。需求价格上升时，需求量减少，即需求价格变动的百分比为正，而需求量变动的百分比为负，需求的价格弹性为负；反之，需求价格下降时，需求量增加，即需求价格变动的百分比为负，而需求量变动的百分比为正，需求的价格弹性依然为负。但是，在实际应用时，我们感兴趣的是其相对大小，所以，我们直接比较其绝对值大小。虽然 -5 在数值上小于 -3，但是数值为 -5 的需求价格弹性要大于数值为 -3 的需求价格弹性。

（1）**需求的价格弧弹性和点弹性**。需求的价格弹性可分为需求的价格弧弹性和需求的价格点弹性。

需求的价格弧弹性表示某种商品需求曲线上两个不同点之间的需求量的变动对于价格变动的反应灵敏程度。假设需求函数为 $Q_d = f(P)$，ΔP、ΔQ 分别表示价格、需求量在一段时间内的变动量，以 e_d 表示需求的价格弹性系数。需求的价格弧弹性公式如下：

$$e_d = \frac{\Delta Q / Q}{\Delta P / P} = \frac{\Delta Q}{\Delta P} \cdot \frac{P}{Q} \tag{2-11}$$

需求的价格点弹性表示某种商品需求曲线上两点之间的变化量趋于无穷小时，需求量的变动对于价格的变动的反应灵敏程度。需求的价格点弹性计算公式如下：

$$e_d = \lim_{\Delta P \to 0} \frac{\Delta Q / Q}{\Delta P / P} = \lim_{\Delta P \to 0} \frac{\Delta Q}{\Delta P} \cdot \frac{P}{Q} = \frac{\mathrm{d}Q}{\mathrm{d}P} \cdot \frac{P}{Q} \tag{2-12}$$

【例 2-1】 图 2-12 所示是某苹果市场的需求曲线，其需求函数为 $Q_d = 450 - 50P$，计算 AB 之间的弧弹性以及 A、B 两点的点弹性。

解析：由图 2-12 可知，需求曲线上 A、B 两点的价格分别是 7 元/千克和 5 元/千克，对应的需求量分别为 100 千克和 200 千克，当苹果的价格由 7 元/千克下降到 5 元/千克时，即从 A 点移动到 B 点，或者当苹果的价格由 5 元/千克上升到 7 元/千克时，即从 B 点移动到 A 点，它们的弧弹性如何计算？结果是否相等？根据式（2-11）分别进行计算。

从 A 点移动到 B 点，即苹果的价格由

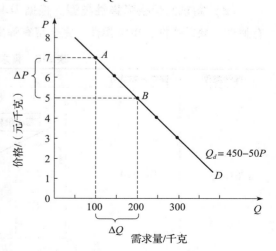

图 2-12　某苹果市场需求的价格弧弹性

7元/千克下降到5元/千克时：

$$e_d = \frac{\Delta Q}{\Delta P} \cdot \frac{P}{Q} = \frac{Q_B - Q_A}{P_B - P_A} \cdot \frac{P_A}{Q_A} = \frac{200-100}{5-7} \times \frac{7}{100} = -3.5$$

从 B 点移动到 A 点，即苹果的价格由5元/千克上升到7元/千克时：

$$e_d = \frac{\Delta Q}{\Delta P} \cdot \frac{P}{Q} = \frac{Q_A - Q_B}{P_A - P_B} \cdot \frac{P_B}{Q_B} = \frac{100-200}{7-5} \times \frac{5}{200} = -1.25$$

显然，由 A 点到 B 点和由 B 点到 A 点的弧弹性系数的值不相等，为什么？如何才能使两点之间的弧弹性结果一致呢？

其原因在于式（2-11）中，ΔP、ΔQ 的绝对值相等，但是 P 和 Q 的基数不一致，导致 P/Q 的值不等，所以弧弹性系数不相等。在经济学上，为了保证在一条需求曲线上的两点之间只有一个需求弹性值，一般取两点的平均值（即中点）来计算，如果 P_1 和 Q_1 是起点上的需求价格和需求量，P_2 和 Q_2 是终点上的需求价格和需求量，则需求的价格弧弹性中点公式如下：

$$e_d = \frac{\Delta Q}{\Delta P} \cdot \frac{\frac{P_1+P_2}{2}}{\frac{Q_1+Q_2}{2}} = \frac{\Delta Q}{\Delta P} \cdot \frac{P_1+P_2}{Q_1+Q_2} \tag{2-13}$$

根据式（2-13）计算 A、B 之间的需求价格弧弹性系数为：

$$e_d = \frac{\Delta Q}{\Delta P} \cdot \frac{P_1+P_2}{Q_1+Q_2} = -\frac{100}{2} \times \frac{5+7}{100+200} = -2$$

根据式（2-12）计算 A 点、B 点的点弹性为：

对于 A 点：
$$e_d = \frac{dQ}{dP} \cdot \frac{P_A}{Q_A} = -50 \times \frac{7}{100} = -3.5$$

对于 B 点：
$$e_d = \frac{dQ}{dP} \cdot \frac{P_B}{Q_B} = -50 \times \frac{5}{200} = -1.25$$

（2）**需求的价格弧弹性类型**。根据需求的价格弧弹性系数值的大小，可以将其分为富有弹性、缺乏弹性、单位弹性、完全富有弹性和完全缺乏弹性五种类型，如表2-6所示。

表2-6　需求弹性的五种类型

弹性类型	弹性系数大小	图例	现实中可能的商品
富有弹性	$|e_d|>1$	（图：需求价格下降10%，需求量增加20%……）	一些奢侈品，如跑车

（续）

弹性类型	弹性系数大小	图例	现实中可能的商品
缺乏弹性	$\lvert e_d \rvert < 1$	需求价格下降10%，需求量增加8%	一些生活必需品，如食盐
单位弹性	$\lvert e_d \rvert = 1$	需求价格下降10%，需求量增加10%	一些生活用品，如糖果
完全富有弹性	$\lvert e_d \rvert = \infty$	价格只要上升一点点，需求量就大幅减少	政府按照既定价格收购过剩的粮食
完全缺乏弹性	$\lvert e_d \rvert = 0$	价格上升或下降，需求量不会发生任何变化……	糖尿病人对胰岛素的需求

（3）**需求的价格点弹性与需求曲线斜率的区别**。需求的价格弹性反映的是需求价格和需求量两个变量的变化率之比；而需求曲线的斜率反映的是需求曲线的倾斜度。弹性大小取决于 P 与 Q 的百分比变动，斜率大小取决于 P 与 Q 的绝对量的变动，所以需求曲线的斜率越大并不意味着弹性越大。一般来说，需求曲线上各点的弹性大小是不相等的。由图 2-13 可以清晰地区分需求曲线上不同点的弹性大小，因此，将需求曲线的弹性和需求曲线的斜率等同是错误的。

【例 2-2】 已知某商品的需求函数为 $Q = a - b \cdot P$，其中 a、b 为大于零的常数，分析 $|e_d| = 0$、$|e_d| = 1$、$|e_d| = \infty$、$|e_d| < 1$、$|e_d| > 1$ 时 P、Q 的值，并在需求曲线上找出其对应的位置。

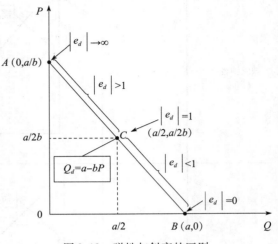

图 2-13 弹性与斜率的区别

解析：

由于

$$e_d = \frac{\mathrm{d}Q}{\mathrm{d}P} \cdot \frac{P}{Q}, \quad \frac{\mathrm{d}Q}{\mathrm{d}P} = -b$$

所以

$$e_d = -b \cdot \frac{P}{Q} = \frac{-bP}{a - bP} = \frac{P}{-\frac{a}{b} + P} \tag{2-14}$$

根据式（2-14）可知：

1) 如果 $P = 0$，$Q = a$，则 $|e_d| = 0$，在图 2-13 中对应 B 点；
2) 如果 $P = a/2b$，$Q = a/2$，则 $|e_d| = 1$，在图 2-13 中对应 C 点；
3) 如果 $P = a/b$，$Q = 0$，则 $|e_d| = \infty$，在图 2-13 中对应 A 点；
4) 如果 $P < a/2b$，$Q > a/2$，则 $|e_d| < 1$，在图 2-13 中对应 BC 线段；
5) 如果 $P > a/2b$，$Q < a/2$，则 $|e_d| > 1$，在图 2-13 中对应 AC 线段。

（4）**需求的价格弹性与厂商的销售收入**。在现实生活中，我们经常看到许多厂商采取降价促销的办法来增加其销售收入，但是，有些厂商却从来没有想过要通过降价的办法来增加销售收入，这是为什么？有兴趣的同学可以到任何一家超市中去做调查，看看哪些商品常常采用降价的办法来促销，哪些商品却从不降价促销，反而在不断提价。如何解释这种经济现象呢？这里涉及商品需求的价格弹性大小与厂商的销售收入二者之间的相互关系。

由于某种商品的销售收入总额（总收益）为该商品的销售价格与销售量的乘积，假设该商品的销售量等于市场上该商品的需求量，所以该商品的总收益等于该商品的销售价格与该商品的需求量的乘积。其公式如下：

$$TR = P \cdot Q \tag{2-15}$$

式（2-15）中，P 表示该商品的销售价格；Q 表示该商品的销售量，即需求量。

根据弹性的概念可知,某种商品的需求价格弹性是该商品的需求量(销售量)对该商品的需求价格(销售价格)变化的反应灵敏程度,当某种商品的价格(P)发生改变时,商品的需求量(Q)的变化大小会受到该商品的需求弹性的影响,进而影响该厂商的总收益(TR),因此,商品的需求弹性与该商品的总收益之间存在密切关系,如图 2-14 所示。这种关系归纳起来主要有以下三种情况。

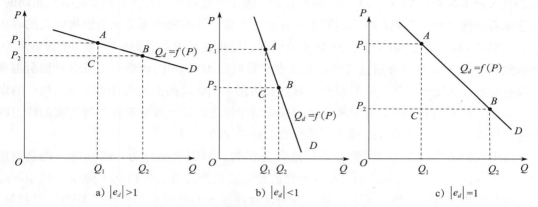

图 2-14 需求弹性与总收益之间的关系

第一种情况:对于富有弹性($|e_d|>1$)的商品,降低价格会增加该商品的销售收入,反之,提高商品的价格会减少该商品的销售收入,即商品的总收益与该商品的价格呈反方向变动。当 $|e_d|>1$,该商品降价时,所引起的需求量的增加率大于其降价率,也意味着降价所造成的销售收入的减少量必定小于需求量的增加所带来的销售收入的增加量。如图 2-14a 所示,AB 两点之间是富有弹性的,当价格从 P_1 下降到 P_2 时,销售量从 Q_1 增加到 Q_2,由于价格下降所造成的收益减少量为矩形 AP_1P_2C 的面积,需求量增加所带来的收益增加量为矩形 BQ_2Q_1C 的面积,显然,矩形 BQ_2Q_1C 的面积大于矩形 AP_1P_2C 的面积。反之,该商品涨价时,涨价所带来的收益增加量必定小于需求量减少所造成的收益减少量。

假设某商品的 $|e_d|=4$,初始状态时,价格为 10 元/件,需求量为 1 000 件,此时该商品的总收益为:$TR = 10 \times 1\,000 = 10\,000$(元)。当该商品的价格下降 1%,即价格为 9.9 元/件时,由于 $|e_d|=4$,所以相应的需求量增加率为 4%,即需求量增加至 1 040 件,此时该商品的总收益为:$TR = 9.9 \times 1\,040 = 10\,296$(元)。显然,该商品的总收益增加了 296 元。反之,如果该商品的价格上涨 1%,即价格为 10.1 元/件时,由于 $|e_d|=4$,所以相应的需求量下降率为 4%,即需求量下降至 960 件,此时该商品的总收益为:$TR = 10.1 \times 960 = 9\,696$(元)。显然,该商品的总收益反而下降了 304 元。

第二种情况:对于缺乏弹性($|e_d|<1$)的商品,降低价格会减少该商品的销售收入,反之,提高商品的价格会增加该商品的销售收入,即商品的总收益与该商品的价格呈同方向变动。当 $|e_d|<1$,该商品降价时,所引起的需求量的增加率小于其降价率,也意味着降价所带来的销售收入的增加量必定小于需求量的减少所造成的销售收入的减少量。如图 2-14b 所示,AB 两点之间是缺乏弹性的,当价格从 P_1 下降到 P_2 时,销售量从 Q_1 增加

到 Q_2，由于价格下降所造成的收益减少量为矩形 AP_1P_2C 的面积，需求量增加所带来的收益增加量为矩形 BQ_2Q_1C 的面积，显然，矩形 BQ_2Q_1C 的面积小于矩形 AP_1P_2C 的面积。反之，该商品涨价（价格从 P_1 上升到 P_2）时，涨价所带来的收益增加量必定大于需求量减少所造成的收益减少量。

第三种情况：对于单位弹性（$|e_d|=1$）的商品，降低价格或者提高价格对该商品的销售收入没有影响。当 $|e_d|=1$ 时，该商品的需求量的变动率与其价格的变动率是相同的，这意味着降价所带来的销售收入的增加量必定等于需求量的减少所造成的销售收入的减少量。如图 2-14c 所示，AB 两点之间是单位弹性，当价格从 P_1 下降到 P_2 时，销售量从 Q_1 增加到 Q_2，由于价格下降所造成的收益减少量为矩形 AP_1P_2C 的面积，需求量增加所带来的收益增加量为矩形 BQ_2Q_1C 的面积，显然，矩形 BQ_2Q_1C 的面积等于矩形 AP_1P_2C 的面积。反之，该商品涨价时，涨价所带来的收益增加量必定等于需求量减少所造成的收益减少量。所以，无论是降价还是提价，其总收益是不变的。

以上三种情况是以需求弧弹性为例进行分析的，但需求弹性为点弹性时，也是适用的。考虑 $|e_d|=0$ 时，该商品的收益与价格的变化等比例改变，即价格下降时，收益下降的比例与价格下降的比例相等，价格上升时，收益增加的比例也与价格上升的比例相等。当 $|e_d|=\infty$ 时，在既定的价格下，收益可以无限增加，因此厂商一般不会降价。

(5) **影响需求价格弹性的因素**。我们已经知道，不同商品的需求价格弹性不同，一些商品富有弹性，一些却缺乏弹性，同一商品在不同的价格点上，其需求价格弹性也不同。那么，为什么商品需求价格弹性不同？

影响需求价格弹性的因素主要有以下五个方面。

第一，替代商品的获取性。一般来说，相关替代商品的可获取性是影响一种商品需求弹性的重要因素。一种商品的替代品越多，相近程度越高，消费者获取其替代品就越容易，该商品的需求价格弹性就越大；反之，该商品的需求价格弹性就越小。譬如，当红富士苹果的价格上升时，消费者可能就会减少红富士苹果的需求，增加对黄元帅苹果或其他品种苹果的购买，说明红富士苹果的需求价格弹性就较大。又如，当汽油的价格上涨时，消费者没有其他更多的东西可以代替汽油，因此，汽油的需求量下降得很少，说明汽油的需求价格弹性较小。

第二，该商品对消费者生活的重要程度。一般来说，奢侈品比生活必需品具有更大的需求价格弹性。例如，人们对面包、大米、食盐等生活必需品往往缺乏弹性，它们的价格上涨时，消费者需求量下降得很少；人们对 CBA 球赛门票、LV 包、豪华跑车等奢侈品具有更大的需求价格弹性，它们的价格下降时，消费者需求量增加得较多。

第三，时间跨度。消费者对商品价格的变化需要一定的时间来调整其消费习惯。一般情况下，消费者调节时间越长，则商品的需求价格弹性可能越大。例如，如果汽油的价格上涨了，消费者在短期内不会大幅度地减少汽油的需求量，因为他们需要用一定的时间来选择公共交通、购买更加节能的汽车或者选择离家更近的工作单位。

第四，商品用途的广泛性。一般来说，商品的用途越广泛，其需求价格弹性越大，反之，商品的用途越狭窄，其需求价格弹性可能越小。因为当一种具有广泛用途的商品价格上升（或较高）时，消费者只会购买较少的该商品用于重要用途上，而当该商品的价格下降（或较低）时，消费者就会增加对该商品的购买，用于更多的用途。

第五，商品的消费支出占消费者预算的份额。如果一种商品的消费支出占消费者预算的份额很低，则消费者对该商品的价格变化不是很敏感，该商品的需求价格弹性较小，反之，该商品的需求价格弹性较大。例如，油盐酱醋、铅笔、肥皂等商品的需求价格弹性一般较小。一些大宗商品，如汽车、商品房、高档家电等的需求价格弹性一般较大。

综上所述，一种商品的需求价格弹性大小取决于多种因素，一定要记住的是，不同的商品的需求价格弹性估计值可能不一样，这与分析该商品时使用的数据以及做出估计所考虑的时间跨度有关。表2-7所示是一些商品需求价格弹性的估计值。

表2-7 商品需求弹性估计值

商品	弹性估计值	商品	弹性估计值
书籍（巴诺）	-4.00	水（家用）	-0.38
书籍（亚马逊）	-0.60	鸡肉	-0.37
电影（长期）	-3.70	香烟	-0.25
飞机旅游（长期）	-2.40	啤酒	-0.23
汽车	-1.95	家用天然气	-0.09
可口可乐	-1.22	汽油	-0.06
葡萄	-1.18	牛奶	-0.04
面包	-0.40	糖	-0.04

资料来源：[美]哈伯德，奥布赖恩. 经济学（微观）[M]. 张军，译. 北京：机械工业出版社，2011.
黄亚钧，等. 微观经济学[M]. 北京：高等教育出版社，2005.

2. 需求的交叉弹性

需求的交叉价格弹性（cross-price elasticity of demand）是指在一定的时期内，一种商品的需求量的变动对其相关商品的价格变动的反应灵敏程度，或者说，是指一种商品的价格变化百分之一而引起其相关商品的需求量变化的百分比。其定义表达式如下：

$$需求的交叉价格弹性 = \frac{一种商品需求量变动的百分比}{另一种商品价格变动的百分比} \tag{2-16}$$

假设商品 X 的需求量 Q_X 是其相关商品 Y 的价格 P_Y 的函数，即 $Q_X = f(P_Y)$，则商品 X 的需求交叉弹性计算公式如下：

$$e_{XY} = \frac{\Delta Q_X / Q_X}{\Delta P_Y / P_Y} = \frac{\Delta Q_X}{\Delta P_Y} \cdot \frac{P_Y}{Q_X} \tag{2-17}$$

式（2-17）中，ΔQ_X 表示商品 X 的需求量的变化量；ΔP_Y 表示相关商品 Y 的价格的变化量；e_{XY} 为商品 X 的需求交叉价格弹性系数。

需求的交叉价格弹性的正负号取决于所分析的两种相关商品是替代品还是互补品。替代品是指能够用于同一目的的产品，如不同品牌的 MP5 播放器，一种品牌的 MP5 价格上涨时，必然会导致另外一种品牌的 MP5 需求量增加。因此，替代品的交叉弹性为正值。互补品是指需要同时使用的产品，如 DVD 影碟机和 DVD 碟片，DVD 碟片的价格上涨时，必然会导致 DVD 影碟机的需求量减少。因此，互补品的交叉弹性为负值。但是，如果两种产品不相关，如汽车和老干妈辣酱，则它们之间的需求交叉弹性为零。

3. 需求的收入弹性

需求的收入弹性（income elasticity of demand）是指在一定时期内某商品的需求量对消费者收入变化的反应灵敏程度，或者说，是指消费者收入变化百分之一而引起该商品的需求量变化的百分比。其定义表达式如下：

$$需求的收入弹性 = \frac{需求量变动的百分比}{收入变动的百分比} \tag{2-18}$$

假设某商品需求量 Q 是消费者收入水平 M 的函数，即 $Q = f(M)$，则该商品需求的收入弹性系数（e_M）计算公式如下：

$$e_M = \frac{\Delta Q/Q}{\Delta M/M} = \frac{\Delta Q}{\Delta M} \cdot \frac{M}{Q} \tag{2-19}$$

前面我们介绍过，如果一种商品的需求量随着收入的增加而增加，那么这种商品就是正常品。正常品的需求收入弹性大于零，即 $e_M > 0$。正常品又可以分为必需品和奢侈品。必需品，如食品、保暖的衣服等，其需求对消费者的收入变化不敏感，对于必需品，消费者的收入增加 10%，对必需品的需求增长一般会小于 10%，必需品的需求收入弹性系数大于 0 但小于 1，即 $0 < e_M < 1$。奢侈品，如贵重的珠宝、名贵的皮衣等，其需求对消费者的收入变化比较敏感，对于奢侈品，消费者收入增加或减少 10%，奢侈品的需求量增加或减少超过 10%，因此奢侈品的需求收入弹性系数大于 1，即 $e_M > 1$。

如果一种商品的需求量随着收入的增加而减少，那么这种商品就是劣等品。劣等品的需求收入弹性小于 0，即 $e_M < 0$。如脂肪含量很高的猪肉、一些粗糙的食品。

正常品、劣等品、必需品和奢侈品只是经济学家用来描述具有不同收入弹性的产品的标志，他们并不是对这些产品的价值做出评价。在现实生活中，大部分商品是正常品，因此，当经济繁荣时，消费者收入增加，厂商预期他们的商品需求量会增加。当经济萧条时，如 2008 年发生的金融危机，使得欧洲许多国家消费者的收入下降，导致一些奢侈品在欧洲的销售量大幅减少。

2.4.3 供给弹性

供给弹性（supply elasticity）与需求弹性是相对应的，在此主要介绍供给的价格弹性。

1. 供给的价格弹性

供给的价格弹性是指供给量的变化对商品的价格变化的反应灵敏程度，或者是指供给量的变动的百分比与该商品价格变动的百分比的比值。其定义表达式如下：

$$\text{供给弹性} = \frac{\text{供给量变动的百分比}}{\text{价格变动的百分比}} = \frac{\Delta Q_s / Q_s}{\Delta P / P} = \frac{\Delta Q_s}{\Delta P} \cdot \frac{P}{Q_s} \quad (2\text{-}20)$$

供给弧弹性系数（中点）计算公式如下：

$$e_s = \frac{\dfrac{\Delta Q}{(Q_A + Q_B)/2}}{\dfrac{\Delta P}{(P_A + P_B)/2}} = \frac{\Delta Q}{\Delta P} \cdot \frac{P_A + P_B}{Q_A + Q_B} \quad (2\text{-}21)$$

式（2-21）中，e_s 表示供给弹性系数；Q_A、Q_B 分别表示供给曲线上 A、B 两点的供给量，P_A、P_B 分别表示供给曲线上 A、B 两点的供给价格；ΔQ、ΔP 表示从 A 点到 B 点的供给量与供给价格的变化量。

供给的价格点弹性表示某种商品供给曲线上两点之间的变化量趋于无穷小时，供给量的变动对于价格变动的反应灵敏程度。供给的价格点弹性计算公式如下：

$$e_s = \lim_{\Delta P \to 0} \frac{\Delta Q / Q}{\Delta P / P} = \lim_{\Delta P \to 0} \frac{\Delta Q}{\Delta P} \cdot \frac{P}{Q} = \frac{\mathrm{d}Q}{\mathrm{d}P} \cdot \frac{P}{Q} \quad (2\text{-}22)$$

根据供给定理，供给曲线一般为正值，按照供给的价格弹性系数大小，可将其分为五种基本类型。第一种：$e_s = \infty$ 称为供给完全富有弹性，其供给曲线为一条水平的直线，表示在某一价格下厂商愿意提供任意数量的产品，而价格只要降低一点点（甚至无穷小），供给量就会骤然降至零。第二种：$e_s > 1$ 称为供给富有弹性。第三种：$e_s = 1$ 称为供给单位弹性。第四种：$e_s < 1$ 称为供给缺乏弹性。第五种：$e_s = 0$ 称为供给完全无弹性，其供给曲线为一条垂直的直线，表示不管价格如何变化，供给量始终固定不变。

2. 影响供给的价格弹性的因素

供给的价格弹性主要取决于以下四个因素。

（1）**进入和退出行业的难易程度**。一般来说，如果厂商进入和退出该行业较容易，厂商可以根据市场上该商品的价格变化灵活调整产量，改变该商品的供给量，则该商品的供给价格弹性较大。如果该行业垄断程度较高，厂商进入和退出该行业很难，则厂商不容易通过调整产量来改变市场的供给量，该商品的供给价格弹性较小。

（2）**对市场的定义**。在狭义的市场中，生产者数量较少，对市场的总供给量影响比较少，因此，其供给的价格弹性较小；如果是广义的市场，市场中生产者的数量较多，商品的价格上涨，不但在该市场中的厂商会增加供给，该市场外的其他厂商也会进入该市场增加新的供给，因此，其供给价格弹性较大。

（3）**考察的时间跨度**。这是影响商品供给弹性的最主要因素。时间跨度分为即时变动、短期变动和长期变动。即时变动是指市场价格由于偶然因素造成的波动，在极短的时间内，供给量限于已有的库存，无法随着价格的变动而变化，此时，供给的价格弹性接近于零，如图 2-15 中的 MS 曲线所示。短期变动是指厂商在固定资产不变的情况下，可以通过增加流动资产的投入来扩大产量，增加市场的供给量，因此，供给的价格弹性增大，如图 2-15 中的 SS 曲线所示。长期变动是指现有厂商可以调整生产规模，如新建分厂，行业外的厂商也可以进入该行业形成新的供给力量,故供给的价格弹性很大,如图 2-15 中的 LS 曲线所示。

(4) **产量大小**。对某一行业来说,在产量很小的时候,要扩大产量相对比较容易,供给接近于完全富有弹性,当产量增加到一定的程度后,生产该商品的生产要素的稀缺性开始显现出来,进一步增加生产要素(如技术、熟练工人、特殊原材料、管理者的才能等)难度加大,产品的成本上升,从而导致供给价格弹性变小;当产量达到极限时,所有相关要素都已经耗尽,要进一步增加产量几乎不可能了,此时,不管价格如何上涨,供给量也没有增加,供给价格弹性接近于零。对于一种商品来说,这种极限很晚才能出现,在此之前,由于成本带来的价格上涨早已把消费者的需求控制住了。图 2-16 显示了不同产量区间的供给价格弹性。当产量小于 Q_1 时,供给价格弹性接近于无穷大。从 Q_1 开始,供给价格弹性开始下降,到了 Q_2 后,进一步增加产量几乎不可能了,供给价格弹性接近于零。

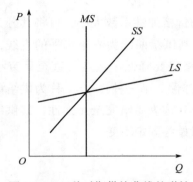

图 2-15　三种时期供给曲线的弹性

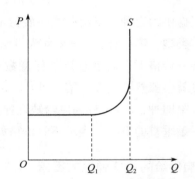

图 2-16　不同产量区间的供给价格弹性

2.4.4　弹性理论的运用

需求弹性、供给弹性和供求理论可以帮助我们了解很多经济现象。解释这些经济现象发生的深层次原因,可以为我们制定合理的经济政策提供依据。例如,最低工资规定对劳动市场会产生什么影响?我国每年的春运为何一票难求?国家每年为什么要拿出大量的资金按照保护价收购过剩的粮食?政府对商品征税时,税收的最终承担者是消费者还是生产者?面对非法物品市场,除采取强制措施外,是否有其他更好的政策选择?我们可以运用供求理论和弹性理论对这些问题进行分析。

1. 最低工资规定与劳动市场

随着我国经济的发展,各地纷纷出台了最低工资标准,尤其是近两年,各地纷纷调高了当地最低工资标准,如图 2-17 所示。以下是我国部分地区近年最

图 2-17　各地调整最低工资标准

低工资标准调整的新闻报道。

经湖南省人民政府同意，报国家人力资源和社会保障部备案，湖南省最低工资标准（适用于全日制劳动者）档次调整为：1 580元/月、1 430元/月、1 280元/月、1 130元/月。湖南省小时最低工资标准（适用于非全日制劳动者）档次调整为：15元/小时、13.4元/小时、11.6/小时。适用时间：从2017年7月1日开始执行。

（资料来源：湘人社发〔2017〕42号文件）

2017年9月29日记者从我省人社厅获悉，我省将从10月1日起调整现行的最低工资标准。其中，太原市六城区等一类地区月最低工资标准将由1 620元提高到1 700元。

结合我省经济社会发展、城镇居民消费水平提高的实际，并考虑社会保障和住房公积金等因素，省人民政府决定对现行最低工资标准进行调整。

我省将现行月最低工资标准由一类1 620元、二类1 520元、三类1 420元、四类1 320元，依次调整为1 700元、1 600元、1 500元、1 400元。同时，相应提高小时最低工资标准。调整后，全日制小时最低工资标准依次为一类9.8元、二类9.2元、三类8.6元、四类8.0元；非全日制用工小时最低工资标准依次为一类18.5元、二类17.4元、三类16.3元、四类15.2元。

省人社厅明确，最低工资标准，是剔除下列各项后用人单位支付给劳动者的货币性工资：加班加点工资；中班、夜班、高温、低温、井下、有毒有害、行车等特殊工作环境、条件下的津贴；法律、法规和国家规定的劳动者福利待遇等。

（资料来源：山西晚报，2017-09-29）

根据广东省人民政府决定，深圳市最低工资标准纳入全省最低工资标准调整类别，将深圳市最低工资标准列为广东省一类地区。

经深圳市政府同意，深圳市2018年最低工资标准调整如下：全日制就业劳动者最低工资标准：2 200元/月；非全日制就业劳动者小时最低工资标准：20.3元/小时。新标准于2018年7月1日公布，2018年8月1日起实施。

与2017年最低工资标准相比，全日制就业劳动者最低工资标准上调70元/月，增长3.3%；非全日制就业劳动者小时最低工资标准上调0.8元/小时，增长4.1%。

（资料来源：人民网-深圳频道，2018-06-30）

随着各地最低工资标准的不断调整，根据中华人民共和国人力资源和社会保障部网站发布的消息，截至2018年9月1日，已有上海、辽宁、新疆、江西、西藏、广西、云南、山东、广东、北京、四川11个省、自治区、直辖市上调了2018年最低工资标准。截至2018年9月全国各地区月最低工资标准情况如表2-8所示。

各地纷纷调整最低工资标准后，如果严格按照最低工资标准执行，对劳动者的影响究竟是好事还是坏事？对当地的劳动市场会产生什么影响呢？我们可以运用需求理论以及弹性理论对该现象进行分析。

表 2-8 全国各地区月最低工资标准情况（截至 2018 年 9 月）

地区	标准实施日期	月最低工资标准				
		第一档	第二档	第三档	第四档	第五档
北京	2018.09.01	2 120				
天津	2017.07.01	2 050				
河北	2016.07.01	1 650	1 590	1 480	1 380	
山西	2017.10.01	1 700	1 600	1 500	1 400	
内蒙古	2017.08.01	1 760	1 660	1 560	1 460	
辽宁	2018.01.01	1 620	1 420	1 300	1 120	
吉林	2017.10.01	1 780	1 680	1 580	1 480	
黑龙江	2017.10.01	1 680	1 450	1 270		
上海	2018.04.01	2 420				
江苏	2018.08.01	2 020	1 830	1 620		
浙江	2017.12.01	2 010	1 800	1 660	1 500	
安徽	2015.11.01	1 520	1 350	1 250	1 150	
福建	2017.07.01	1 700	1 650	1 500	1 380	1 280
江西	2018.01.01	1 680	1 580	1 470		
山东	2018.06.01	1 910	1 730	1 550		
河南	2017.10.01	1 720	1 570	1 420		
湖北	2017.11.01	1 750	1 500	1 380	1 250	
湖南	2017.07.01	1 580	1 430	1 280	1 130	
广东	2018.07.01	2 100	1 720	1 550	1 410	
其中：深圳	2018.07.01	2 200				
广西	2018.02.01	1 680	1 450	1 300		
海南	2016.05.01	1 430	1 330	1 280		
重庆	2016.01.01	1 500	1 400			
四川	2018.07.01	1 780	1 650	1 550		
贵州	2017.07.01	1 680	1 570	1 470		
云南	2018.05.01	1 670	1 500	1 350		
西藏	2018.01.01	1 650				
陕西	2017.05.01	1 680	1 580	1 480	1 380	
甘肃	2017.06.01	1 620	1 570	1 520	1 470	
青海	2017.05.01	1 500				
宁夏	2017.10.01	1 660	1 560	1 480		
新疆	2018.01.01	1 820	1 620	1 540	1 460	

资料来源：中华人民共和国人力资源和社会保障部网站。

最低工资规定对劳动市场的短期影响如图 2-18 所示。假设某地劳动市场在最低工资规定出台之前是均衡的劳动市场，其均衡小时工资标准为 10 元/小时，劳动的均衡数量是 15 万人，实现了充分就业。如果政府规定的最低小时工资低于 10 元/小时，则对该劳动市场不会产生任何影响，也就是说该政策是无效的政策。现在，政府规定当地的最低小时工资从 10 元/小时调整为 13 元/小时，并且强制执行，则该劳动市场原来的均衡就会被破坏。在短期内，厂商对劳动的需求是缺乏弹性的，不可能很快对劳动需求做出大的调整，所以小时工资调整到 13 元/小时，劳动的需求量减少幅度比较小，假设减少了 3 万人，此时需求量为 12 万人。然而劳动的供给是富有弹性的，对劳动的工资变化能够较快做出反应，供给量有较大幅度的调整，所以小时工资调整到 13 元/小时，劳动的供给量增加的幅度比较大，假设增加了 5 万人，此时需求量为 20 万人。该劳动市场供求状态转变为供大于求，即该劳动市场会出现较多的失业人员，达到 8 万人（=20 万人－12 万人）。由此可知，政府规定最低工资，不但没有促进就业，在短期内反而使失业人数增加了。

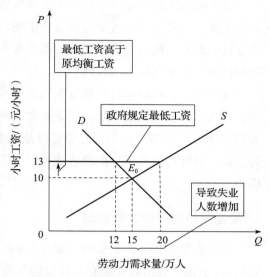

图 2-18 最低工资对劳动市场的短期影响

最低工资规定出台后对劳动市场的长期影响如图 2-19 所示。由于政府出台本地区的最低工资规定，原来的劳动市场均衡被破坏，通过较长时间的市场调节，必定实现新的均衡，新均衡点的工资应该等于或者高于最低工资。我们假设均衡点工资正好等于最低工资，图 2-19 展示了该劳动市场的一种演进过程。

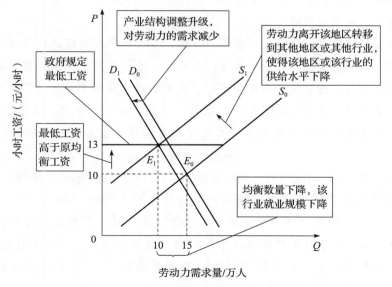

图 2-19 最低工资对劳动市场的长期影响

当政府出台最低工资规定以后，短期内造成失业人数增加，一部分劳动在该地区找不到合适的工作，于是，他们可能选择离开该地区，到其他新兴经济区寻找工作机会，或者留在原地但转行从事其他工作，使得该地区的劳动供给水平下降，供给曲线从 S_0 移动到 S_1。对于该地区的厂商而言，由于受政府规定的最低工资水平的影响，其生产成本上升，利润下降，一部分厂商可能选择退出市场，一部分厂商选择改进技术，提高生产力，实现产业结构调整，使该地区对劳动的需求水平下降，需求曲线从 D_0 移动到 D_1。通过上述过程的调整，均衡点从 E_0 移动到 E_1。

综上所述，政府出台的最低工资规定对劳动市场的影响，无论是短期内还是长期内，均会使该市场就业人数下降。实证研究表明，最低工资如果上升10%，会使年轻人的就业人数下降1%～3%。但是，政府通过最低工资规定保障了已经就业的劳动者可以获得较高的工资，同时可以促使厂商改进技术，实现地区经济结构转型，创造新的行业和新的就业机会。

2. 最高限价与春运车票市场

每年春节临近，人们见面习惯性地问一句：订上票了吗？如果你上网搜索"春运车票"，马上就会显示数万条有关春运购票乘车攻略及春运的相关信息。以下是网站上有关春运的文章及其评述。

春节抢票大战进入白热化。1月17日起就可购买除夕（农历腊月三十）的火车票了。因为除夕当天是2018年春节法定节假日第一天，所以选择当天乘坐火车回家的人不在少数，抢票难度可想而知。记者在12306网站上查询后发现，如北京—广州、广州—郑州、上海—长沙等热门线路，基本很少有余票，放票后很快就被抢购一空。另外，即便是经过车次较多的地方，火车票依然紧俏。

又是一年春运抢票时，除夕火车票甫一开售，多地热门车次票源紧张在所难免，抢票大战一触即发的局面再次上演。每年春运，乡愁是一张薄薄的火车票。有趣的是，几乎每年这个时候都会有人表态春运"一票难求"将有所改善，但现实情况并非如此。同程旅游发布的一份报告显示，今年春运，广州、北京、上海、深圳、杭州、福州、宁波、温州、厦门、武汉为火车票最难买票的十大出发城市。这说明了春运"一票难求"依旧是道难解题。

春运作为一个问题，早在1953年就出现了，到1957年则变成大问题，《人民日报》破天荒地为此发表社论，以《春节期间的交通问题》为题疏导群众的不满情绪。时至2018年春运，一场被称为"每一个中国人的史诗"的人口大挪移又开始在这片神奇的土地上上演。今年春运于2月1日启动，至3月12日结束，预计全国旅客发送量约29.8亿人次，其中铁路预计发送旅客3.88亿人次，同比增长8.8%。顺利抢到一张回家的火车票，成了不少人的奢望。

毋庸讳言，铁路部门之所以把春节火车票的预订日期提早，自然是为百姓出行提供更多时间上的选择，避免扎堆买票。公众能理解铁路部门的良苦用心，但春运是综合性的一盘棋，不能靠一个部门的"单打独斗"，需要在社会的大环境下求解。春运"一票难求"，一方面说明有限的火车票难以满足大众需求，另一方面说明铁路市场化改革尚未真正兜底。每年盘点那些"奇葩"的过年回家方式，总是令人心酸。回家路上的辗转和颠簸，每每忆起这些春运特有的画面，心里都有种说不出的滋味。

近年来，铁路运输能力的增长有目共睹，但一到春运关头，车票缺口仍然相当大，供需矛盾依然十分突出。诚然，一票求的问题不仅仅涉及运输能力，还涉及旅客的选择问题，是一种市场行为。但在事关国计民生、与人民生活息息相关的出行上，我们期待有关部门能够根据市场反应，准确预计春运火车票供应不足的情况，及时向社会公布，及早进行预警，调整策略，不断改良"一票难求"的状况。

有钱没钱，回家过年，乡愁是一张小小的车票。每年上演的抢票大战，这种"抢"和"拼"的方式，恰恰暴露了公共应急服务的缺陷。对此有关部门应认真研究相关对策，对症下药，有效缓解乘客出行难问题。如果无法调和供给与需求这对矛盾，不仅2018年春运是道难题，恐怕到2019年春运依然难以化解这道顽疾。"一票难求"年年上演，什么时候能真正解决买票难问题，不再每年春运都上演"抢票大战"，有效地改变春运购票难现象，让百姓的回家路更通畅、更舒心，这考验着职能部门的善治智慧和能力。但愿在这场春运抢票大战中，每个人都能顺利买到票，让回家之路变得"顺顺当当"。

（资料来源：南方网，拿什么化解春运"一票难求"，2018-01-16）

下面我们运用经济学的需求理论、供给理论、弹性理论分析春运市场与春运火车票政府定价对春运市场的影响。

我们先来分析春运市场铁路运输的短期均衡过程，假设不考虑政府对火车票的定价，由市场供求关系决定火车票的价格，如图2-20所示。在铁路运输淡季，铁路运输的有效需求不足，需求水平为D_0或小于D_0，导致铁路运力（即铁路运输量）过剩，许多列车经常出现严重的不满员现象。假设E_0为铁路运输不加开临时列车刚好饱和的状态，此时，铁路运输的供给曲线为P_0E_0段，淡季的均衡点在E_0或E_0前面的位置，均衡数量小于或等于Q_0。如果遇上节假日，如周末或者短期假日，出行旅客人数增加，需求曲线为D_1，超过正常的运力，铁路总公司可以通过加开临时列车来满足旅客出行的需求，此时，铁路运输的供给曲线为E_0E_2段（E_2为最大临时运力的均衡点），通过火车票市场的自身调节，车票价格上涨，在E_1点达到均衡，均衡价格为P_1，均衡数量为Q_1，均高于原均衡点E_0的情况。如果到春运期间，全国人民都要赶回家过年，并且年后要赶回

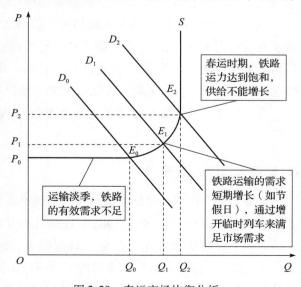

图2-20 春运市场均衡分析

单位上班,就会导致旅客流量在短期内暴增,需求水平为 D_2 或超过 D_2,旅客对铁路运输的需求量超过其最大的运力临界点 E_2,此时,最大的铁路运输量为 Q_2,通过市场调节,抑制部分需求,市场最终会达到均衡,火车票的均衡价格会等于或高于 P_2,远远高于 P_0,但均衡数量为最大运输量 Q_2。

考虑长期状态的话,我们可以通过修建更多的铁路和购买更多的列车来提高铁路运输的供给水平,使得铁路的供给曲线整体向右移动,但只要其最大供给量没有完全满足春节期间旅客的需求,其均衡过程分析与短期情况一致,如图 2-20 所示。

我们再来分析政府对火车票进行定价,即规定火车票的最高限价,假设最高限价为 P_0,其短期均衡过程如图 2-21 所示。铁路运输的供给曲线为 S,依然可分为三个阶段,其正常运输量为 Q_0,最大运输量为 Q_{2s}。在运输淡季,其均衡点在 E_0 或 E_0 前面的位置,均衡数量小于或等于 Q_0,均衡价格为 P_0。如果遇上节假日,如周末或者短期假日,出行旅客人数增加,需求曲线为 D_1,超过正常的运力,铁路总公司可以通过加开临时列车来满足旅客出行的需求,此时,铁路运输的供给曲线为 E_0E_2 段(E_2 为最大临时运输力的均衡点)。由于政府对火车票价格实行管制,其价格为 P_0,需

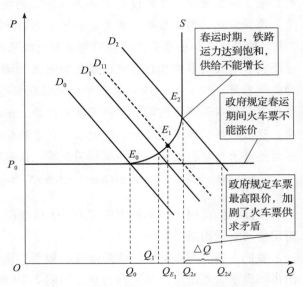

图 2-21 政府限价对铁路运输市场的影响

求量为 Q_{E_1},只要 $Q_1 < Q_{E_1} < Q_{2s}$,就能够实现均衡,但均衡点上移至 E_1 点。如果需求水平超过 D_{11},在价格 P_0 时,其需求量超过铁路最大运力 Q_{2s},出现供小于求的状态,即部分旅客在价格为 P_0 的情况下不能够买到自己所需要的火车票。到春运期间,旅客流量在短期内会暴增,需求水平为 D_2 或超过 D_2。此时,供求矛盾加剧,有较多的旅客在价格 P_0 的情况下无法购买到其需要的火车票,其缺口量为 $\Delta Q(=Q_{2d}-Q_{2s})$。

综上所述,我们就不难理解为什么节假日火车票比较紧张,春运期间更是"一票难求"了。

3. 稳定农民收入政策

农业是一个国家的经济基础,它为国民经济发展提供各种基础资源。国家对农业十分重视。中共中央在 1982 年至 1986 年连续五年发布以农业、农村和农民为主题的中央一号文件,对农村改革和农业发展做出具体部署,2004 年至 2009 年又连续六年发布以"三农"(农业、农村、农民)为主题的中央一号文件,强调了"三农"问题在中国的社会主义现代化时期"重中之重"的地位。2011 年中央一号文件公布,指出今后 10 年水利投入

翻番。以下是 2003 年至 2018 年连续 15 年中央一号文件公布时间及其核心内容。

2003 年 12 月 31 日，新世纪的第一个关于"三农"的中央一号文件——《中共中央 国务院关于促进农民增加收入若干政策的意见》公布。这是改革开放以来第六个涉农的一号文件。自此，中央一号文件重新锁定"三农"问题。

2004 年 12 月 31 日，《中共中央 国务院关于进一步加强农村工作提高农业综合生产能力若干政策的意见》公布，要求稳定、完善和强化各项支农政策，切实加强农业综合生产能力建设，继续调整农业和农村经济结构，进一步深化农村改革。

2006 年 2 月 21 日，《中共中央 国务院关于推进会主义新农村建设的若干意见》公布，要求完善和强化支农政策，加强基础设施建设，加强农村民主政治建设和精神文明建设，加快发展农村社会事业，推进农村综合改革，促进农民持续增收，确保社会主义新农村建设有良好开局。

2007 年 1 月 29 日，《中共中央 国务院关于积极发展现代农业扎实推进社会主义新农村建设的若干意见》公布，提出用现代物质条件装备农业，用现代科学技术改造农业，用现代产业体系提升农业，用现代经营形式推进农业，用现代发展理念引领农业，用培养新型农民发展农业。

2008 年 1 月 30 日，《中共中央关于切实加强农业基础建设进一步促进农业发展农民增收的若干意见》公布，提出要走中国特色农业现代化道路，建立以工促农、以城带乡长效机制，形成城乡经济社会发展一体化新格局。

2009 年 2 月 1 日，《中共中央 国务院关于 2009 年促进农业稳定发展农民持续增收的若干意见》做好 2009 年农业农村工作，具有特殊重要的意义。扩大国内需求，最大潜力在农村；实现经济平稳较快发展，基础支撑在农业；保障和改善民生，重点难点在农民。意见共分 5 部分，约 11 000 字，包括：加大对农业的支持保护力度；稳定发展农业生产；强化现代农业物质支撑和服务体系；稳定完善农村基本经营制度；推进城乡经济社会发展一体化。

2010 年 1 月 31 日，《中共中央 国务院关于加大统筹城乡发展力度进一步夯实农业农村发展基础的若干意见》在保持政策连续性、稳定性的基础上，进一步完善、强化近年来"三农"工作的好政策，提出了一系列新的重大原则和措施：对"三农"投入首次强调"总量持续增加、比例稳步提高"，这一要求不仅确保了"三农"资金投入的总量，更确定了比例要稳步提高；扩大了马铃薯良种补贴范围，新增了青稞良种补贴，实施花生良种补贴试点，把林业、牧业和抗旱、节水机械设备首次纳入补贴范围，首次提出要在 3 年内消除基础金融服务空白乡镇；拓展了农业发展银行支农领域，政策性资金将有更大的"三农"舞台；大幅度提高家电下乡产品的最高限价，允许各地根据实际增选一个品种纳入补贴范围，补贴对象也扩大到国有农林场区职工；增加产粮大县奖励补助资金，提高产粮大县人均财力水平，这将有利于提高我国 800 个产粮大县的种粮积极性，维护我国粮食安全。

2011年1月29日,《中共中央 国务院关于加快水利改革发展的决定》发布,这是新世纪以来中央关注"三农"的第八个"一号文件",也是中华人民共和国成立62年来中央文件首次对水利工作进行全面部署。

2011年12月31日,《中共中央 国务院关于加快推进农业科技创新持续增强农产品供给保障能力的若干意见》发布。

2012年12月31日,《中共中央 国务院关于加快发展现代农业进一步增强农村发展活力的若干意见》发布。

2014年1月19日,《关于全面深化农村改革加快推进农业现代化的若干意见》发布。

2015年2月1日,《中共中央 国务院关于加大改革创新力度加快农业现代化建设的若干意见》发布。

2015年12月31日,《中共中央 国务院关于落实发展新理念加快农业现代化实现全面小康目标的若干意见》。

2016年12月31日,《中共中央 国务院关于深入推进农业供给侧结构性改革加快培育农业农村发展新动能的若干意见》发布。

2018年1月2日,《中共中央 国务院关于实施乡村振兴战略的意见》(以下简称《意见》)发布。

《意见》包含12个部分的内容。《意见》指出,实施乡村振兴战略,是党的十九大作出的重大决策部署,是决胜全面建成小康社会、全面建设社会主义现代化国家的重大历史任务,是新时代"三农"工作的总抓手。

党的十八大以来,在以习近平同志为核心的党中央坚强领导下,我们坚持把解决好"三农"问题作为全党工作重中之重,持续加大强农惠农富农政策力度,扎实推进农业现代化和新农村建设,全面深化农村改革,农业农村发展取得了历史性成就,为党和国家事业全面开创新局面提供了重要支撑。

《意见》强调,农业农村农民问题是关系国计民生的根本性问题。没有农业农村的现代化,就没有国家的现代化。当前,我国发展不平衡不充分问题在乡村最为突出,主要表现在:农产品阶段性供过于求和供给不足并存,农业供给质量亟待提高;农民适应生产力发展和市场竞争的能力不足,新型职业农民队伍建设亟须加强;农村基础设施和民生领域欠账较多,农村环境和生态问题比较突出,乡村发展整体水平亟待提升;国家支农体系相对薄弱,农村金融改革任务繁重,城乡之间要素合理流动机制亟待健全;农村基层党建存在薄弱环节,乡村治理体系和治理能力亟待强化。实施乡村振兴战略,是解决人民日益增长的美好生活需要和不平衡不充分的发展之间矛盾的必然要求,是实现"两个一百年"奋斗目标的必然要求,是实现全体人民共同富裕的必然要求。

《意见》要求,举全党全国全社会之力,以更大的决心、更明确的目标、更有力的举措,推动农业全面升级、农村全面进步、农民全面发展,谱写新时代乡村全面振兴新篇章。

按照党的十九大提出的决胜全面建成小康社会、分两个阶段实现第二个百年奋斗目标的战略安排,实施乡村振兴战略的目标任务是:

到 2020 年，乡村振兴取得重要进展，制度框架和政策体系基本形成。农业综合生产能力稳步提升，农业供给体系质量明显提高，农村一二三产业融合发展水平进一步提升；农民增收渠道进一步拓宽，城乡居民生活水平差距持续缩小；现行标准下农村贫困人口实现脱贫，贫困县全部摘帽，解决区域性整体贫困；农村基础设施建设深入推进，农村人居环境明显改善，美丽宜居乡村建设扎实推进；城乡基本公共服务均等化水平进一步提高，城乡融合发展体制机制初步建立；农村对人才吸引力逐步增强；农村生态环境明显好转，农业生态服务能力进一步提高；以党组织为核心的农村基层组织建设进一步加强，乡村治理体系进一步完善；党的农村工作领导体制机制进一步健全；各地区各部门推进乡村振兴的思路举措得以确立。

到 2035 年，乡村振兴取得决定性进展，农业农村现代化基本实现。农业结构得到根本性改善，农民就业质量显著提高，相对贫困进一步缓解，共同富裕迈出坚实步伐；城乡基本公共服务均等化基本实现，城乡融合发展体制机制更加完善；乡风文明达到新高度，乡村治理体系更加完善；农村生态环境根本好转，美丽宜居乡村基本实现。

到 2050 年，乡村全面振兴，农业强、农村美、农民富全面实现。

下面我们运用需求定理、供给定理和弹性理论来分析中央一号文件保障农民收入的重要性，如果没有这些惠农政策，农民收入在市场自身调节下就得不到有效保障。通过政府保护价格收购过剩的粮食，可以保证农民实现增产增收的目的。

我们首先分析政府不干预粮食市场，通过市场自身调节达到均衡的过程，如图 2-22 所示。假设初始状态的粮食供给曲线为 S_0，因为粮食作物生产需要一定的周期，其短期的供给是完全缺乏弹性的，所以粮食的供给曲线在短期内是一条垂直的直线。粮食的需求也是缺乏弹性的，其需求曲线为 D，初始的均衡点为 E_0，对应的均衡价格为 P_0，均衡数量为 Q_0，农民当年的总收益为矩形 $OP_0E_0Q_0$ 的面积。由于当年粮食价格较高，农民种粮食获得的收益较多，他们种粮的积极性提高。于是，第二年粮食的耕种面积增加，如果正好第二年风调雨顺，粮食实现大丰收，则第二年粮食市场的供给曲线由 S_0 移动到 S_1，市场粮食供给量由 Q_0 增加到 Q_1。通过市场供求关系调节，第二年粮食市场的均衡点位于 E_1 点，对应的均衡价格为 P_1，均衡数量为 Q_1，农民该年的总收益为矩形 $OP_1E_1Q_1$ 的面积。

比较农民粮食增产前后的总收益变化。初始状态时，农民种粮的总收益为矩形 $OP_0E_0Q_0$ 的面积，粮食增产丰收后农民该年的总收益为矩形 $OP_1E_1Q_1$ 的面

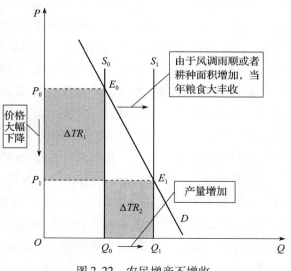

图 2-22 农民增产不增收

积。由图 2-22 可知，明显增产后的总收益小于增产前的总收益。因为价格下降而减少的收益为 ΔTR_1，产量增加所增加的收益为 ΔTR_2，而 $\Delta TR_2 < \Delta TR_1$，所以虽然粮食丰收了、增产了，但是农民的收益却明显减少了，农民种粮的积极性就会受到极大的打击，可能导致下一年度耕种面积大幅下降、粮食价格暴涨……如此恶性循环。这就是人们常说的"谷贱伤农"。

我们再来分析政府干预粮食市场，稳定农民收入，提高农民种粮食的积极性的过程，如图 2-23 所示。当粮食大丰收以后，粮食市场的供给曲线为 S_1，粮食产量为 Q_1。政府为了稳定农民收益、稳定粮食市场，防止粮食市场价格暴跌、暴涨，于是在丰收年份按照保护价格 P_G 完全收购市场中过剩的粮食。此时，粮食市场的需求曲线发生改变，在 A 点发生转折，变成水平直线，所以粮食市场新的均衡点为 E_G，均衡点对应的均衡价格为 P_G，均衡数量为 Q_1，农民的总收益为矩形 $OP_GE_GQ_1$ 的面积。因为价格下降而减少的收益为 ΔTR_1，产量增加所增加的收益为 ΔTR_2，而 $\Delta TR_2 > \Delta TR_1$，所以政府通过对粮食市场的干预，不但保障了农民的总收益增加，而且稳定了市场上粮食的价格，提高了农民种粮的积极性，同时，对保障国家经济稳定增长具有重要意义。

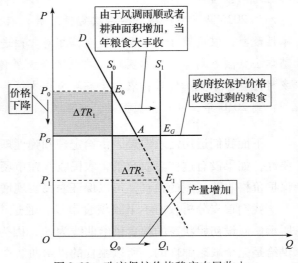

图 2-23　政府保护价格稳定农民收入

4. 税负归宿的讨论

政府根据经济发展的需要，对许多商品和劳务征税，如消费税、增值税、企业所得税、个人所得税等。假设最初汽油零售价为 5 元/升，石油公司每天出售的汽油总量为 10 亿升。现在政府决定对每升汽油增加 1 元燃油税，那么这 1 元燃油税是由谁最终来承担的呢？是石油公司还是消费者？这就是"税负归宿"（tax incidence）问题。

如果市场上汽油的价格正好上升了 1 元/升，则说明石油公司将税费全部转嫁给了消费者，消费者承担了全部税费。但是，如果消费者在汽油涨价后会立即停止消费汽油，这时，这一赋税就会全部由石油公司承担。这只是两个极端情况，现实中可能会复杂一些，只有对具体的商品及其生产者和消费者的弹性情况进行分析，才能确定税收承担的情况。

在政府对汽油征税之前，汽油市场处于均衡状态，均衡点为 E_0 点，均衡价格为 5 元/升，均衡数量为 10 亿升，如图 2-24 所示。假设政府对汽油征收 1 元/升的消费税。由于汽油的需求是缺乏弹性的，在短期内，汽油的需求水平不会发生变化，即需求曲线不会移动。但是，汽油的供给是富有弹性的，供给曲线会向上移动，从 S_0 移动到 S_1，市场达到新的均衡，均衡点为 E_1，E_1 点对应的均衡价格为 5.8 元/升，均衡数量为 8 亿升。也就是说，征税后汽油的市场价格上涨 0.8 元，即消费者承担了 0.8 元的燃油税。汽车销售商获得了 5.8 元/升的价格，但是在交完 1 元/升的消费税后，他们只剩下 4.8 元/升了，比以前所获得的 5 元/升的价格还要低 0.2 元/升，因此，汽油销售商承担了 0.2 元/升的税费。虽然汽油销售商负责税收的征集并向政府交税，但是大部分的税收负担不是由汽油销售商承担的。

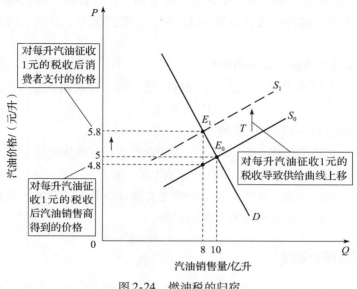

图 2-24 燃油税的归宿

经济学家归纳出"税负归宿"的一般原理：税负归宿取决于商品供求的相对弹性。如果该商品需求相对于供给缺乏弹性，大部分税收就转嫁给消费者；如果该商品供给相对于需求缺乏弹性，大部分税收就转嫁给生产者。如果该商品是需求完全缺乏弹性，则税收由消费者全部承担；如果该商品是供给完全缺乏弹性，则税收由生产者全部承担。

2.5 蛛网理论

在前面的内容中，我们用静态分析方法对市场需求、供给的均衡进行了阐述。在均衡分析中，如果没有引入时间因素来考察均衡形成和稳定的条件，则是静态均衡分析；如果引入时间因素来考察均衡状态的变动过程，则是动态均衡分析。19 世纪末英国著名的经济学家马歇尔指出：均衡只是一种永远的趋势。在现实生活中，供给和需求很少真正达到均衡，多半是处于走向均衡的过程中，这个过程可能是收敛的，也可能是发散的，还可能是循环的。蛛网模型就是一个典型的动态均衡例子。

2.5.1 蛛网理论概述

蛛网理论（cobweb theorem）是 20 世纪 30 年代出现的一种动态均衡分析。它主要是运用弹性理论来考察价格变动对下一个周期产量的影响及其均衡的变动，即研究预期是如何形成的，以及价格预期机制和需求与供给弹性对均衡稳定所产生的影响。这种分析在 1930 年分别由美国经济学家 H. 舒尔茨、意大利经济学家 U. 里希和荷兰经济学家简·丁伯根各自提出的，1934 年由英国经济学家尼古拉斯·卡尔多命名为"蛛网理论"。

蛛网理论建立在以下三个基本假设的基础上。

假设 1：该商品从生产到产品产出需要一段时间，并且在这一段时间内，产品的产量无法改变。如农作物从播种到收获需要一段时间，一般情况下，在这一段时间内农作物的产量不能改变。

假设 2：本期的产量决定本期的价格。

我们用 P_t 表示本期的价格，Q_t 表示本期的产量，则有公式如下：

$$P_t = f(Q_t) \tag{2-23}$$

假设 3：本期的价格决定下一期的产量。

我们用 P_t 表示本期的价格，Q_{t+1} 表示下一期的产量，则用公式如下：

$$Q_{t+1} = f(P_t) \tag{2-24}$$

蛛网理论根据商品的需求弹性与供给弹性的关系可以分为三种基本的蛛网模型：收敛型蛛网模型、发散型蛛网模型和封闭型蛛网模型。

2.5.2　收敛型蛛网模型

假设某种商品的供给弹性小于需求弹性（$e_s < |e_d|$），当市场受到干扰偏离原来的均衡状态以后，实际产量和实际价格会围绕原来的均衡水平上下波动，但是波动幅度会越来越小，最终恢复到原来的均衡点。

在图 2-25 中，E_0 为均衡点，P_0 为均衡价格，Q_0 为均衡数量。在第一阶段，受风调雨顺和其他因素的影响，该商品的产量大增至 Q_1（$Q_1 > Q_0$），根据需求定理，在 Q_1 的市场供给量下，消费者愿意支付价格 P_1（$P_1 < P_0$）购买全部产量 Q_1。由于价格低廉，一些生产者亏损，导致生产者生产该商品的积极性受挫，部分生产者减少该商品的生产，根据价格 P_1 在供给曲线上决定第二年的产量减少为 Q_2。

在第二阶段，由于产量 Q_2 小于均衡产量 Q_0，在供给量为 Q_2 的状态下，根据供给定理可知，消费者只有支付价格 P_2 才能购买到自己需要的产品。因为价格 P_2 高于均衡价格 P_0，导致下一年度的产量增加到 Q_3。

在第三阶段，由于消费者只愿意支

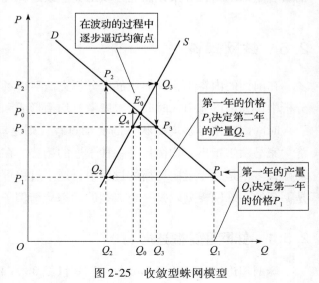

图 2-25　收敛型蛛网模型

付价格 P_3 购买全部产量 Q_3，价格 P_3 小于均衡价格 P_0，导致第四阶段的产量 Q_4 又小于均衡价格 P_0。

如此循环往复，实际产量和实际价格的波动越来越小，最后趋向于均衡点 E_0。由此可知，E_0 所代表的均衡状态是稳定的，由于外在因素导致均衡价格和均衡数量偏离均衡水平时，经济体系中存在自发因素，能够使价格和数量自动回到均衡状态。因此，供给弹性小于需求弹性称为蛛网稳定条件，其对应的蛛网模型称为"收敛型蛛网模型"。

2.5.3 发散型蛛网模型

假设某种商品的供给弹性大于需求弹性（$e_s > |e_d|$），当市场受到干扰偏离原来的均衡状态以后，实际产量和实际价格会围绕原来的均衡水平上下波动，但是波动幅度会越来越大，最终偏离原来的均衡点越来越远。

在图 2-26 中，E_0 为均衡点，P_0 为均衡价格，Q_0 为均衡数量。各个阶段的波动与收敛型蛛网模型相似，但它不是波动越来越小，而是逐步远离均衡点。所以，供给弹性大于需求弹性称为蛛网不稳定条件，该蛛网模型称为"发散型蛛网模型"。

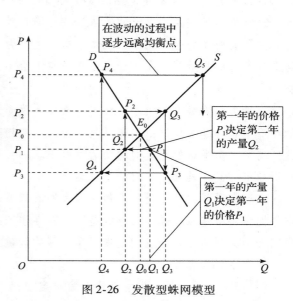

图 2-26　发散型蛛网模型

2.5.4 封闭型蛛网模型

假设某种商品的供给弹性等于需求弹性（$e_s = |e_d|$），当市场受到干扰偏离原来的均衡状态以后，实际产量和实际价格会围绕原来的均衡水平上下波动，但是实际产量和实际价格始终按照同一幅度围绕均衡点波动，既不进一步偏离均衡水平，也不趋近于均衡水平。

在图 2-27 中，E_0 为均衡点，P_0 为均衡价格，Q_0 为均衡数量。不同阶段的价格和数量的波动关系与"收敛型蛛网模型"相似，读者可以用图 2-25 的解释自己来分析图 2-27。因此，供给弹性等于

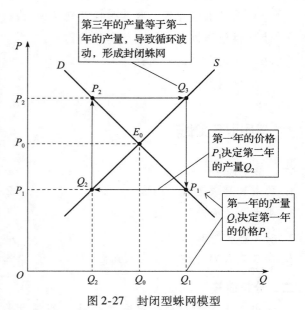

图 2-27　封闭型蛛网模型

需求弹性是蛛网以相同幅度上下波动的条件，即蛛网中立条件，其对应的蛛网模型称为"封闭型蛛网模型"。

本章小结

需求理论与供给理论是经济学的基础理论。市场中的消费者形成需求方，影响需求量的因素主要有商品本身的价格、相关商品的价格、消费者的收入、消费者的嗜好或偏好、人们对价格水平的预期以及地区人口数量等。市场中的生产者形成供给方，影响供给量的因素主要有商品的生产成本、技术水平、生产者对未来价格的预期、相关商品的价格、市场上生产者的数量等。在市场上，需求与供给相互作用，形成商品的均衡价格，达成市场交易。

市场上影响需求和供给的任何因素发生改变，都会导致市场均衡被破坏。因此，著名的经济学家马歇尔指出：均衡只是一种永远的趋势，在现实生活中，需求和供给很少真正达到均衡，多半是处于走向均衡的过程中。一旦市场没有达到均衡，就会有一只无形的手在引导市场，让其按照一定的规律运行。

市场上不同的产品对外界影响因素的反应灵敏程度不同，这就是经济学中的弹性。需求弹性和供给弹性是弹性理论的基础，弹性理论结合供求定理能够解释许多经济现象，为我们更加深刻地分析经济问题提供了很好的计量工具。

本章主要内容有：
1）需求、需求量、需求曲线及需求定理；
2）供给、供给量、供给曲线及供给定理；
3）均衡价格的确定及需求与供给变动对均衡的影响；
4）需求价格弹性、收入弹性及交叉弹性；
5）供给弹性及影响供给弹性的因素；
6）弹性理论的运用；
7）蛛网理论。

实训与实践

一、基本概念

1. 需求和需求函数　　　　　　2. 供给和供给函数
3. 需求量的变动和需求的变动　　4. 供给量的变动和供给的变动
5. 均衡产量和均衡价格　　　　　6. 需求弹性
7. 需求交叉弹性和需求收入弹性　8. 供给弹性

二、分析简答

1. 指出发生下列几种情况时某种蘑菇的需求曲线的移动方向，左移、右移，还是不变？

为什么？

1）卫生组织发布一份报告，称这种蘑菇致癌；
2）另一种蘑菇的价格上涨了；
3）消费者的收入增加了；
4）培育蘑菇的工人工资增加了；
5）这种蘑菇的价格上涨了。

2. 假设某城市对自行车和丝绸的需求状况符合需求规律。若干年后，当人们的收入普遍有相当大的提高、城市公共交通设施有显著改善时，试用图表示自行车和丝绸的需求可能会发生的变化。
3. 需求曲线上点的移动与需求曲线的移动有什么区别？
4. 分析需求价格弹性与厂商的销售收入的关系，作图解释并举例说明。
5. 运用供求理论和弹性理论解释"谷贱伤农"的道理。
6. 为什么20世纪70年代石油输出国组织要限制石油产量？

三、计算

1. 已知某商品在一段时期内的需求函数为 $Q_d = 100 - 10P$，供给函数为 $Q_s = -80 + 10P$。

   1）求市场均衡价格和均衡数量，并作图。
   2）假设供给函数不变，由于消费者收入增加，市场需求函数变为 $Q_d = 150 - 10P$，求市场均衡价格和均衡数量，并作图。
   3）假设需求函数不变，由于技术水平提高，市场供给函数变为 $Q_s = -60 + 10P$，求市场均衡价格和均衡数量，并作图。

2. 假定在某一时期内，我国自行车的供给函数为 $Q_s = \frac{1}{10}P$，需求函数为 $Q_d = -\frac{1}{10}P + 36$，其中 P 为单价（元/辆），Q 为数量（百万辆/年）。问：

   1）当价格从160元/辆上升到180元/辆时，需求价格弧弹性和供给价格弧弹性分别为多少？
   2）当价格为180元/辆时，需求价格点弹性和供给价格点弹性分别为多少？
   3）每辆自行车的均衡价格是多少？均衡数量是多少？如果政府限制价格为160元/辆，会出现过剩还是短缺，数量是多少？如果政府限制价格为200元/辆，情况又如何？

3. 假设某市CBA球队主场球馆的座位数量是固定的，25 000个座位，而该市对球赛座位的需求函数为 $P = 5\,200 - \frac{1}{5}Q_d$。

   1）求均衡门票价格和均衡座位数量，并作图。
   2）假设该球队经营者对门票定价为100元，请问有多少愿意观看比赛的球迷买不到球赛门票。

4. 假定在商品X的市场中，有10 000个相同的消费者，每个消费者的需求函数均为 $P = 6 - 0.5d$，同时又有1 000个相同的厂商，每个厂商的供给函数均为 $P = 0.05s$。

1) 该商品的均衡价格和均衡产销量是多少?
2) 如果供给函数不变,每个消费者的收入增加了,其需求曲线向右移动了2个单位,求收入变化后的市场需求函数及均衡价格和均衡产销量。
3) 如果需求函数不变,每个厂商的生产技术提高了,其供给曲线向右移动了40个单位,求技术变化后的市场供给函数及均衡价格和均衡产销量。
4) 如果政府对每单位商品X征收2元的销售税,这个决定对均衡价格和均衡产销量有什么影响?消费者和厂商各负担多少税额?政府征收的总税额为多少?
5) 如果政府对厂商的每单位产品X给予1元的补贴,这个决定对均衡价格和均衡产销量有什么影响?商品X的消费者能从中受益吗?

5. 对某钢铁公司某种钢材X的需求受到该种钢材的价格P_x、钢的替代品铝的价格P_y以及收入M的影响。各种价格弹性如下:该钢材的需求价格弹性$e_d = -0.25$;该钢材的需求对于铝价格的交叉弹性$e_{XY} = 2$;钢的需求收入弹性$e_M = 1.5$。下一年,该公司打算将钢的价格提高8%。该公司预测,明年收入将增加6%,铝的价格将下降2%。
1) 如果该公司今年钢的销售量是24 000吨,在给定以上条件的情况下,明年该公司钢的需求量是多少?
2) 如果该公司明年将钢的销售量仍维持在24 000吨,在收入增加6%、铝的价格下降2%的条件下,该公司应把钢的价格定为多少?

四、案例分析

案例2A-1　中国汽车市场的飞速发展

随着中国城镇居民的收入不断增加,城镇居民对汽车的消费需求每年也大幅度增加,根据汽车工业协会的统计数据可知,从2010年到2018年中国汽车产销量如表2A-1所示。试分析中国汽车市场需求和供给的变化及其影响因素。

表2A-1　2010~2018年汽车产销量统计表　　　　（单位:万辆）

年份	汽车产量	汽车销量
2010	1 865.4	1 804
2011	1 919.07	1 853
2012	2 059.9	1 930
2013	2 387.2	2 199
2014	2 389.5	2 349
2015	2 483.8	2 456
2016	2 819.31	2 803
2017	2 901.54	2 888
2018	1 405.77	1 406.65

Chapter 3 第 3 章

消费者行为理论

正像一个学生所说的那样，经济学的价值并不难懂，只要你记住：是狗尾巴摇动狗身子。摇动价格和数量这个狗身子的是边际效用这条狗尾巴。

——保罗·萨缪尔森《经济学》

保罗·萨缪尔森（1915—2009），1935 年毕业于芝加哥大学，随后获得哈佛大学的硕士学位和博士学位，并一直在麻省理工学院任经济学教授。他发展了数理和动态经济理论，将经济科学提高到新的水平。他是当代凯恩斯主义的集大成者、经济学的最后一位通才。他也是当今世界经济学界的巨匠之一，所研究的内容十分广泛，涉及经济学的各个领域，是世界上罕见的多能学者。其经典著作《经济学》以 40 多种语言在全球销售超过 400 万册，是全世界最畅销的教科书，影响了整整一代人，并成为许多国家和地区制定经济政策的理论根据。现在，许多国家的高等学校将《经济学》作为专业教科书。他于 1947 年成为约翰·贝茨·克拉克奖的首位获得者，并于 1970 年成为第一个获得诺贝尔经济学奖的美国人。

保罗·萨缪尔森
(Paul A. Samuelson)

本章核心内容提示

1. 效用、边际效用的含义以及边际递减规律；
2. 无差异曲线和边际分析方法；
3. 预算线、收入和价格变动对边际效用的影响；
4. 消费者均衡实现的条件及其应用；
5. 收入效应和替代效应。

3.1 效用理论

在现实生活中，消费是人类最基本的经济活动之一。我们常说一个国家的经济发展依靠"三驾马车",即投资、消费和出口,其中消费占据着特别重要的位置,是一个国家经济发展的动力,全世界每年私人消费支出占到新创造的财富总额的60%以上。在微观经济学中,消费者又称为居民户(house-hold),是指能够做出统一的消费决策的经济单元,可能是一个人,也可能是由多个人组成的家庭。经济学家通常假设人的行为是理性的和自利的,因此,对消费者行为的解释应该是在给定的自身偏好、收入和商品的价格下,消费者尽可能满足自己的偏好。消费者在市场上消费的目的就是获得最大限度的满足,即效用最大化。效用分析是研究消费者行为理论的重要方法。

3.1.1 欲望与效用

在现实生活中,人们之所以要消费商品或劳务,是因为在消费商品或劳务的过程中,消费者能够得到某种心理和生理的满足,如消费者购买面包可以充饥,购买时装能够打扮自己,看一场CBA球赛能够得到精神享受。因此,我们常说研究消费者行为的出发点是欲望,归宿是欲望的满足,即效用。

欲望在心理学上是指由人的本性产生的想达到某种目的的要求。在经济学上,欲望泛指人类的一切渴求。美国心理学家亚伯拉罕·马斯洛于1943年在《人类激励理论》一文中将人类的需要分为五种,像阶梯一样从低到高,按层次逐级递升,分别为:生理上的需要、安全上的需要、情感和归属的需要、尊重的需要和自我实现的需要。当较低层次的欲望得到满足后,人们又会产生新的欲望,欲望是多种多样且无穷无尽的。我们常说的"欲壑难填"就是这个道理。

效用(utility)是指消费者在消费商品或劳务过程中所获得的满足程度。从效用的定义可知,效用是消费者的一种主观感受或评价。不同的消费者对同一种商品的效用大小评价可能就不一样,如足球球迷认为一场高水平的球赛能够给他带来很大的满足,但对于一个不懂足球且不爱看足球比赛的人来讲,球赛却没有多大效用,正所谓"萝卜白菜,各有所爱"。一种商品是否有效用取决于该商品能否给消费者带来某种满足,而与该商品的实际价值关系不大。如香烟虽然对人体有害,但是对于抽烟上瘾的人来说,香烟却具有较高的效用。因此,效用的概念是与人的欲望联系在一起的,它是消费者对商品或劳务满足自己欲望的能力的一种主观心理评价。

3.1.2 基数效用与序数效用

效用表示消费者在消费某种商品或劳务时所获得的满足程度,如何度量这种满足程度是经济学家所关注的焦点。西方经济学家先后提出以基数效用和序数效用来度量这种满足程度,并以此为基础形成了研究消费者行为的基数效用论和序数效用论。

基数效用论认为消费者的效用大小可以计量并且能够加总求和,所以,效用的大小可以用基数1,2,3,…,n来表示。如某个消费者吃了一个火龙果,感觉很好吃,认为该火龙果的效用是10个单位;该消费者吃了一个苹果,感觉一般,认为该苹果的效用是5

个单位。显然,对该消费者来说,火龙果的效用大于苹果的效用,他消费这两种水果的总效用为 15 个单位。本章的总效用和边际效用理论都是建立在基数效用论的基础上来研究的。

序数效用论认为消费者的效用是不可以计量并加总求和的,所以,效用的大小只能用序数第一、第二、第三等来表示。如上例中,消费者感觉火龙果的效用是第一,苹果的效用第二。序数效用论者用无差异曲线分析方法来研究消费者行为理论。

3.1.3 总效用与边际效用

基数效用论者将效用分为总效用(total utility,TU)和边际效用(marginal utility,MU),并用它们来研究消费者行为。总效用(TU)是指消费者在一段时间内消费一定数量的商品或劳务所获得的总的满足程度。如一个人中午吃了三两米饭、一份鱼香肉丝和两根香蕉,则这个人的午饭的总效用就是三两米饭、一份鱼香肉丝和两根香蕉的效用加总。如果这个消费者认为三两米饭的效用是 5 个单位,一份鱼香肉丝的效用是 10 个单位,第一根香蕉的效用是 3 个单位,第二根香蕉的效用是 2 个单位,则这个消费者的午饭的总效用为 20 个单位。

边际效用(MU)是指消费者在一段时间内每增加一单位商品的消费所增加的满足程度。一般来说,经济学中的"边际"是指"新增"的意思。

如果消费者消费某种商品的数量为 Q,则
总效用函数为:

$$TU = f(Q) \tag{3-1}$$

边际效用函数为:

$$MU = \frac{\Delta TU}{\Delta Q} \tag{3-2}$$

当商品数量的增加量趋近于无穷小时,即当 $\Delta Q \to 0$ 时有:

$$MU = \lim_{\Delta Q \to 0} \frac{\Delta TU}{\Delta Q} = \frac{\mathrm{d}TU(Q)}{\mathrm{d}Q} \tag{3-3}$$

我们可以用表 3-1 来解释和理解总效用与边际效用的关系。假设某人已经工作一天了,感觉比较饥饿,来到面包店,当他消费的面包数量为 0 时,该消费者的总效用也为 0;当该消费者消费第 1 个面包时,总效用由 0 增加到 20,此时总效用为 20,边际效用也为 20;当该消费者消费第 2 个面包时,总效用由 20 增加到 35,此时总效用为 35,边际效用为 15;当该消费者消费第 3 个面包时,总效用由 35 增加到 46,此时总效用为 46,边际效用为 11。依次类推,当该消费者消费了 5 个面包后,感觉吃饱了,如果让该消费者再吃一个面包,他可能会感觉到难受,因此,当消费的面包数量由 5 个增加到 6 个时,该消费者的总效用由 55 减少到 52,此时,第 6 个面包的边际效用为 –3。

表 3-1　面包的边际效用

数量（个）	总效用（TU）	边际效用（MU）
0	0	
1	20	20
2	35	15
3	46	11
4	53	7
5	55	2
6	52	-3

图 3-1 将表 3-1 的数字转化为图形，更加清晰地表明了总效用与边际效用之间的关系。从图 3-1a 可知，该消费者从吃第 1 个面包开始到吃第 5 个面包，其总效用是不断增加的，吃到第 6 个面包时效用开始下降。但是，从图 3-1b 可知，消费者从吃第 1 个面包开始，其边际效用就开始下降了，吃到第 6 个面包时，其边际效用就已经变为负值了。

3.1.4　边际效用递减规律

在图 3-1a 中，总效用曲线是先上升后下降的，当边际效用为正值时，总效用呈现上升趋势；当边际效用递减为零时，总效用达到最大值，总效用曲线上升到最高点；当边际效用小于零时，总效用曲线呈下降趋势。在图 3-1b 中，边际效用曲线向右下方倾斜，反映了边际效用递减规律（law of diminishing marginal utility）。边际效用递减规律是指在给定的时间内，消费者连续消费某一产品或服务的数量越多，则带来的总效用的增量越少，即边际效用是递减的。在表 3-1 中，我们清晰地描述出该消费者吃面包过程中的边际效用递减过程。刚开始，因为该消费者感觉很饿，所以第 1 个面包所带来的边际效用最大，为 20 个单位，第 2 个面包的边际效用已经有所减少，只有 15 个单位，第 5 个面包的边际效用就接近于零，第 6 个面包的边际效用为 -3，并且总效用也下降为 52。

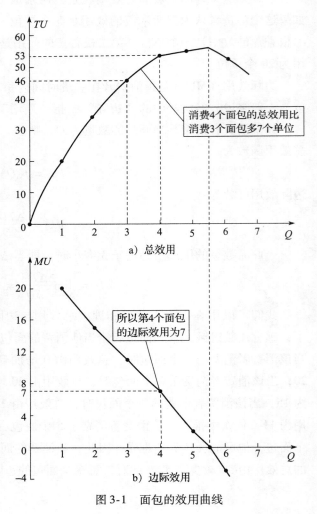

图 3-1　面包的效用曲线

3.2 无差异曲线

3.2.1 无差异曲线概述

无差异曲线（indifference curve）是序数效用论者分析消费者行为的主要工具。所以，对消费者行为的序数效用分析也叫无差异曲线分析。

1. 无差异曲线的概念

无差异曲线是指能够给消费者带来相同满足程度（效用）的两种商品或两组商品的不同组合所形成的轨迹（曲线）。

例如，某个小朋友在消费橘子和巧克力时，他认为表3-2的六种组合（A、B、C、D、E、F）所获得的满足程度是相同的。

表 3-2 橘子和巧克力的消费组合

组合方式	橘子（个）	巧克力（颗）
A	20	1
B	14	2
C	9	3
D	6	5
E	4	8
F	3	12

根据表3-2可以做出图3-2所示的这个小朋友的无差异曲线。

在图3-2中，横轴表示巧克力的数量，纵轴表示橘子的数量。A、B、C、D、E、F六个点表示该消费者的六种不同消费组合，用一条平滑的曲线连接这六个点即可得到该消费者的无差异曲线I_0，该曲线上的任一点表示这个小朋友可能的消费组合，带给该小朋友的满足程度是相同的。

2. 无差异曲线的特征

消费者的无差异曲线具有以下四个基本特征。

（1）**无差异曲线是一条向右下方倾斜的曲线**。也就是说，无差异曲线的斜率为负值。在无差异曲线上，如果消费者要增加一种商品的消费，就必须减少另外一种商品的消费。在图3-2中，消费者如果要增加橘子的消费，就要减少巧克力的消费数量。

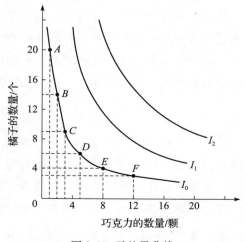

图 3-2　无差异曲线

（2）**在同一平面上有无数条无差异曲线**。根据消费者偏好"多比少好"的特性，距离原点越远的无差异曲线表示的满足程度越高。在图 3-2 中，无差异曲线 I_2 的满足程度高于 I_1，无差异曲线 I_1 的满足程度高于 I_0。

（3）**在同一平面上任意两条无差异曲线不可能相交**。因为对于任何消费者而言，如果两条无差异曲线相交于一点就会出现矛盾的结果。如图 3-3 所示，假设对于某个消费者有两条无差异曲线 I_1、I_2 相交于一点 A。在无差异曲线 I_2 上取一点 B，因为 A、B 在同一条无差异曲线上，所以 A 点和 B 点表示的满足程度相等；同样，在无差异曲线 I_1 上取一点 C，因为 A、C 在同一条无差异曲线上，所以 A 点和 C 点表示的满足程度相等。根据效用的传递性，则 B 点和 C 点表示的满足程度相等。这显然与消费者偏好的"多比少好"特性相矛盾。在图 3-3 中，消费者在 B 点和 C 点消费 X 商品的数量相等（即 X_1），但是，在 B 点消费 Y 商品的数量 Y_2 明显多于 C 点的 Y_1，因此，B 点的满足程度明显高于 C 点。对同一消费者而言，两条无差异曲线不可能相交于一点。

（4）**无差异曲线是凸向原点的曲线**。也就是说，无差异曲线的斜率的绝对值是递减的，这是因为商品的边际替代率具有递减规律。

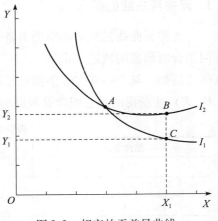

图 3-3　相交的无差异曲线

3.2.2　边际替代率及其递减规律

1. 边际替代率

一个消费者消费两种商品的组合，在保持总效用不变的情况下，他想增加其中一种商品的消费量，势必要放弃另外一种商品的消费数量。即这两种商品在效用上具有一定的替代性，由此，经济学家提出了边际替代率（marginal rate of substitution，MRS）的概念。

边际替代率是指在保持总效用水平不变的情况下，消费者增加一单位某种商品的消费数量与所需要放弃的另外一种商品的数量之比。例如，消费者为了增加商品 X 的消费而放弃一定数量的商品 Y，增加的 X 商品的数量与减少的 Y 商品的数量之比称为 X 商品对 Y 商品的边际替代率，写作 MRS_{XY}，其计算公式为：

$$MRS_{XY} = \frac{\Delta Y}{\Delta X} \tag{3-4}$$

式（3-4）中，ΔX 表示商品 X 的增加量，ΔY 表示商品 Y 的减少量，所以 MRS_{XY} 一般是负值，在实际应用中通常取其绝对值。

边际替代率计算公式可以转换为两种商品的边际效用之比。因为边际替代率表示的是在保持总效用水平不变，当增加一单位商品 X 的消费时必须放弃商品 Y 的数量。所以，边际替代率 $\frac{\Delta Y}{\Delta X}$ 的绝对值实际上也表示了两种商品的边际效用之比。其计算公式为：

$$MRS_{XY} = \frac{\Delta Y}{\Delta X} = \frac{MU_X}{MU_Y} \tag{3-5}$$

当 ΔX 的变化量趋于无穷小的时候，商品的边际替代率为：

$$MRS_{XY} = \lim_{\Delta X \to 0} \frac{\Delta Y}{\Delta X} = \frac{dY}{dX} \tag{3-6}$$

式（3-6）表示无差异曲线上某一点的边际替代率，其大小是该点的斜率的绝对值。

2. 边际替代率递减规律

西方经济学家认为，在两种商品的替代过程中，普遍存在边际替代率递减现象，这种现象称为边际替代率递减规律。商品的边际替代递减规律是指在保持消费者的总效用水平不变的情况下，随着一种商品的消费数量的连续增加，消费者为得到每一单位该商品所需要放弃的另外一种商品的数量是递减的。

边际替代率递减的原因是消费者拥有越来越多的某种商品时，增加一单位该商品所获得的满足程度越来越低，而减少的那种商品使他降低的满足程度越来越高。某个小朋友在消费橘子和巧克力时的不同组合对应的边际替代率如表3-3所示。

表3-3 橘子和巧克力的边际替代率

变动情况	橘子减少量 Y（个）	巧克力增加量 X（颗）	边际替代率（MRS_{XY}）
从 A 到 B	6	1	6
从 B 到 C	5	1	5
从 C 到 D	3	2	3/2
从 D 到 E	2	3	2/3
从 E 到 F	1	4	1/4

图3-2所示的无差异曲线 I_0，如果将 A 点与 B 点用直线连接起来，AB 的斜率为 6；将 B 和 C 连接起来，BC 的斜率为 5。以此类推，CD 的斜率为 3/2；DE 的斜率为 2/3；EF 的斜率为 1/4。斜率的绝对值逐渐减少，无差异曲线越来越平缓。

3.2.3 无差异曲线的特例

无差异曲线表示消费者在消费两种商品组合时，不同的商品组合的总效用是一致的，也就是说，一种商品对另外一种商品具有一定的替代性，其边际替代率的大小决定无差异曲线的基本形状。一般情况下，无差异曲线是凸向原点、向右下方倾斜的曲线，但是在两种极端的情况下，无差异曲线形状是特殊形式。

1. 完全替代的情况

如果两种商品是完全替代品，则两种商品之间的替代固定不变。因此，在完全替代的情况下，两种商品之间的边际替代率 MRS_{XY} 是一个常数，则其无差异曲线是一条斜率不变的直线。如消费者认为一杯牛奶和一杯咖啡之间是无差异的，二者之间总是可以 1:1 的比例替代；一个馒头和一个面包之间也是无差异的，它们总是可以按照1:1的比例替代。因此，它们的无差异曲线如图3-4所示。

对于完全替代品，其相应的效用函数为：
$$U(x,y) = ax + by \tag{3-7}$$

式中，x，y分别表示两种商品的数量，常数$a>0$，$b>0$。该效用函数也称为线性效用函数，与它对应的无差异曲线是一条直线。在完全替代品的无差异曲线上，两种商品的边际替代率保持不变，均有$MRS_{XY} = \dfrac{a}{b}$。在图3-4中，面包和馒头的边际替代率$MRS_{XY} = 1$。

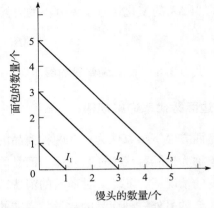

图3-4 完全替代品的无差异曲线

2. 完全互补的情况

在现实生活中，有时使用某种商品的同时必须使用一定数量的另外一种商品，如一副眼镜架必须配置两片镜片，一杆秤要带一个秤砣，一个螺丝要配一个螺帽等，这样的商品我们在经济学上称为完全互补商品。完全互补是指两种商品必须按照固定比例同时被使用的情况。因此，完全互补商品的无差异曲线为直角形状。如一副眼镜架必须和两片镜片同时配合使用，才构成一副可供使用的眼镜，其相应的无差异曲线如图3-5所示。图中垂直部分的无差异曲线表示对于一副眼镜架而言，只需要两片镜片即可，多余的镜片对一副眼镜架来说没有任何额外的效用。也就是说，消费者会保留一副眼镜架与两片眼镜片，放弃所有多余的眼镜片，所以其无差异曲线垂直部分的边际替代率$MRS_{XY} = \infty$。图3-5中水平部分的无差异曲线表示对于两片镜片而言，只需要一副眼镜架即可，多余的眼镜架对两片镜片来说没有任何额外的效用，所以，其无差异曲线水平部分的边际替代率$MRS_{XY} = 0$。

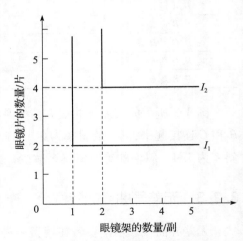

图3-5 完全互补品的无差异曲线

如果消费者只消费两种商品，而且这两种商品是完全互补关系，则其效用函数的一般形式为：
$$U(x,y) = \min\{ax, by\} \tag{3-8}$$

式中，x，y分别表示两种商品的数量，常数$a>0$，$b>0$，符号min表示效用水平由括号中最小的一项决定。只有在无差异曲线的直角点上，两种商品才按照固定比例被消费，所以在任何一条完全互补的无差异曲线的直角点上，都有$U = ax = by$，直角点上的边际替代率为常数，即$MRS_{xy} = \dfrac{a}{b}$。

3.3 消费者均衡理论

对于一个理性的消费者，当面对多种消费选择时，他必定选择使其效用达到最大化的消费组合。无差异曲线描述了消费者对不同商品的组合偏好，只是反映了消费者的主观意愿，这是消费者行为的一个方面，消费者行为的另一个方面就是消费者在购买商品时，还要受到商品的价格和消费者自身的收入水平的限制，这就是消费者的预算约束，这种约束在经济学中用预算线来描述。

3.3.1 消费者的预算线

预算线又称为预算约束线、消费可能线、等支出线。预算线是指在消费者的收入和商品价格既定的条件下，消费者的全部收入可能购买到的商品 X 和商品 Y 的所有组合。

假设某消费者可购买的商品只有 X 和 Y 两种，消费者将所有收入 I 全部用于购买这两种商品，则该消费者的预算线方程为：

$$P_X X + P_Y Y = I \tag{3-9}$$

式（3-9）中，P_X 表示 X 商品的价格，X 表示可能购买到的 X 商品的数量；P_Y 表示 Y 商品的价格，Y 表示可能购买到的 Y 商品的数量，I 表示消费者的收入。如某消费者将一笔 1 000 元的收入全部用于购买 X 和 Y 商品，X 商品的价格为每单位 25 元，Y 商品的价格为每单位 10 元，则该消费者的预算线为：$25X + 10Y = 1\,000$。

我们还可以用图 3-6 来描述消费者的预算线。预算线是一条直线，其斜率为 $-\dfrac{P_X}{P_Y}$，X 轴和 Y 轴分别表示商品 X 和 Y 的数量，预算线与 Y 轴和 X 轴分别相交于点 M 和 N。点 M 和 N 分别代表两种极端情况：

一种极端情况是消费者将全部收入用于购买 Y 商品，可购买的 Y 商品的数量为 $\dfrac{I}{P_Y}$，是预算线在 Y 轴上的截距，对应图中的 M 点；另一种极端情况是消费者将全部收入用于购买 X 商品，可购买的 X 商品的数量为 $\dfrac{I}{P_X}$，是预算线在 X 轴上的截距，对应图中的 N 点。

从图 3-6 可知，预算线 MN 将平面分为三个区域：预算线 MN 右上方的区域，其中的任何一点，如 A 点，是消费者在目前的收入和商品价格情况下无法实现的购买组合；预算线 MN 左下方的区域，其中的任何一点，如 B 点，表

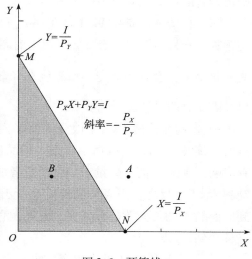

图 3-6　预算线

示消费者在目前的收入和商品价格情况下，不但能够实现该购买组合，而且有部分剩余；只有在预算线 MN 上的点，才是消费者的全部收入刚好能够实现的购买组合点。因此，图 3-6 中阴影的区域（包括边界）被称为消费者的预算可行区域或预算空间。

上面的分析中，我们假设消费者的收入 I 和商品 X、Y 的价格是不变的。如果消费者的收入和商品的价格发生变化，那么对消费者的行为会产生什么影响？消费者的预算线会发生什么变化？

由预算线方程（式（3-9））可知，只要给定消费者的收入 I，以及商品 X、Y 的价格 P_X 和 P_Y，则消费者的预算线的形状和位置也就决定了。消费者的收入 I，以及商品 X、Y 的价格 P_X 和 P_Y 这三个变量中只要有一个发生变化，该消费者的预算线就会移动。

消费者预算线的变动可归纳为以下三种情况。

第一种情况：消费者收入 I 发生变动，而商品 X、Y 的价格 P_X 和 P_Y 不变。这时，消费者的预算线会发生平移。因为收入发生变化，而商品 X、Y 的价格 P_X 和 P_Y 不变，则消费者的预算线的斜率 $-\dfrac{P_X}{P_Y}$ 没有发生改变，但预算线在 X 轴和 Y 轴的截距 $\dfrac{I}{P_X}$ 和 $\dfrac{I}{P_Y}$ 发生了改变。如图 3-7 所示，假设初始的预算线为 MN，当消费者收入 I 增加时，预算线在 X 轴和 Y 轴的截距 $\dfrac{I}{P_X}$ 和 $\dfrac{I}{P_Y}$ 也增加，则消费者的预算线向外平移至 M_1N_1；同理，当消费者收入 I 减少时，则消费者的预算线向内平移至 M_2N_2。

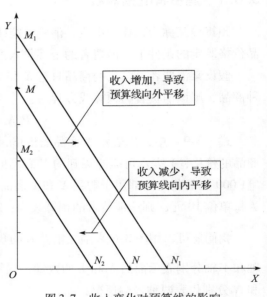

图 3-7　收入变化对预算线的影响

第二种情况：商品 X、Y 的价格 P_X 和 P_Y 发生改变，而消费者收入不变。这时，消费者的预算线会发生平移或者旋转。因为商品 X、Y 的价格 P_X 和 P_Y 发生改变，则消费者的预算线的斜率 $-\dfrac{P_X}{P_Y}$ 会发生改变，预算线在 X 轴和 Y 轴的截距 $\dfrac{I}{P_X}$ 和 $\dfrac{I}{P_Y}$ 也会发生改变。因此，这里又需要分四种情况讨论。

1）X 商品价格 P_X 发生改变，而 Y 商品价格 P_Y 不变。这时，消费者的预算线围绕 M 点发生旋转。如图 3-8a 所示，当 X 商品价格 P_X 下降时，在固定收入 I 的情况下，该消费者能购买到的 X 商品数量增加，消费者的预算线向外旋转，即在 X 轴上的截距从 N 点移动到 N_1 点；反之，当 X 商品价格 P_X 上升时，在固定收入 I 的情况下，该消费者能够购买到的商品 X 的最大数量会减少，因此，消费者的预算线向内旋转，即在 X 轴上的截距从 N 点移动到 N_2 点。

2）Y 商品价格 P_Y 发生改变，而 X 商品价格 P_X 不变。这时，消费者的预算线围绕 N 点发生旋转。如图 3-8b 所示，当 Y 商品价格 P_Y 下降时，在固定收入 I 的情况下，该消费者能够购买到的商品 Y 的最大数量会增加，消费者的预算线向外旋转，即在 Y 轴上的截距从 M 点移动到 M_1 点；反之，当 Y 商品价格 P_Y 上升时，消费者的预算线向内旋转，即在 Y 轴上的截距从 M 点移动到 M_2 点。

3）当 X 商品、Y 商品的价格 P_X 和 P_Y 同方向、等比例发生改变时，消费者的预算线向内或向外平移。当 X 商品、Y 商品的价格 P_X 和 P_Y 等比例增加时，消费者的预算线向内平移；反之，向外平移。

4）当 X 商品、Y 商品的价格 P_X 和 P_Y 无规则同时发生改变时，消费者的预算线向内外平移或旋转，平移或旋转的幅度根据具体情况确定。

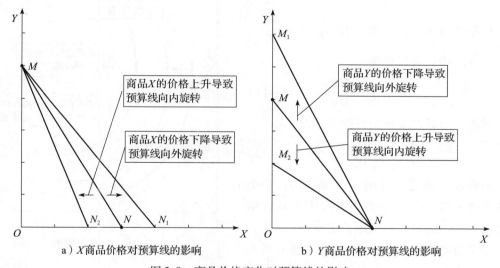

图 3-8 商品价格变化对预算线的影响

第三种情况：消费者收入 I 与商品 X、Y 的价格 P_X 和 P_Y 同比例同方向发生改变。这时，消费者的预算线不变。因为此时消费者的预算线斜率 $-\dfrac{P_X}{P_Y}$ 没有发生改变，且预算线在 X 轴和 Y 轴的截距 $\dfrac{I}{P_X}$ 和 $\dfrac{I}{P_Y}$ 也没有发生改变，所以消费者的预算线不发生变化。

3.3.2 消费者均衡

研究消费行为的目的是使消费者利用有限的收入获得最大限度的满足。消费者在进行消费选择时，不但受到消费者主观偏好的影响，而且受到消费者收入和所消费商品的价格等客观条件的限制。将消费者的主观偏好和客观限制条件结合起来，寻找能够使消费者获得最大限度满足的消费组合就是实现消费者均衡的过程。

从消费者的主观愿望角度分析，消费者希望自己的满足程度越高越好，即希望自己的无差异曲线距离原点越远越好，但在现实生活中，这种愿望却受到消费者的收入和所消费商品的价格限制。在图 3-9 中，无差异曲线 I_3 的满足程度最高，但是在目前的条件下，消费者不能够实现该曲线上的任意商品组合，因此，消费者必须降低自己的消费期望；无差异曲线 I_1 的满足程度比较低，消费者的预算线与 I_1 相交于 A、B 两点，显然，该消费者不但能够实现目前的满足程度，而且可以再提升自己的满足程度；只有当该消费者的无差异曲线为 I_2 时，与该消费者的预算线相切于 E 点，该消费者在目前的收入和商品价格限制下才实现了最大的满足程度。

由图 3-9 可知，消费者实现最大满足程度的点 E 是其预算线和无差异曲线的切点，则两条曲线在该点的斜率相等，即：

$$-\frac{P_X}{P_Y} = -\frac{dY}{dX} = MRS_{XY} \quad (3-10)$$

根据式（3-5）可知，$MRS_{XY} = -\frac{MU_X}{MU_Y}$，所以式（3-10）可以变为：

$$\frac{P_X}{P_Y} = MRS_{XY} = \frac{MU_X}{MU_Y} \quad (3-11)$$

因此，消费者实现均衡的条件为：

$$\frac{MU_X}{P_X} = \frac{MU_Y}{P_Y} \quad (3-12)$$

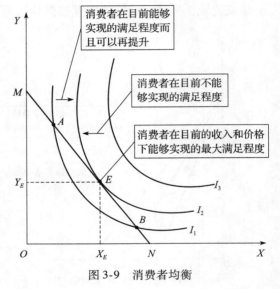

图 3-9 消费者均衡

消费者均衡的条件用文字表述为：当消费者消费的每一种商品的边际效用与其价格之比相等时，消费者就实现了均衡。

如果消费者消费了 n 种商品，则消费者选择 n 种商品时的均衡条件为：

$$\frac{MU_1}{P_1} = \frac{MU_2}{P_2} = L = \frac{MU_n}{P_n} = \lambda \quad (3-13)$$

式（3-13）表示消费者消费 n 种商品实现均衡的条件是所有商品的边际效用与其价格之比都等于 λ，λ 的经济含义就是货币的边际效用。这一结论的经济含义为：当消费者达到均衡时，他花在所有商品上的最后一单位货币的边际效用应该相等，否则，消费者通过改变货币支出在不同商品之间的分配还可以进一步提升效用水平。

3.4 收入变化和价格变化与消费者选择

在消费者均衡分析过程中，我们假定消费者的收入和商品的价格保持不变。但是，在现实生活中，消费者的收入和商品的价格通常会发生改变，它们的改变会导致消费者的最优消费组合改变，消费者的均衡点也会移动。本节主要分析消费者的收入和商品价格变化对均衡的影响。

3.4.1 恩格尔曲线与需求曲线

1. 收入变化与消费者选择

我们首先假定商品的价格保持不变,只有消费者的收入发生变化,则该消费者预算线的斜率不变,但在 X、Y 轴的截距发生改变,预算线只会平移。如图 3-10 上半部分所示,图中 M_1N_1、M_2N_2、M_3N_3 为预算线,I_1、I_2、I_3 为无差异曲线。如果商品的价格不变,消费者的收入增加,则预算线从 M_1N_1 移动到 M_2N_2、M_3N_3,消费者的均衡点从 E_1 移动到 E_2、E_3,商品 X 的购买数量从 X_1 移动到 X_2、X_3。

将消费者的均衡点用平滑的曲线连接起来,就可以得到该消费者的收入-消费曲线。收入-消费曲线是指在消费者的偏好和商品价格不变的情况下,与消费者的不同收入水平相联系的消费者效用最大化(均衡点)的轨迹。它表示消费者在收入变化时的商品消费量和满足水平的变动情况。在图 3-10 上半部分中,随着消费者收入的增加,商品 X 的消费量也是增加的,则该商品是正常品。

收入-消费曲线可以用来推导恩格尔曲线。恩格尔曲线(Engle curve)表示消费者在不同收入水平下对某种商品的需求量。我们运用图 3-10 上半部分中的收入-消费曲线可以推导该消费者的恩格尔曲线,如图 3-10 下半部分所示。

对于劣等品的恩格尔曲线,大家可以运用同样的方法自己去推导,在此不再赘述。

恩格尔曲线是由 19 世纪德国的统计学家恩格尔(Engle)提出的。恩格尔根据其多年的统计经验,提出了著名的恩格尔定律。恩格尔定律指出,当家庭收入水平提高时,食品消费所占支出的比重下降。因此,一个国家(家庭)在食品上的支出占其收入比重的大小标志着该国家(家庭)的富裕程度。我们可以用恩格尔系数来衡量一个国家(家庭)的富裕程度,计算公式为:

$$\text{恩格尔系数} = \frac{\text{食品的支出总金额}}{\text{国家(家庭)可支配收入}} \quad (3\text{-}14)$$

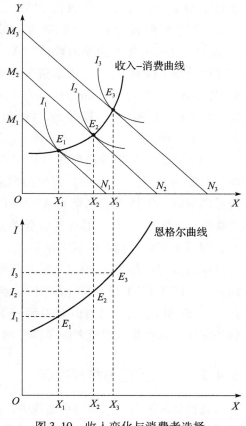

图 3-10 收入变化与消费者选择:
正常品的恩格尔曲线

一个国家(家庭)的恩格尔系数越大,则这个国家(家庭)越贫穷;一个国家(家庭)的恩格尔系数越小,则这个国家(家庭)越富裕。联合国规定恩格尔系数大于 60%,为贫穷;50%~60%,为温饱;40%~50%,为小康;30%~40%,为相对富裕;20%~30%,为富裕;小于 20%,为极其富裕。

2. 价格变化与消费者选择

在其他条件不变的情况下，当一种商品的价格发生变化时，消费者的消费组合选择发生变化，消费者的消费均衡点也会发生改变，由此推导价格－消费曲线。价格－消费曲线是指在消费者的偏好、收入及其他商品的价格保持不变的情况下，某一种商品的价格发生改变，导致其效用最大化的均衡点移动，将所有均衡点连接起来所得到的一条曲线。

图 3-11 上半部分描述了商品 X 的价格发生改变时，该消费者的价格－消费曲线的形成过程。初始状态的 X 商品的价格为 P_1，预算线为 MN_1，无差异曲线为 I_1，该消费者的最优消费选择 E_1 点的组合，消费 X 商品的数量为 X_1；当 X 商品的价格下降到 P_2 时，消费者的预算线向外旋转至 MN_2，无差异曲线为 I_2，该消费者的最优消费选择 E_2 点的组合，消费 X 商品的数量为 X_2；同理，当 X 商品的价格下降到 P_3 时，该消费者的最优消费选择 E_3 点的组合，消费 X 商品的数量为 X_3。我们将 E_1、E_2、E_3 用光滑的曲线连接起来，就得到该消费者的价格－消费曲线。

为了直观地观察价格变化对消费者需求量的影响，在图 3-11 下半部分中，我们用纵坐标来衡量 X 商品的价格，用横坐标来衡量 X 商品的需求量。当 X 商品的价格为 P_1 时，消费者消费 X 商品的数量为 X_1，即消费者对 X 商品的需求量为 X_1，图 3-11 上半部分中的 E_1 点对应于图 3-11 下半部分中的 E_1 点；同理，在图 3-11 下半部分中导出 E_2 点、E_3 点。连接 E_1、E_2 和 E_3 点，我们由此得到一条向右下方倾斜的曲线，这就是该消费者的 X 商品的需求曲线。

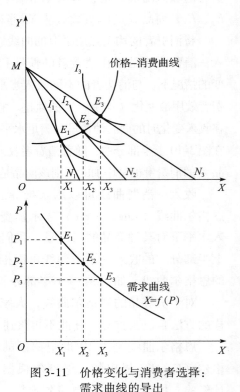

图 3-11　价格变化与消费者选择：需求曲线的导出

3.4.2　收入效应与替代效应

在价格－消费曲线和需求曲线中，我们分析了某种商品的价格是如何影响消费者需求的变化的。实际上，这种变化可以分解为替代效应（substitution effect）和收入效应（income effect）两部分。

例如某消费者每月消费 X 和 Y 两种商品，现在 X 商品的价格下跌了。首先，由于 Y 商品的价格没有发生改变，X 商品相对 Y 商品来说，比以前更加便宜了，因此，消费者可能会增加对相对便宜的 X 商品的消费，去替代相对昂贵的 Y 商品，这就是商品的替代效应；其次，对于该消费者来说，虽然他的收入水平没有增加，但是现有的货币购买力增强了，相当于实际收入水平提高了，从而导致消费者达到更高的效用水平，这就是消费者的收入效应。这二者合起来,就是商品价格变化带来的总影响,我们称之为价格效应(price effect)。

综上所述,一种商品的价格变化引起该商品需求量变动的总效应可以被分解为替代效应和收入效应两部分,即总效应(价格效应)= 替代效应 + 收入效应。

下面我们主要分析正常商品的替代效应与收入效应以及低档商品的替代效应与收入效应。

1. 正常商品的收入效应与替代效应

正常商品就是需求量随着消费者收入的提高而增加的商品。当这种商品的价格发生改变时,其替代效应与收入效应可以用图 3-12 来分析。在图 3-12 中,初始状态消费者的预算线为 MN_1,无差异曲线为 I_1,消费者的均衡点为 A 点,X 商品的消费量为 X_1。当 X 商品的价格下降时,由于其他条件不变,故该消费者的预算线以 M 点为支点向外旋转到 MN_2,总效用水平提高到 I_2,新的均衡点为 B 点,X 商品的消费量从 X_1 增长到 X_2。这个变化过程的总效应(价格效应)为 X_1X_2,其中又可以分解为替代效应和收入效应两部分。

首先分析替代效应。为了真实地考察相对价格变化带来的影响,就应该剔除实际收入水平改变对消费者的影响。在图 3-12 中,由于 X 商品的价格下降,消费者的消费均衡点由 A 点移动到 B 点,消费者的无差异曲线由 I_1 移动到 I_2,显然,无差异曲线 I_2 的满足程度高于 I_1,新的均衡点 B 在无差异曲线 I_2 上。为了得到替代效应,我们先假定消费者的真实收入不变,即效用水平不变,使消费者回到原来的无差异曲线 I_1 上。为了实现这一点,我们需要引入补偿预算线。

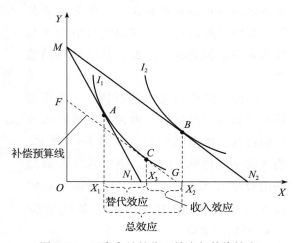

图 3-12 正常商品的收入效应与替代效应

补偿预算线是用虚拟的货币收入的增减来维持消费者的实际收入水平不变的一种分析工具,具体来说,就是当商品的价格下降导致消费者的实际收入水平提高时,假设可以取走消费者部分收入,使消费者的实际收入维持在原有水平。在图 3-12 中,X 商品的价格下降,导致消费者实际收入水平提升,为了使消费者的实际收入维持在原有水平,则需要做一条预算线使其与 MN_2 平行,同时与无差异曲线 I_1 相切,预算线 FG 就是该消费者的补偿预算线。FG 与无差异曲线 I_1 相切于 C 点,C 点是该消费者剔除实际收入变化对消费者的影响的均衡点,C 点对应的 X 商品的消费量为 X_3,因此,X_1X_3 就是替代效应。如果 X 商品的价格上升了,同样可以应用补偿预算线来分析替代效应。

然后分析收入效应。在图 3-12 中,将补偿预算线 FG 向外平移至 MN_2,这一过程中商品 X 与商品 Y 的相对价格没有改变,消费者的收入水平提高了。而这种收入水平的提高是

由于商品 X 的价格下降而带来的消费者实际收入的增长。此时，消费者的满足程度从 I_1 上升到 I_2，X 商品的消费量也从 X_3 上升到 X_2，因此，X_3X_2 是收入效应。

综述所述，对于正常商品来说，当商品的价格发生变化时，它对商品的影响导致了两种结果：替代效应与收入效应。它们与商品价格变化都呈反向变动，因此，在它们的共同作用下，其总效应与价格变化呈反向变动。

2. 低档商品的收入效应与替代效应

低档商品是指随着消费者收入的增加，其需求量反而下降的一类商品。在图 3-13 中，X 商品的总效应为 X_1X_2，其中替代效应为 X_1X_3，收入效应为 X_3X_2。无论对于正常商品还是低档商品，价格下降带来的替代效应总是正的。但是，低档商品的收入效应是负的，因为其需求量随着收入的增加而减少。在图 3-13 中，当消费者的预算线由 FG 移向 MN_2 时，其均衡点由 C 点移向 B 点，X 商品的消费量由 X_3 减少为 X_2。因此，低档商品的总效应是正的替代效应与负的收入效应之和，其总效应的正负很难判定。在大多数情况下，低档商品的替代效应的绝对值大于其收入效应的绝对值，因此，其总效应仍然为正。

然而，低档商品中的特例——吉芬商品的总效应却是负值。因为其负的收入效应超过其正的替代效应，如图 3-14 所示，当 X 商品的价格下降时，消费者对 X 商品的消费量由 X_1 减少为 X_2，这是因为负的收入效应 X_2X_3 的绝对值大于替代效应 X_1X_3 产生的结果。

吉芬商品是由英国人吉芬 19 世纪发现的。1845 年，爱尔兰发生了严重的灾荒，土豆的价格上涨时，土豆的需求量不但没有减少，反而增加了。这一现象被称为"吉芬难题"。而这类需求量与价格呈同方向变动的特殊低档商品以后被称为"吉芬商品"。一种商品若是"吉芬商品"，必须满足以下基本特征：第一，必须是低档的劣等商品；第二，该商品是消费者的必需品；第三，消费者必须很贫困，该商品在消费者总开支中占很大比例。因此，现实

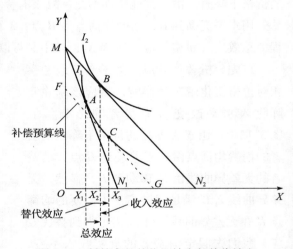

图 3-13 低档商品的收入效应与替代效应

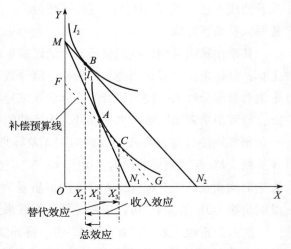

图 3-14 吉芬商品的收入效应与替代效应

生活中"吉芬商品"很少见。

为了便于比较正常商品、低档商品和吉芬商品的替代效应与收入效应，我们将不同商品的效应归纳后如表3-4所示。

表3-4 商品价格变化所引起的效应分解

效应类型 \ 效应与价格的关系 \ 商品类别	正常商品	低档商品	
		普通低档商品	吉芬商品
替代效应	反向变化	反向变化	反向变化
收入效应	反向变化	同向变化	同向变化
总效应	反向变化	反向变化	同向变化

3.4.3 消费者剩余

当某些消费者以较低的价格购买到自己满意的商品时，不但得到了实际物质满足，而且感觉自己获得了某种"额外"的收获，这种"额外"的收获是由消费者剩余所带来的。

例如，某明星到北京开演唱会，小王、小李、小张和小刘是该明星的"粉丝"，他们都想去演唱会现场，表3-5所示是他们四人为演唱会愿意支付的最高门票价格。这个最高价格就是该消费者的支付意愿。

表3-5 四名"粉丝"的支付意愿

"粉丝"	支付意愿（元）
小王	500
小李	300
小张	200
小刘	150

假设他们四人来到演唱会场馆门外时，发现主办方对门票的定价是150元/张，虽然他们四人都能够看上演唱会，但是每个人从演唱会中获得的满足程度是有差异的。

小王从演唱会中获得了什么收益呢？首先，小王用一个较低的价格参加并在现场观看了自己喜欢的歌手的演唱会，小王愿意为该演唱会支付500元，但是小王实际上只为此支付了150元。我们说小王不但获得演唱会带来的满足感，而且获得了350元的消费者剩余。消费者剩余（consumer surplus）是指消费者购买某种商品愿意支付的价格与实际支付的价格之差。以上四名"粉丝"欣赏演唱会获得的消费者剩余各不相同，其中小王最高，为350元，小李为150元，小张50元，小刘最低，他的消费者剩余为0。

如果是某消费者连续消费某种商品，则其消费者剩余取决于他对每一单位商品的支付意愿。例如，一个饥饿的消费者去购买面包，对每一个面包的支付意愿如表3-6中第二列所示。如果该面包的市场价格是2元/个，该消费者最多愿意消费的面包数量应该为4个或5个，此时，该消费者这次消费的消费者剩余应该是18元。如果该消费者购买第6个或第7个面包，就是一种非理性的消费行为。

表 3-6　四名"粉丝"的支付意愿　　　　　　　　　　　　　　（单位：元）

购买顺序	支付意愿	市场价格	消费者剩余
第 1 个	10	2	8
第 2 个	8	2	6
第 3 个	5	2	3
第 4 个	3	2	1
第 5 个	2	2	0
第 6 个	1	2	?
第 7 个	1	2	?

这一消费过程可以用图直接描述，如图 3-15 所示。如果在图上将该消费者的消费轨迹用平滑的曲线连接起来，就可以得到该消费者的需求曲线。

如果该消费者消费的商品是连续且可以无限细分的，则该消费者的消费者剩余就是其需求曲线与坐标轴及其市场价格线围成的图形的面积，如图 3-16 所示。

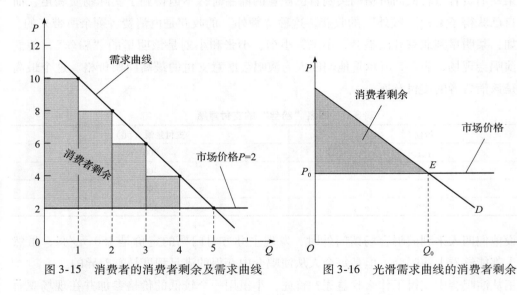

图 3-15　消费者的消费者剩余及需求曲线　　　　图 3-16　光滑需求曲线的消费者剩余

本章小结

消费是经济社会最基本、最重要的经济活动之一。西方经济学中的消费者行为理论建立在效用理论基础上，通过对消费者效用的分析，寻找消费者获得最大效用的条件与途径。本章以消费者均衡效用为基础，分析价格与收入改变对消费者消费选择的影响。

本章的主要内容有：

1）效用、边际效用与边际效用递减规律；

2）无差异曲线及其特征；

3）消费者预算线及其特征；

4）消费者均衡；

5）恩格尔曲线及恩格尔系数；

6）收入效应与替代效应。

实训与实践

一、基本概念

1. 效用
2. 基数效用
3. 序数效用
4. 总效用
5. 边际效用
6. 边际效用递减规律
7. 消费者均衡
8. 消费者剩余
9. 无差异曲线
10. 边际替代率
11. 边际替代率递减规律
12. 预算线
13. 收入－消费曲线
14. 恩格尔曲线
15. 价格－消费曲线
16. 价格效应
17. 收入效应
18. 替代效应
19. 正常商品
20. 低档商品
21. 吉芬商品
22. 补偿预算线

二、分析简答

1. 什么是消费者剩余？价格的变动对其有何影响？
2. 简述无差异曲线的特点。它们有什么经济学含义？
3. 为什么两条无差异曲线不能相交？
4. 画出完全替代商品和完全互补商品的无差异曲线，并说明为什么是这样。
5. 用无差异曲线解释：无论价格如何，消费者对眼镜片和眼镜架的消费总是按 2∶1 的比率。
6. 消费者均衡的条件是什么？
7. 商品的边际替代率的含义是什么？它为什么是递减的？
8. 请用效用理论和供求原理简要解释亚当·斯密在《国富论》中提出的著名的价值难题：为什么像水那样对生命不可缺少的东西却有如此低的价格，而对生命并非必不可少的钻石却具有如此高的价格？
9. 为什么劣等品的需求价格弹性可能是负的、零或正的？
10. 画出完全替代品的收入－消费曲线。
11. 画出完全互补品的收入－消费曲线。

三、计算

1. 某消费者消费 X、Y 两种商品，其效用函数为 $U = X^2 + Y^2$，两种商品的价格分别为 $P_X = 4$，$P_Y = 2$，消费者的收入为 $M = 500$。

   1）求该消费者获得最大满足程度时对 X、Y 的消费组合。

   2）该组合的总效用是多少？

2. 某人的效用函数 $U = x^2 y^3$ 依存于不劳动的闲暇日数 x 及对商品 y 的消费量。已知购买 y

的支出全部来源于劳动日数 L 所得的工资,假设日工资为 50 元,商品 y 的价格为 25 元,那么要获得效用最大化,他每年应安排多少个劳动日?

3. 消费 X、Y 两种商品的消费者的效用函数为 $U = XY$,X、Y 的价格均为 4 元,消费者的收入为 144 元。
   1) 求该消费者的需求及效用水平。
   2) 若 X 的价格上升为 9 元,对两种商品的需求有何变化?
   3) X 的价格上升为 9 元后,若要维持当初的效用水平,消费者的收入最少应达到多少?
   4) 求 X 的价格上升为 9 元所带来的替代效应和收入效应。

4. 小王每月用 500 元购买两类食品:主食 X_1,平均价格为 5 元/斤;菜品 X_2,平均价格为 10 元/斤。
   1) 画出小王的预算线。
   2) 如果小王的效用函数为 $U = 5XY^2$,为了使效用最大化,小王的最佳消费组合是什么?
   3) 如果商家对主食采取买 10 送 1 的促销办法,试画出小王的新预算线。
   4) 如果主食价格仍为 5 元/斤,而菜品涨价到 12 元/斤,小王的最佳消费组合是什么?

5. 某消费者的效用函数和预算约束分别为 $U = X^{3/2}Y$ 和 $3X + 4Y = 100$,而另一消费者的效用函数为 $U = X^6 Y^4 + 1.5\ln X + \ln Y$,预算约束函数为 $3X + 4Y = 100$。
   1) 求他们各自的最优商品购买数量;
   2) 最优商品购买数量是否相同?这与两条无差异曲线不能相交矛盾吗?

6. 假设牛奶市场的需求函数为 $Q_d = 151 - 20P$,市场的供给函数为 $Q_s = -9 + 180P$,牛奶的数量单位为 10 亿千克,价格单位为元/千克。
   1) 求当市场是完全竞争时的均衡价格。此时的消费者剩余和生产者剩余分别是多少?市场总剩余是多少?
   2) 假定政府将牛奶的价格限制为 1 元/千克,市场将出现过剩还是短缺?求此时的消费者剩余和生产者剩余,并求福利净损失。
   3) 如果政府将牛奶的支持价格定为 1.25 元/千克,政府收购全部过剩的牛奶,每年需花费多少财政支出?

Chapter 4 第 4 章

生产者行为理论

我们可以对劳动下这样的定义：劳动是任何心智或身体上的努力，部分地或全部地以获得某种好处为目的，而不是以直接从这种努力中获得愉快为目的。如果我们必须重新开始，除了那种不能有助于所要达到的目的因而不生产效用的劳动之外，我们最好将一切劳动都看作生产。

——阿尔弗雷德·马歇尔《经济学原理》

阿尔弗雷德·马歇尔（1842—1924）是19世纪末20世纪初英国乃至世界最著名的经济学家之一。他的于1890年出版的《经济学原理》，被看作是与斯密的《国富论》、李嘉图的《赋税原理》齐名的划时代的著作。这本书在马歇尔在世时就出版了8次之多，成为当时最有影响的专著之一，多年来一直被奉为英国经济学的"圣经"。作为剑桥学派的创始人，他确立了近代经济学一个空前庞杂的独特体系，包括研究对象、研究方法、基本观点以及理论体系等，为当代西方经济学各个流派提供了一个共同的理论基础。他的价值论和分配论在19世纪末至20世纪30年代的经济学界占有支配地位，时至今日仍然是微观经济学的基础。

阿尔弗雷德·马歇尔
（Alfred Marshall）

本章核心内容提示

1. 生产函数、总产量、平均产量和边际产量的概念，以及边际产量递减规律、等产量线和边际技术替代率递减规律；
2. 生产技术的含义，以及总产量曲线、平均产量曲线和边际产量曲线的关系；
3. 生产成本、短期成本、等成本线和长期成本的相关概念；
4. 短期成本曲线之间、边际成本与边际产量之间、平均可变成本与平均产量之间、长期成本曲线之间的关系，以及短期成本曲线与长期成本曲线之间的关系；
5. 生产扩展线的概念、成本既定产量最大的要素组合、产量既定成本最小的要素组合，以及利润最大化可以得到的最优的生产要素组合；
6. 规模报酬的相关概念，规模报酬产生的原因。

前面章节我们从消费者的偏好和行为的角度研究了市场的需求，本章我们将从生产者行为的角度去研究市场的供给。在生产者行为理论中，我们首先分析生产理论，而后分析成本理论。

4.1 生产理论

传统的微观经济学理论，把厂商的生产过程看作是一个"黑匣子"，即企业被抽象成为一个由生产技术决定的、投入产出比既定的"黑匣子"；或者换句话说，传统的微观经济学理论，对生产理论的研究，是通过引入生产函数来进行的。

4.1.1 生产技术与生产函数

生产者又称厂商，是指为了实现某一经济目标而生产商品或劳务的经济单位。生产者进行生产的目的是实现产量的最大化或生产成本的最小化。与消费者一样，生产者行为也面临许多约束条件，其中最重要的约束条件就是生产技术。

1. 生产技术的含义

厂商的基本活动就是使用各种投入品（如劳动、资本、自然资源等），生产一定数量的产品或服务。例如，比萨饼店使用比萨饼面团、比萨饼酱、厨师、烤炉等生产比萨饼。企业的技术（technology）是企业将一定的投入品转化为产品或者服务的过程。注意，这一定义要比通常意义上的技术范围更广泛。在日常生活中，"技术"一词一般仅仅指新产品的开发；而在经济学意义上，企业的技术则取决于很多因素，如经理的技能、员工的培训、机器设备的效率和速度等。例如，比萨饼的生产技术不仅包括比萨饼烤炉的容量和烤比萨饼的速度，还包括厨师准备比萨饼面团的快慢，经理能够在多大程度上激励员工努力工作，经理如何安排设备以使厨师能够更快地准备比萨饼并放进烤炉等。

如果企业经历正面的技术变化，则它能够使用相同的投入品生产更多的产品，或者用更少的投入品生产同样多的产品。企业的经理层可能会重新安排车间布局或者商店的布局，从而增加产量或者销售量。企业的工人可以参加一些培训，企业也可以安装运行更快或者可靠性更高的机器设备。企业也可能经历负面的技术变化，如果企业雇用技术更差的工人或者机器被地震或者其他自然灾害损害，则它用给定数量的投入品生产的产品数量将减少。

生产者的生产技术内在决定了生产者在生产过程中的投入品与产出之间的数量关系。经济学中的投入品，也称为生产要素。在生产者行为理论中，为分析简单起见，可以将经济社会全部的生产要素概括分为劳动、土地、资本和企业家才能四大类。劳动指的是人类生产过程中所提供的智力和体力的总和；土地则是一个广义的概念，涵盖所有的自然资源；资本是指经济社会为生产其他物品生产出的耐用品，也就是现实中的实物资本；企业家才能是指经营企业、管理企业的能力和在此过程中的创新能力。

生产者的生产技术水平的高低可以用投入产出比表示，投入产出比越低，即投入或生产要素的数量与产量之比越低，该生产者的生产技术水平越高；反之，投入产出比越高，即投入或生产要素的数量与产量之比越高，该生产者的生产技术水平越低。

2. 生产函数的概念

所谓生产函数是指描述在既定的生产技术条件下，生产者在一定时期内投入的各种生产要素组合与可能达到的最大产量之间数量关系的函数。虽然在理论分析中，厂商可以使用多种要素，但为分析简单起见，我们假定生产者只有两种生产要素：劳动要素 L 和资本要素 K，生产者的产出用 Q 表示，则生产函数可表示为：

$$Q = F(K, L) \tag{4-1}$$

其中函数对应关系 F 反映了该生产者的生产技术状况。因此，该生产函数反映了生产者在既定的生产技术条件下，在一定时期内产出 Q 与劳动要素 L 和资本要素 K 这两种投入品之间的数量关系。当然，生产函数并不是一成不变的，一旦生产技术水平发生变化，原有的生产函数也会发生变化，从而产生新的生产函数。新的生产函数可能是以相同的生产要素投入量生产出更多或更少的产量，也可能是以变化了的生产要素的投入量进行生产。

需要强调的是，式（4-1）反映了既定生产技术水平下生产要素组合（K, L）所能生产的最大产量为 Q。在这里，生产的"最大产量"强调的是生产函数所要求的生产技术是有效的，其产量是不可能再增大的产量。

生产函数的定义允许投入以各种比例进行组合，所以产出可以通过各种方式得到。如对式（4-1）所示的生产函数，这意味着可以使用更多的劳动和较少的资本进行生产，或者相反。以生产汽车为例，相同产量，厂商可以选择以较多的劳动和较少资本的劳动密集方式进行生产，也可以选择以较少的劳动和较多的资本的资本密集方式生产。

3. 短期生产与长期生产

生产理论可以分为短期生产理论和长期生产理论。所谓短期是指这样一段时期，在此时期，生产者无法调整某些生产要素的投入量，即某些生产要素固定不变的时期。在短期内，生产要素可分为两大类：固定要素投入和可变要素投入。固定要素投入是指在短期内投入量不随产量变化而变化的生产要素。现实中，固定要素一般指机器设备、厂房等资本要素。可变要素投入是指在短期内，投入量随着产量的变化而变化的生产要素。现实中，可变要素一般指劳动、原材料等生产要素。所谓长期是指这样一段时期，在此时期，生产者有足够的时间调整所有的生产要素投入量，即所有的生产要素都可变的时期。由于长期内，所有的生产要素都是可变的，也就不存在固定要素投入和可变要素投入的区别。

要注意，短期与长期的划分是以生产者能否变动全部生产要素的投入数量为标准的，并没有一个确定的时期标准，其划分要视具体情况而定，比如对一个汽水摊而言，长期可能就一两天，而对于化工企业或汽车生产者来说，长期可能是 5 年或更长时间。

微观经济学通常以一种可变生产要素的生产函数考察短期生产理论，以两种可变生产要素的生产函数考察长期生产理论。

4.1.2 短期生产或一种可变要素投入的生产

1. 短期生产函数

由生产函数 $Q=f(L, K)$ 出发,假定资本投入量是固定的,用 $\bar{K}$ 表示,劳动投入量是可变的,用 L 表示,则生产函数可以写成:

$$Q = f(L, \bar{K}) \tag{4-2}$$

这就是人们通常采用的一种可变生产要素的生产函数的形式,它也被称为短期生产函数。

2. 总产量、平均产量和边际产量

短期生产主要研究随着可变要素投入量的不断增加,短期内的各个产量,即总产量、平均产量和边际产量的变化及相互关系。

总产量(total product)是指企业投入一定量的生产要素后所生产出来的产量总和。在短期内,总产量随可变要素投入量的变动而变动。由于短期生产函数中可变的生产要素常指劳动,我们把总产量简记为 TP_L。

平均产量(average product)是指每单位可变投入所能生产的产出量,以 AP_L 表示:

$$AP_L = TP_L / L \tag{4-3}$$

边际产量(marginal product)是指增加一单位可变投入所带来的总产量增量,以 MP_L 表示:

$$MP_L = \Delta TP_L / \Delta L \quad \text{或} \quad MP_L = dTP_L / dL \tag{4-4}$$

我们以服装厂商为例,给出在资本要素投入不变的情况下,随着劳动要素投入的不断增加,总产量(TP_L)、平均产量(AP_L)和边际产量(MP_L)的数据,如表4-1所示,据以研究厂商的短期生产。

表 4-1 总产量、平均产量和边际产量

劳动要素投入量 L	资本要素投入量 K	总产量 TP_L	平均产量 AP_L	边际产量 MP_L
0	10	0	—	—
1	10	10	10	10
2	10	30	15	20
3	10	60	20	30
4	10	80	20	20
5	10	95	19	15
6	10	108	18	13
7	10	112	16	4
8	10	112	14	0
9	10	108	12	-4
10	10	100	10	-8

我们对表 4-1 中的数据先做一些简单的了解。首先，总产量数据。当劳动要素投入量为 0 时，总产量也为 0；在劳动要素投入量由 0 逐渐增加到 8 时，总产量也随之增加；但超过这一点后，总产量反而下降。其次，平均产量数据。表中劳动要素的平均产量起初呈上升态势，但在劳动要素投入量超过 4 个单位以后，反而开始下降。最后，边际产量数据。劳动要素的边际产量也是先上升后下降，在劳动要素投入量超过 3 个单位以后，边际产量开始下降。随着劳动投入的不断增多，不同产量数据为何呈现出如表 4-1 这样的状态？不同产量数据演变的相互关系如何？这些问题是短期生产理论研究的主要内容。

3. 总产量曲线、平均产量曲线和边际产量曲线

把表 4-1 中的数据以几何图形的形式表示出来，如图 4-1 所示。由图 4-1 可知，总产量曲线先以递增的速率（总产量曲线凸向横轴或其斜率越来越大）由原点经 A 点（劳动要素投入量为 2 个单位）上升至 B 点（劳动要素投入量为 3 个单位），再以递减的速率（总产量曲线凸向纵轴或其斜率越来越小）由 B 点经 C 点（劳动要素投入量为 4 个单位）上升至 D 点（劳动要素投入量为 8 个单位），在 D 点获得最大值 112 后，逐渐下降。平均产量曲线和边际产量曲线如图 4-1 下半部分所示，平均产量先上升至 E 点（E 点与图 4-1 上半部分中的 C 点相对应，劳动要素投入量都为 4 个单位），并在 E 点与边际产量曲线相交，然后逐渐下降；劳动要素的边际产量曲线先以较快的速度上升至 F 点（F 点与图 4-1 上半部分中的 B 点相对应，劳动要素投入量都为 3 个单位），然后又以较快的速度下降，分别与平均产量曲线和横轴相交于 E 点和 G 点（G 点与图 4-1 上半部分中的 D 点相对应，劳动要素投入量都为 8 个单位）。

我们根据图 4-1 并结合式（4-3）和式（4-4）分析这三条曲线之间的关系。

首先，分析平均产量和总产量之间的关系。由公式（4-3）可知，由于劳动要素的平均产量等于总产量除以劳动要素投入量，因此，劳动要素平均产量的几何含义表现为总产量曲线上对应点与原点连线的斜率。比如，在 B 点，平均产量等于总产

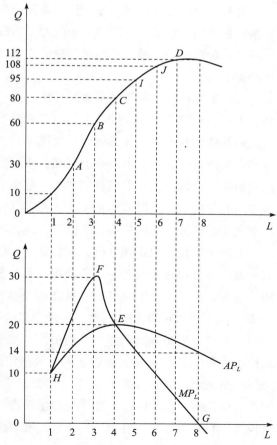

图 4-1　一种可变要素的生产函数的产量曲线（一）

量 60 除以劳动要素投入量 3，等于 20，正好是 B 点与原点连线的斜率。因此，总产量曲线上各点与原点连线的斜率的变化反映了平均产量的变化。这样，总产量曲线从原点到 C 点之间弧线上的各点与原点之间的连线的斜率是递增的，正好与图 4-1 下半部分中相应部分的平均产量不断增加相对照；从 C 点以后弧线上各点与原点之间的连线的斜率是递减的，正好与图 4-1 下半部分中相应部分的平均产量不断减少相对照。

其次，分析边际产量和总产量之间的关系。由式（4-4）可知，由于劳动要素的边际产量是增加一单位劳动要素所增加的总产量，因此，劳动要素边际产量的几何含义表现为总产量曲线上对应点的切线的斜率。比如，在 A 点，边际产量等于 20，正好是 A 点处总产量曲线的切线斜率，因此，总产量曲线上各点的切线斜率的变化反映了边际产量的变化。这样，总产量曲线从原点到 B 点之间弧线上各点的切线的斜率是递增的，正好与图 4-1 下半部分中相应部分的边际产量不断增加相对照；从 B 点以后的弧线上各点的切线的斜率是递减的，正好与图 4-1 下半部分中相应部分的边际产量不断下降相对照；在 D 点，总产量达到极大值，D 点处切线的斜率为 0，正好与图 4-1 下半部分中对应点的边际产量等于 0 相对照；D 点之后，边际产量为负，因为在 D 点，再增加一单位劳动，生产效率反而下降，总产量下降，意味着该单位劳动的边际产量为负。

最后，分析边际产量和平均产量之间的关系。由图 4-1 下半部分可以看出二者之间的关系：在平均产量的上升阶段，边际产量曲线处于平均产量曲线之上，在平均产量的下降阶段，边际产量曲线处于平均产量曲线之下，在平均产量处于极大值时，边际产量等于平均产量。

二者的关系可以利用图形进行分析。由于劳动要素平均产量的几何含义表现为总产量曲线上对应点与原点连线的斜率，而劳动要素边际产量的几何含义表现为总产量曲线上对应点的切线的斜率。这样，可以根据图 4-1 上半部分的总产量曲线的几何含义研究边际产量和平均产量的关系。由图 4-1 可知，OC 弧线上各点与原点的连线的斜率小于各点处切线的斜率，所以该弧线上各点的平均产量小于边际产量；C 点与原点的连线的斜率等于 C 点处切线的斜率，所以 C 点的平均产量等于边际产量；CD 弧线上的各点与原点的连线的斜率大于各点处切线的斜率，所以该弧线上各点的平均产量大于边际产量。

实际上，简单地举例分析，我们就可以理解边际产量和平均产量曲线之间的关系。假如一家广告公司开始只有一名雇员甲，每天能制作 10 个广告，则劳动要素的平均产量为 10，现在公司又招聘了一名效率更高的雇员乙，雇员乙每天能制作 20 个广告，边际产量为 20，大于平均产量 10，因此，劳动要素的平均产量由 10 增加到 15（=30/2）；反过来，假如一家广告公司开始只有一名雇员丙，雇员丙每天能制作 20 个广告，则劳动要素的平均产量为 20，现在公司又招聘了一名效率较低的雇员丁，雇员丁每天只能制作 10 个广告，边际产量为 10，小于平均产量 20，因此，劳动要素的平均产量由 20 下降到 15（30/2）。因此，对任何一对边际产量和平均产量而言，只要边际产量大于平均产量，就会把平均产量拉大；只要边际产量低于平均产量，就会把平均产量拉低。

4. 边际报酬递减规律

边际报酬递减规律又称边际产量递减规律或边际生产力递减规律，是指在生产技术条件不变的前提下，把同质的可变要素投入不断地增加到其他要素投入不变的生产中，当这种可变要素投入的数量小于某一特定值时，增加该要素投入所带来的边际产量是递增的；当该可变要素投入的数量连续增加并超过这个特定值时，增加该要素投入所带来的边际产量是递减的。例如，如果我们在固定的厂房和 4 台机器设备中投入 1 名工人，这名工人要从头到尾完成相关工作，则其效率不会太高；如果增加 1 名工人，则两人可以进行有效的分工合作，提高工作效率，使产量的增加超过一倍；如果再增加 2 名工人，由于有 4 台机器，这 4 名工人还可以进行分工协作，则边际产量仍可以提高；但如果不断地增加工人，使得与厂房和机器设备相比，劳动要素显得过剩，则工作效率就会降低，边际产量开始下降，最后导致工人实在太多，挤在一间厂房里无事可做，互相聊天扯皮，边际产量就成了负数。

从理论上讲，边际报酬递减规律成立的原因在于：对于任何产品的短期生产来说，可变要素投入和固定要素投入之间都存在一个最佳数量组合比例。在开始时，由于固定要素投入量既定，而可变要素投入量为零，因此生产要素的投入量往往没有达到最佳组合比例。随着可变要素投入量的逐渐增加，生产要素的投入量逐步接近最佳组合比例，相应的可变要素的边际产量呈现递增的趋势。一旦生产要素的投入量达到最佳组合比例时，可变要素的边际产量即达到最大值。在这一点之后，随着可变要素投入量的继续增加，生产要素的投入量越来越偏离最佳组合比例，相应的可变要素的边际产量便呈现递减的趋势。

边际报酬递减规律强调的是：在任何一种产品的短期生产中，随着一种可变要素投入量的增加，边际产量最终会呈现递减的特征。或者说，该规律提醒人们要看到在边际产量递增阶段后必然会出现的边际产量递减阶段。

边际产量递减规律的前提条件有：

1) 生产技术条件不变。如果在可变要素投入增加的同时生产技术提高了，那么即使该可变要素的投入量达到一定程度，边际产量也可能是递增的。

2) 其他要素投入固定不变。如果其他要素投入增加，如上面的例子中机器设备和厂房等资本要素也随着工人的增加而增加，则边际产量可能会继续增加。

3) 可变要素投入都是同质的。比如，投入的劳动要素是同质的，即劳动者的素质和劳动的积极性都是一样的。

4) 它是在可变要素增加到一定程度之后才出现的。

在这里，值得一提的是 19 世纪英国经济学家、人口学家托马斯·罗伯特·马尔萨斯就是根据边际报酬递减规律来推导出他的人口理论的。马尔萨斯认为，由于土地是有限的，随着人口的增长，仅靠劳动投入的增加必然会带来劳动边际产出的递减，并最终带来劳动平均产量的下降，使粮食生产的增长速度赶不上人口增长的速度，最后导致普遍的饥荒。但马尔萨斯没有预见农业生产技术的迅猛发展使劳动效率大大提高，很多国家的农业产出增长超过了人口的增长，导致他的预言失败。不过，目前仍有不少学者认为，农业生产技术的发展还是存在一个极限，如果人类不对人口的增长进行有效的控制，从长期来看，马尔萨斯的预言只可能被推迟，而不会落空。

5. 生产的三个阶段和合理的要素投入区间

边际产量递减规律告诉我们，并不是投入的要素越多，产量就越大，因此，生产者只有选择合适的要素投入量，才能在尽可能少投入的情况下获得尽可能多的产出。根据可变要素投入量的多少，生产可以分为三个阶段：如图4-2所示，第Ⅰ阶段是0～4个单位劳动要素投入量，这一阶段边际产量先增后减，但边际产量始终大于平均产量，总量和平均产量都是递增的；第Ⅱ阶段是4～8个单位劳动要素投入量，这一阶段边际产量是递减的，但仍大于0，边际产量小于平均产量，平均产量在下降，但总产量在继续上升；第Ⅲ阶段是大于8个单位劳动力要素投入量，这一阶段边际产量小于0且继续下降，平均产量和总产量都在不断下降。

在第Ⅰ阶段，增加劳动要素投入量能增加平均产量，使总产量以较大比例增长，这时生产者会继续增加劳动要素的投入量，不会停留在第Ⅰ阶段；在第Ⅲ阶段，增加劳动要素投入量反而会减少总产量，生产者也不会在第Ⅲ阶段进行生产。因此，生产者生产的合理投入区间是第Ⅱ阶段，虽然边际产量和平均产量在递减，但总产量在增加。至于在生产的第Ⅱ阶段，生产者会选择哪一点进行生产，这一问题留待下一章解决。

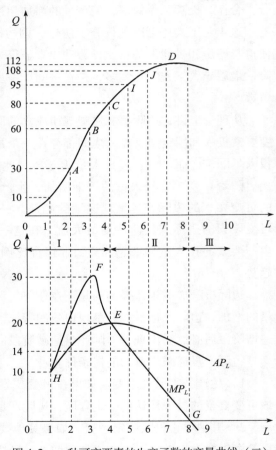

图4-2　一种可变要素的生产函数的产量曲线（二）

4.1.3　长期生产或两种可变要素投入的生产

本部分介绍长期生产理论。我们以两种可变生产要素的生产函数，研究长期生产中可变生产要素的投入组合和产量之间的关系。由于在长期生产中，不存在固定的生产要素，厂商投入的所有生产要素都是可变的。因此，长期生产函数可以用下式来表达：

$$Q = f(L, K) \tag{4-5}$$

1. 长期生产函数的几何表示——等产量线

等产量线是长期生产分析首要采用的分析工具。对等产量线，我们用具体实例推导，而后分析其特征。假定某生产者生产的产品是食品，两种投入分别为劳动要素和资本要素，表 4-2 给出了不同投入品组合下的不同产量。

表 4-2 两种可变要素投入的产量

资本要素投入 \ 劳动要素投入	1	2	3	4	5
1	20	40	55	65	75
2	40	60	75	85	90
3	55	75	90	100	105
4	65	85	100	110	115
5	75	90	105	115	120

表 4-2 中所列出的产出都是一定时期内相对应的劳动要素和资本要素组合所能生产出的最大产量，比如 4 个单位的劳动要素与 2 个单位的资本要素最多能生产出 85 个单位的食品。从表 4-2 横向看，在资本要素投入一定的前提下，产量随劳动要素投入的增加而增加；从纵向看，在劳动要素投入一定的前提下，产量随资本要素投入的增加而增加。这说明生产者的产量分别与资本要素投入量和劳动要素投入量呈正相关。

我们把表 4-2 中的相关数据画在以资本要素投入量为纵坐标，以劳动要素投入量为横坐标的坐标系上，就可以得到一系列等产量线，如图 4-3 所示。

所谓等产量线是指生产者在既定的生产技术条件下生产同一产量的两种生产要素组合所形成的轨迹。为简便起见，我们只画出三条等产量曲线。等产量线 Q_1 上的点代表产出为 55 个单位的各种劳动要素和资本要素的组合，比如，A 点为 1 个单位的劳动要素和 3 个单位的资本要素的组合；B 点为 3 个单位劳动要素和 1 个单位资本要素的组合。等产量线 Q_2 上的点代表产出为 75 个单位的各种劳动要素和资本要素的组合，比如，C 点为 2 个单位的劳动要素和 3 个单位的资本要素的组合；D 点为 3 个单位劳动要素和 4 个单位资本要素的组合；等等。等产量线 Q_3 上的点代表产出为 90 个单位的各种劳动要素和资本要素的组合，比如，G 点为 2 个单位的劳动要素和 5 个单位资本要素的组合；H 点为 3 个单位劳动要素和 3 个单位资本要素的组合；等等。而且，等产量线 Q_2 位于等产量线 Q_1 的右上方，等产量线 Q_3 位于等产量线 Q_2 的右上方，因为要生产出更多的

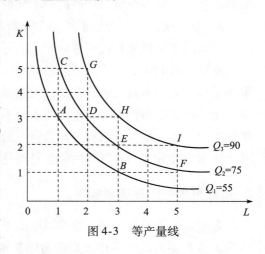

图 4-3 等产量线

产量就必须投入更多的劳动要素和资本要素。

等产量线与我们前面学习过的无差异曲线非常相似：无差异曲线将消费者的效用按从低到高的顺序排列；等产量线则按产量的高低做同样的处理。唯一的区别是：每一条等产量线都对应着一定的产量；而无差异曲线只能对不同效用水平的商品或劳务组合按优先顺序排列。

一系列的等产量线共同组成如图4-3所示的等产量线图，其中每一条等产量线表示在各种劳动要素和资本要素组合所能生产的最大产量；而且，越靠右上方的等产量线表示的产出水平越高。

等产量线的特征有以下几点：

1）斜率为负。等产量线的走向为从左上方向右下方倾斜，意味着在生产等量的产品时，L 和 K 有一定的替代性。从理论上说，等产量线的斜率还可以为正，正斜率的等产量线意味着为生产等量的产品而投入的两种生产要素之间不存在相互的替代，也就是说，在维持同样的产量时，在增加一种生产要素的投入的同时还得增加另一种生产要素的投入。显然，作为一个理性的厂商，不可能在斜率为正的范围内从事生产，因为在此区域生产同等数量的产品必须投入更多的生产要素，所以厂商的等产量线均为斜率为负的部分。

2）在一组等产量线中，离原点越远，代表的产量越高。

3）对同一生产者而言，两条等产量线不能相交。假设两条等产量线相交，那就表示同样的生产要素组合可以生产两种不同的产量，这与等产量曲线的定义相矛盾。

4）斜率递减，从图形上显示为等产量线凸向原点。等产量线呈现此特征的原因在于生产要素的边际技术替代率递减。

这里，我们要提醒读者注意的是，虽然等产量线同前面章节讲过的无差异曲线类似，但两者却代表着不同的经济含义：无差异曲线代表消费者对两种消费品不同组合的主观评价，而等产量线却代表两种生产要素的不同组合与产量之间的技术联系。另外值得注意的是，等产量线只是告诉我们劳动和资本的不同组合与产量之间的对应关系，仅凭等产量线并无法断定哪种劳动和资本的组合是最优或成本最低的组合。

2. 边际技术替代率递减规律

在产量不变的前提下，生产者增加1个单位 X 生产要素所能替代的 Y 生产要素的数量称为 X 生产要素对 Y 生产要素的边际技术替代率，用符号 $MRTS_{XY}$ 表示。由于边际技术替代率的前提是产量不变，因此，边际技术替代率是在同一条等产量线上计算出来的。若以劳动要素表示 X 生产要素，以资本要素表示 Y 生产要素，边际技术替代率就是在同一条等产量线上，生产者增加1个单位的劳动要素所能替代的资本要素的数量。如图4-4所示，假如产量固定在75个单位，当劳动要素投入量由1个单位增加到2个单位时，资本要素投入量由5个单位减少为3个单位，边际技术替代率为2；当劳动要素投入量由2个单位增加到3个单位时，资本要素投入量由3个单位减少为2个单位，边际技术替代率为1；

当劳动要素投入量由 3 个单位增加到 4 个单位时，资本要素投入量由 2 个单位减少为 7/5 个单位，边际技术替代率为 3/5；当劳动要素投入量由 4 个单位增加到 5 个单位时，资本要素投入量由 7/5 个单位减少为 1 个单位，边际技术替代率为 2/5。

根据定义，劳动要素对资本要素的边际技术替代率 $MRTS_{LK}$ 可用式（4-6）计算：

$$MRTS_{LK} = -\Delta K/\Delta L \qquad (4-6)$$

式中：$MRTS_{LK}$ 为劳动要素 L 对资本要素 K 的边际技术替代率；ΔK 为被替代的资本要素投入量；ΔL 为增加的劳动要素投入量。因为 ΔK 为被替代的资本要素投入量，所以 ΔK 始终为负。这样，公式中加一个负号是使 $MRTS$ 值取正值，方便分析。

显然，式（4-6）中的 Δ 可以替换为微分符号 d，用以表示当 $\Delta L \to 0$ 时的边际技术替代率，公式表示为：

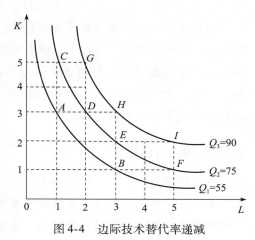

图 4-4　边际技术替代率递减

$$MRTS_{LK} = -\Delta K/\Delta L = -dK/dL \qquad (4-7)$$

由此可以看出，在任一点上的边际技术替代率就是等产量线在该点斜率的绝对值。

边际技术替代率递减规律是指在产量不变的条件下，随着 X 生产要素投入量的增加，每增加 1 单位 X 生产要素所能替代的 Y 生产要素的数量是在不断减少的，即 X 生产要素对 Y 生产要素的边际技术替代率是在不断减少的。还以前面的例子解释，当劳动要素由 1 个单位增加到 2 个单位时，$MRTS_{LK}$ 等于 2；当劳动要素由 2 个单位增加到 3 个单位时，$MRTS_{LK}$ 等于 1，然后逐渐降至 3/5、2/5。也就是说，随着劳动要素投入量的增多，每增加 1 个单位的劳动要素所能替代的资本要素的数量是在不断减少的，即劳动要素对资本要素的边际技术替代率是递减的。

为什么边际技术替代率是递减的呢？因为任何一种产品的生产技术都要求各要素投入之间有适当的比例，这意味着要素之间的替代是有限制的。简单地说，以劳动和资本两种要素投入为例，在劳动投入量很少和资本量投入很多的情况下，减少一些资本投入量可以很容易地通过增加劳动的投入量来弥补，以维持原有的产量水平，即劳动对资本的替代是很容易的。但是，在劳动投入增加到相当多的数量和资本投入量减少到相当少的数量的情况下，再用劳动去替代资本就将很困难（劳动要素的边际产量递减，即增加单位劳动要素所增加的产量在逐渐减少）。

假设在保持产量不变的前提下，增加劳动要素的投入，减少资本要素的投入。增加劳动要素会带来总产量的增加，其中增加值 ΔQ_L 就等于单位劳动要素所创造的产量（即劳动要素的边际产量 MP_L）乘以劳动要素的增加量 ΔL，即 $\Delta Q_L = MP_L \cdot \Delta L$；减少资本要素会带来总产量的减少，其增加值 ΔQ_K 就等于单位资本要素所创造的产量（即资本要素的边际产量 MP_K）乘以资本要素的减少量 ΔK，即 $\Delta Q_K = MP_K \cdot \Delta K$。因为在同一条等产量线上,即产量保持不变,所以增加劳动要素带来的总产量的增加值就应等于减少资本要素带来的总产量的减少值,即 $\Delta Q_L = - \Delta Q_K$ 或 $MP_L \cdot \Delta L = - MP_K \cdot \Delta K$ 或 $MP_L \cdot \Delta L + MP_K \cdot \Delta K = 0$,即:

$$MP_L/MP_K = - \Delta K/\Delta L = MRTS_{LK} \tag{4-8}$$

也就是说,劳动要素对资本要素的边际技术替代率等于劳动要素与资本要素的边际产量之比。在同一条等产量线上,随着劳动要素投入量的增加及资本要素投入量的减少,根据边际产量递减规律,劳动要素的边际产量在不断减少,资本要素的边际产量在不断增加,因此,劳动要素与资本要素的边际产量之比在不断减少,即劳动要素对资本要素的边际技术替代率是递减的。

3. 生产的经济区域

在某种情况下,等产量线中可能出现斜率为正值的部分,如图 4-5 中 OA 线以上和 OB 线以下。在这些部分,等产量线的斜率为正,这意味着为了保持某一特定的产量水平,所需要的资本和劳动的数量都要增加,如果出现了这样的情况,则两种要素中至少有一种要素的边际产量是负的。在 OA 线以上,资本的边际产量是负的,在劳动数量保持不变的条件下,如果使用的资本量少一些,产量将会增加;在 OB 线以下,劳动的边际产量是负的,在资本量保持不变的条件下,如果使用的劳动数量少一些,产量将会增加,OA 线和 OB 线叫作脊线(ridge line)。

显然,没有一个追求利润最大化的企业会在脊线之外的点上进行经营,这是因为使用较少的投入和较低的费用,企业就可以达到同样的产量。为了说明这一问题,我们来看图 4-5 中的 C 点。由于 C 点是等产量线上斜率为正的弧段上的一个点,因而它在脊线之外,与脊线之内的同一条等产量线上的其他点(例如 D 点)比较,C 点既需要更多的资本,又需要更多的劳动。由于资本和劳动的价格不可能为负,这样企业在 D 点经营一定比在 C 点经营成本更低。

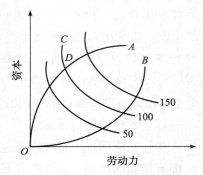

图 4-5 生产的经济区域

一般来说,企业要生产一个既定产量,在两条脊线内总能够找到一点,使得按照该点进行经营比按照脊线之外的点进行经营的花费少,这两条脊线之间的面积就叫作生产的经济区域(economic region of production)。在图 4-5 中,OA 和 OB 之间的区域就是生产的经济区域,没有一个理性的企业会在这一区域之外进行生产。

4.1.4 等成本线

在生产要素市场上,厂商对生产要素的购买,构成了厂商的生产成本。成本问题是厂商必须考虑的一个经济问题。在生产理论中,厂商的成本理论是通过等成本线工具进行研究的。

1. 等成本线的概念

从生产者的偏好来看,等产量线离原点越远越好,但厂商向外推动等产量线的欲望要受到生产要素价格和自身货币投入量的约束,即成本的约束。等成本线(isocost)表示在既定的要素价格条件下,厂商用一定数量的资金所能够购买的两种生产要素最大组合的轨迹。假定生产者在生产过程中,只投入两种生产要素:劳动要素和资本要素,其中劳动要素的投入量为 L,劳动要素的价格或工资率,即增加单位劳动要素所增加的成本为 w;资本要素的投入量为 K,资本要素的价格或利率,即增加单位资本要素所增加的成本为 r,则生产者的成本方程为:

$$C = wL + rK \tag{4-9}$$

把式(4-9)画在以资本要素投入量 K 为纵坐标,以劳动要素投入量 L 为横坐标的坐标系中,就可以得到一条等成本线 C,如图4-6所示。等成本线表示生产成本为 C 时,生产者所能购买的所有劳动要素和资本要素的组合。因此,等成本线是指在劳动要素和资本要素的价格以及生产成本既定的条件下,生产者能够购买的所有劳动要素和资本要素组合所形成的轨迹。

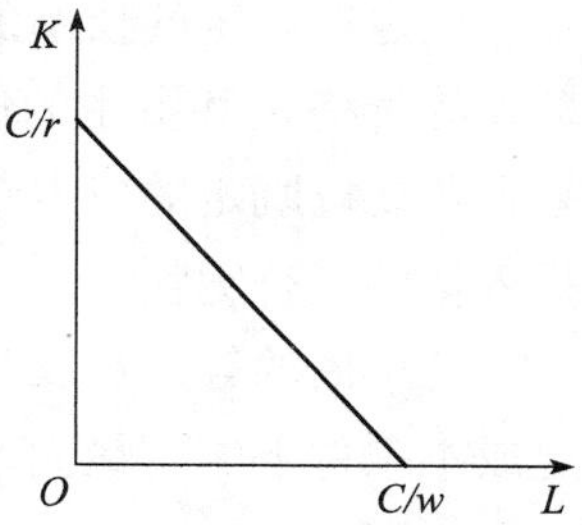

如果我们把生产成本方程式(4-9)改写成直线方程,即为:

$$K = C/r - (w/r) \cdot L \tag{4-10}$$

图 4-6 等成本线

可见,等成本线是以资本要素投入量 K 为纵坐标,以劳动要素投入量 L 为横坐标的坐标系中以 C/r 为纵向截距,以 C/w 为横向截距,以 $-w/r$ 为斜率的直线。纵向截距 C/r 表示生产者将全部生产成本花费在购买资本要素时,所能购买的资本要素的数量;横向截距 C/w 表示生产者将全部生产成本花费在购买劳动要素时,所能购买的劳动要素的数量;斜率 $-\frac{w}{r}$ 为负,表示为保持生产成本不变,生产者每增加1个单位的劳动要素就必须减少 w/r 单位的资本要素,即等成本线的斜率等于两种生产要素价格之比。比如,工资率 w 为10美元,利率 r 为5美元,生产者每增加1单位劳动要素就要花费10美元的成本,为了保持总成本不变,生产者必须减少2($=w/r=10/5$)个单位资本要素。

2. 等成本线的移动

我们在介绍等成本线的概念时,假定劳动要素 w、资本要素的价格 r 和生产成本 C 为常数,现在我们放开这种假设,分析一下当 w、r 和 C 发生变化时,等成本线如何移动?

1)当成本变动而价格不变时,等成本线向左下方或右上方平行移动。

2)当一种生产要素的价格变动而另一种生产要素的价格不变时,比如劳动要素的价格下降,等成本线将围绕纵向截距逆时针旋转;反之,则顺时针旋转。

3)当两种生产要素的价格同时变动相同倍数时,比如,劳动要素和资本要素的价格都下降一半，等成本线将向右上方平行移动；反之，将向左下方平行移动。

4）当两种生产要素的价格变动的倍数不同时，等成本线将围绕某一组合点旋转。

4.1.5 生产要素的最优组合

在长期内，所有的要素包括劳动要素和资本要素，都是可变的，因此，在长期内，生产者面临这样一个问题：如何选择要素组合使生产者能以最小的成本生产出既定的产量，或者用既定的成本生产出最大的产量。这也就是本部分要研究的生产要素的最优组合问题。

1. 成本既定产量最大的要素组合

假定在一定的技术条件下厂商用两种可变生产要素——劳动和资本生产一种产品，且劳动的价格 w 和资本的价格 r 已知，厂商用于购买这两种要素的全部成本 C 是既定的。如果企业要以既定的成本获得最大的产量，那么，它应该如何选择最优的劳动投入量和资本投入量的组合呢？

把厂商的等产量线和相应的等成本线画在同一个平面坐标系中，就可以确定厂商在既定成本条件下实现最大产量的最优要素组合点，即生产的均衡点。

在图4-7中，有一条等成本线 AB 和三条等产量线 Q_1、Q_2、Q_3。等成本线 AB 的位置和斜率取决于既定的成本量 C 和既定的两要素的价格比例 $-\dfrac{w}{r}$。由图4-7可见，唯一的等成本线 AB 与其中一条等产量线 Q_2 相切于 E 点，该点就是生产的均衡点。它表示：在既定成本条件下，厂商应该按照 E 点的生产要素组合进行生产，即劳动投入量和资本投入量分别为 L_1 和 K_1，这样厂商就会获得最大的产量。

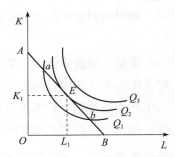

图4-7 成本既定产量最大的要素组合

为什么 E 点就是最优的生产要素的组合呢？这需要分析代表既定成本的唯一等成本线 AB 与三条等产量线 Q_1、Q_2、Q_3 之间的关系。先看等产量线 Q_3，等产量线 Q_3 代表的产量虽然高于等产量线 Q_2，但唯一的等成本线 AB 与 Q_3 线既无交点又无切点，这表明等产量线 Q_3 所代表的产量是企业在既定成本条件下无法实现的产量。因为厂商利用既定成本只能购买到位于等成本线 AB 上或者位于等成本线 AB 内区域的要素组合。再看等产量线 Q_1，等产量线 Q_1 虽然与唯一的等成本线 AB 相交于 a、b 两点，但等产量线 Q_1 所代表的产量是比较低的。因为此时厂商在不增加成本的情况下，只需由 a 点出发向右或由 b 点出发向左沿着等成本线 AB 改变要素组合，就可以增加产量。所以，只有唯一的等成本线 AB 和等产量线 Q_2 的相切点 E，才是实现既定成本条件下最大产量的要素组合。任何更高的产量在既定成本条件下都是无法实现的，任何更低的产量都是低效率的。

我们再进一步具体地分析等成本线 AB 和等产量线 Q_1 的两个交点 a 点和 b 点。

如果厂商开始时在 a 点生产,由图 4-7 可见,在 a 点,等产量线斜率的绝对值大于等成本线斜率的绝对值。我们已经知道,等产量线上某一点的斜率的绝对值等于该点上的两要素的边际技术替代率,等成本线的斜率的绝对值等于两要素的价格之比,所以,在 a 点两要素的边际技术替代率大于两要素的价格之比,即有 $MRTS_{LK} > \frac{w}{r}$。譬如说,在 a 点,$MRTS_{LK} = -\frac{dK}{dL} = \frac{4}{1} > \frac{1}{1} = \frac{w}{r}$。这时,由不等式右边的 $\frac{w}{r} = \frac{1}{1}$ 可知,在生产要素市场上,厂商在不改变总成本的情况下,减少 1 个单位的资本购买就可以增加 1 个单位的劳动购买,而由不等式左边的 $MRTS_{LK} = -\frac{dK}{dL} = \frac{4}{1}$ 可知,在生产过程中,厂商在减少 1 个单位的资本投入量时,只需要增加 0.25 个单位的劳动投入量,就可以维持原有的产量水平。结果,整个不等式告诉我们,厂商因为在生产中多得到 0.75 个单位的劳动投入量而使总产量增加,所以只要 $MRTS_{LK} > \frac{w}{r}$,厂商就会在不改变总成本的条件下不断地用劳动去替代资本,表现在图中就是厂商的生产会沿着等成本线 AB 由 a 点不断向 E 点靠近。

如果厂商开始时在 b 点进行生产,由图 4-7 可见,在 b 点,等产量线的斜率的绝对值小于等成本线的斜率的绝对值,这表示在 b 点的两要素的边际技术替代率小于两要素的价格之比,即有 $MRTS_{LK} < \frac{w}{r}$,譬如说,在 b 点,$MRTS_{LK} = -\frac{dK}{dL} = \frac{1}{4} < \frac{1}{1} = \frac{w}{r}$。与上面的厂商在 a 点时的做法相反,此时,厂商会在不改变总成本的情况下,在生产要素市场上,以少购买 1 个单位劳动的成本支出多购买 1 个单位的资本(因为 $\frac{w}{r} = \frac{1}{1}$)。而在生产过程中,厂商在减少 1 个单位的劳动投入量时,只需增加 0.25 个单位的资本投入量,就可以维持原有的产量水平(因为 $MRTS_{LK} = -\frac{dK}{dL} = \frac{1}{4}$)。整个不等式告诉我们,厂商因为在生产中多得到 0.75 个单位的资本投入量而使总产量增加。所以,只要 $MRTS_{LK} < \frac{w}{r}$,厂商就会在不改变总成本的条件下不断地用资本去替代劳动,表现在图中就是厂商的生产会沿着等成本线 AB 由 b 点不断向 E 点靠近。

综上所述,由于边际技术替代率反映了两要素在生产中的替代比率,要素的价格比例反映了两要素在购买中的替代比率,所以,只要两者不相等,厂商总可以在总成本不变的条件下通过对要素组合的重新选择,使总产量得到增加。只有在两要素的边际技术替代率和两要素的价格比例相等时,生产者才能实现生产的均衡,在图中则是唯一的等成本线 AB 和等产量线 Q_2 的相切点 E 才是厂商的生产均衡点。于是,在生产均衡点 E 点有:

$$MRTS_{LK} = \frac{w}{r} \tag{4-11}$$

式(4-11)表示:为了实现既定成本条件下的最大产量,厂商必须选择最优的生产要素组合,使得两要素的边际技术替代率等于两要素的价格比例。这就是两种生产要素的最优组合的原则。

因为边际技术替代率可以表示为两要素的边际产量之比，所以，式（4-11）可以写为：

$$MRTS_{LK} = \frac{MP_L}{MP_K} = \frac{w}{r} \tag{4-12}$$

进一步，可以有：

$$\frac{MP_L}{w} = \frac{MP_K}{r} \tag{4-13}$$

式（4-13）表示：厂商可以通过对两要素投入量的不断调整，使得最后一单位的成本支出无论用来购买哪一种生产要素所获得的边际产量都相等，从而实现既定成本条件下的最大产量。

2. 产量既定成本最小的要素组合

和生产者在既定成本条件下会追求实现最大产量一样，生产者在既定的产量条件下也会力求实现最小的成本。我们用图 4-8 进行分析。

如图 4-8 所示，假定生产者有三条等成本线 C_1、C_2、C_3，等成本线 C_1 代表了比等成本线 C_2 更低的成本，等成本线 C_2 代表了比等成本线 C_3 更低的成本，生产者要生产的产量为既定产量 Q_2。当沿着等产量线移动时，我们能够找到处于最低的等成本线 C_2 上的 A 点，只有该点才是生产者生产 Q_2 产量耗费成本最小的点。因为等成本线 C_1 上的要素组合的成本虽然比 A 点的要素组合的成本低，但是达不到生产者想要的产量 Q_2；在等成本线 C_3 上的要素组合点 B，虽然可以生产出想要

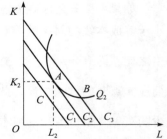

图 4-8　产量既定成本最小的要素组合

达到的产量 Q_2，但成本又比 A 点的要素组合高，因此，等成本线 C_2 与既定等产量线 Q_2 的切点 A 是使生产者的生产成本最小化的要素组合点。

因为 A 点是等产量线 Q_2 与等成本线 C_2 的切点，因此，在这一点上等产量线 Q_2 的斜率与等成本线 C_2 的斜率相等。根据前面所学的内容，等产量线斜率的绝对值等于等产量线在该点的边际技术替代率 $MRTS_{LK}$，而等成本线的斜率的绝对值为劳动要素和资本要素的价格之比：w/r。因此，要使生产者获得成本最小化的生产要素组合必然满足：$MRTS_{LK} = w/r$，即劳动要素对资本要素的边际技术替代率等于劳动要素与资本要素的价格之比。

而劳动要素对资本要素的边际技术替代率又等于劳动要素的边际产量与资本要素的边际产量之比，即 $MRTS_{LK} = MP_L/MP_K$。

因此，要使生产者获得成本最小化的生产要素组合必然满足：

$$MRTS_{LK} = MP_L/MP_K = w/r \quad 或者 \quad MP_L/w = MP_K/r \tag{4-14}$$

结论：当满足以下条件之一时，生产者将达到生产成本最小化：

第一,两种生产要素的边际产量之比等于两种生产要素的价格之比;

第二,每一种生产要素的边际产量与其价格之比都相等,也就是说,生产者要实现最优组合,就必须使投在劳动要素上的最后一单位成本支出的边际产量正好等于投在资本要素上的最后一单位成本支出所带来的边际产量。因为如果不一样,比如 $MP_L/w < MP_K/r$,说明投入 1 元钱资本要素的边际产量大于投入 1 元钱劳动要素的边际产量,生产者就会增加资本要素的投入,减少劳动要素的投入,直到二者相等;反之,如果 $MP_L/w > MP_K/r$,说明投入 1 元资本要素的边际产量小于投入 1 元钱劳动要素的边际产量,生产者就会减少资本要素的投入,增加劳动要素的投入,直到二者相等,因此,只有当 $MP_L/w = MP_K/r$ 时,生产者才能达到生产要素组合最优化。

3. 厂商追求利润最大化可以得到最优的生产要素组合

厂商生产的目的是追求最大的利润。在完全竞争条件下,对厂商来说,商品的价格和生产要素的价格都是既定的,厂商可以通过对生产要素投入量的不断调整来实现最大的利润。厂商在追求最大利润的过程中,可以得到最优的生产要素组合。这一点可以用数学方法证明如下。

假定:在完全竞争条件下,企业的生产函数为 $Q = f(L, K)$,既定的商品的价格为 P,既定的劳动的价格和资本的价格分别为 w 和 r,π 表示利润。由于厂商的利润等于总收益减去总成本,于是,厂商的利润函数为:

$$\pi(L, K) = P \cdot f(L, K) - (wL + rK) \quad (4-15)$$

式中,$P \cdot f(L, K)$ 表示总收益,$(wL + rK)$ 表示总成本。

利润最大化的一阶条件为:

$$\frac{\partial \pi}{\partial L} = P \frac{\partial f}{\partial L} - w = 0 \quad (4-16)$$

$$\frac{\partial \pi}{\partial K} = P \frac{\partial f}{\partial K} - r = 0 \quad (4-17)$$

根据以上两式,可以整理得到:

$$\frac{\frac{\partial f}{\partial L}}{\frac{\partial f}{\partial K}} = \frac{MP_L}{MP_K} = \frac{w}{r} \quad (4-18)$$

上式与前面的最优生产要素组合的条件是相同的。这说明:追求利润最大化的厂商是可以得到最优的生产要素组合的。

4. 生产扩展线

在其他条件不变时,当生产的产量或成本发生变化时,企业会重新选择最优的生产要素组合,在变化了的产量条件下实现最小的成本,或者在变化了的成本条件下实现最大产量。生产扩展线涉及的就是这方面的问题。

我们前面分析生产者实现生产成本最小化的过程中，假定产量不变，但事实上，从长期来看，生产者的产量是在不断增加的。现在假定劳动要素和资本要素的价格不变，生产者的产量增加，生产者如何实现生产成本最小化？如图 4-9 所示，如果生产者的产量由 Q_1 增加到 Q_2，再增加到 Q_3，等产量线由 Q_1 向右上方移动到 Q_2，再移动到 Q_3，当产量为 Q_1 时，等成本线 C_1 与等产量线 Q_1 的切点为 E_1；当产量为 Q_2 时，等成本线 C_2 与等产量线 Q_2 的切点为 E_2；当产量为 Q_3 时，等成本线 C_3 与等产量线 Q_3 的切点为 E_3。因此，E_1、E_2、E_3 分别为产量为 Q_1、Q_2、Q_3 时的最优生产要素组合点。我们把 E_1、E_2、E_3 三个最优要素组合点用平滑的曲线连接起来，就得到一条右上方倾斜的曲线，我们称之为生产扩展线。生产扩展线表示在生产要素的价格不变的情况下，不同产量所对应的生产成本最小化的组合点的轨迹。

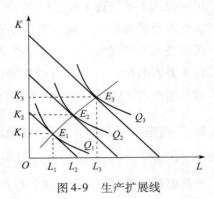

图 4-9 生产扩展线

4.1.6 规模报酬

规模报酬分析的是企业生产规模变化与所引起的产量变化之间的关系。企业只有在长期内才能变动全部生产要素，进而改变生产规模，因此，企业的规模报酬分析属于长期生产理论范畴。

1. 规模报酬问题的提出

由于在长期生产中，所有生产要素都可以改变，因此生产者将面临这样一个问题：当所有的生产要素都按照同一比例变动时，产量会如何变化，即规模报酬问题。

2. 规模报酬的种类

如果所有的生产要素都按照同一比例变动，则产量的变动存在三种可能性：如果所有的生产要素都增加 1 倍，产量的增加超过 1 倍，称为规模报酬递增；如果所有的生产要素都增加 1 倍，产量也增加 1 倍，称为规模报酬不变；如果所有的生产要素都增加 1 倍，产量的增加少于 1 倍，称为规模报酬递减。

上述三种规模报酬可以用数学公式来定义。假设只有两种生产要素——劳动要素和资本要素，生产函数为 $Q = F(K, L)$，λ 为大于零的任意常数，如果 $F(\lambda K, \lambda L) > \lambda F(K, L)$，则称为规模报酬递增；如果 $F(\lambda K, \lambda L) = \lambda F(K, L)$，则称为规模报酬不变；如果 $F(\lambda K, \lambda L) < \lambda F(K, L)$，则称为规模报酬递减。

我们还可以用等产量线来表示规模报酬的三种情况。如图 4-10 所示，在通过原点的斜线 OR 上，劳动要

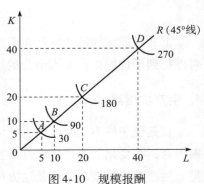

图 4-10 规模报酬

素和资本要素的投入比例是 1∶1，即劳动要素投入 1 个单位，资本要素也投入 1 个单位，从 A 点到 B 点，劳动要素和资本要素都增加了 1 倍，产出却增加了 2 倍，因此规模报酬是递增的；从 B 点到 C 点，劳动要素和资本要素都增加了 1 倍，产出也增加了 1 倍，因此规模报酬是不变的；从 C 点到 D 点，劳动要素和资本要素都增加了 1 倍，产出却只增加了 1/2，因此规模报酬是递减的。

3. 规模报酬产生的原因

为什么会出现递增、不变和递减的规模报酬呢？原因可能是多方面的：适度的劳动专业化分工可以导致规模报酬的递增，但过细的劳动专业化分工可能会使工人因为产生厌烦情绪，失去创造性思维而降低劳动生产率，导致规模报酬的递减；几何尺度因素，比如把输油管道的周长增加 1 倍，成本增加了 1 倍，但截面面积的增加超过了 1 倍，运输成本可能会降低，从而产生规模报酬的递增，但直径如果过大，铺设成本就会增加，可能会导致规模报酬的递减。

生产者并不是始终处于一种规模报酬状况，一般来讲，生产者在规模扩张的开始阶段规模报酬是递增的，然后规模再扩张就会经历规模报酬不变，最后达到规模报酬递减。因为在规模扩张的最初阶段，生产者可以较充分地使用小生产者所无法使用的先进技术和机器设备等，企业内部的分工也比较合理和专业化，从而规模报酬是递增的；但当生产者的规模扩大到一定程度后，生产者内部的分工，或者由于过细而降低了工人的劳动生产率，或者由于各级之间沟通和交流困难而遭到破坏，导致各个生产部门协调失灵，从而进入规模报酬递减阶段。

4. 科布 – 道格拉斯生产函数

假设生产者在生产过程中只投入两种生产要素——劳动要素 L 和资本要素 K，科布 – 道格拉斯生产函数的表达式为：

$$Q = F(K,L) = AK^{\alpha}L^{\beta} \tag{4-19}$$

式中，A 为自身增长因素，用以反映技术变动状况，A 越大，既定的劳动和资本要素投入量所生产的产量就越大，从而技术水平就越高。K 为资本要素投入量，L 为劳动要素投入量，Q 为总产量，α 为资本要素 K 对总产量 Q 的弹性系数，β 为劳动要素 L 对总产量 Q 的弹性系数。

为什么 α、β 表示弹性系数？对科布 – 道格拉斯生产函数的两边求对数，得到：

$$\ln Q = \ln A + \alpha \ln K + \beta \ln L \tag{4-20}$$

对式（4-20）以 $\ln K$ 为自变量求导得：

$$\alpha = \frac{d\ln Q}{d\ln K} = \frac{dQ/Q}{dK/K} \tag{4-21}$$

由此可见，α 为资本要素 K 对总产出 Q 的弹性系数。

同理，对式（4-20）两边以 $\ln L$ 为自变量求导得：

$$\beta = \frac{\mathrm{d}\ln Q}{\mathrm{d}\ln L} = \frac{\mathrm{d}Q/Q}{\mathrm{d}L/L} \tag{4-22}$$

由此可见，β 为劳动要素 L 对总产出 Q 的弹性系数。

在科布－道格拉斯生产函数中，如果资本要素 K 与劳动要素 L 同时增加 λ（$\lambda>0$）倍，则总产出变为：

$$F(\lambda K,\lambda L) = A(\lambda K)^{\alpha}(\lambda L)^{\beta} = A\lambda^{(\alpha+\beta)}K^{\alpha}L^{\beta} = \lambda^{(\alpha+\beta)}Q = \lambda^{(\alpha+\beta)} \cdot F(K,L) \tag{4-23}$$

如果 $\alpha+\beta>1$，则科布－道格拉斯生产函数是规模报酬递增的生产函数；如果 $\alpha+\beta=1$，则科布－道格拉斯生产函数是规模报酬不变的生产函数；如果 $\alpha+\beta<1$，则科布－道格拉斯生产函数是规模报酬递减的生产函数。

4.2 成本理论

4.2.1 生产成本的概念和类型

1. 生产成本的概念

所谓生产成本，又称经济成本，是指在一定时期生产者为生产一定数量的产品所付出的代价，一般用大写字母 C 表示。那么，生产者的生产成本包括哪些项目呢？让我们先考虑一个例子：假定某人靠开一家小杂货店为生，店面每月租金为 1 000 元，进货成本为每月 3 000 元，每月销售额为 5 000 元，如果此人不开店而去某公司打工每月可获 800 元，试问：该杂货店每月的生产成本应为多少？在回答这个问题之前，我们应该先了解一下生产成本的类型。

2. 生产成本的类型

从经济学研究的角度分析，成本是指机会成本。由本书第 1 章的内容可知，经济资源总是稀缺的，而每种经济资源的用途又具有多样性，这样，我们将某种稀缺资源用于某用途时必然要放弃该资源的其他用途，该资源的其他用途所能带来的最高收益就是我们将资源用于该用途的机会成本。之所以称之为机会成本，可以理解为将资源用于某用途就必然放弃该资源用于其他用途的机会，放弃的那些机会所带来的成本为机会成本。显然，机会成本并不是实际发生的费用，而是一种看不见的代价和损失。机会成本又可分为显性成本和隐性成本。

（1）显性成本和隐性成本。显性成本（explicit cost）是指厂商为购买各种生产要素而支付的费用。这些费用都由专门的会计人员登记在账目上，因此显性成本又称为会计成本（accounting cost），它是财务会计人员最为重视的成本。

隐性成本（implicit cost）是指厂商自己拥有的生产要素的机会成本。因为这些生产要素是厂商自己的，所以用不着以货币的形式进行支付，也就不表现在财务账目上。如果我们假设厂商就是企业家，则正常利润也为隐性成本。上例中经营小杂货店的店主自己经营店铺的隐性成本就是他放弃别处工作所获得的收入，即每月 800 元，应属于杂货店的隐性成本。

生产成本就是显性成本和隐性成本的总和。这时候我们就可以回答一开始提出的问题：该杂货店每月的生产成本是显性成本（1 000 + 3 000）加上隐性成本（800），等于 4 800 元。那么该杂货店的经济利润是多少呢？经济利润等于收入减去经济成本（即生产成本），即 5 000 – 4 800 = 200（元）。该杂货店的会计利润是多少呢？会计利润应等于收入减去会计成本或显性成本，即 5 000 – 4 000 = 1 000（元）。

显然，厂商在进行经济决策时，必须同时考虑显性成本和隐性成本。

（2）**社会成本与私人成本**。社会成本是指对整个社会来说所发生的成本，它反映了社会可获得的资源的最好替代用途。私人成本是指对生产者来说所发生的成本，它反映了生产者可以得到的资源的最好替换用途。

私人成本通常是按照企业所使用的资源的市场价格来计算的。如果资源的市场价格准确地反映了资源的最好替换用途所体现出来的对社会的价值，私人成本和社会成本就是一致的。然而，并不是所有的资源都有市场价格，资源的市场价格也并不总是能够准确反映该社会资源的社会价值，这样，生产一种商品的私人成本就常常与它的社会成本不一致。例如，一个钢厂可能会向附近的河流排放废水，对于工厂来说，排放废水的成本仅仅是把废水从工厂输送到河流里所发生的费用，然而，河流被污染后，它供人们生活的用途就被破坏了。这样，对其他人、对社会就发生了额外的成本，此时的私人成本与社会成本就是不一致的。

由于私人成本与社会成本常常不一致，这就要求通过公共政策措施来补救。在本书后面的章节中我们将对这个问题进行深入探讨。

4.2.2 短期成本

1. 短期成本的概念

短期成本研究厂商短期生产时的成本。由于厂商短期生产时，某些生产要素是固定不变的，某些要素投入是可变的。与此相对应，厂商在短期生产时的成本也就由固定成本和可变成本组成。所谓固定成本是指不随生产者产量的变动而变动的成本，主要包括购置机器设备和厂房的费用、资金（包括自有资金和借入资金）的利息、生产者的各种保险费用等；所谓可变成本是指随着生产者产量的变动而变动的成本，主要包括工人的工资、原材料成本、日常运营费用等。

假定生产者在生产过程中只投入两种生产要素——劳动要素和资本要素，并假定在短期内劳动要素是可变要素，资本要素是固定要素，则生产者生产既定数量的产出所花费的总成本（TC）由固定成本（FC）和可变成本（VC）组成，即

$$TC = FC + VC \tag{4-24}$$

与总成本、固定成本和可变成本相对应，有平均成本、平均固定成本和平均可变成

本。所谓平均成本（AC）是指单位产量所耗费的总成本，即

$$AC = TC/Q \tag{4-25}$$

所谓平均固定成本（AFC）是指单位产量分摊的固定成本，即

$$AFC = FC/Q \tag{4-26}$$

所谓平均可变成本（AVC）是指单位产量所耗费的可变成本，即

$$AVC = VC/Q \tag{4-27}$$

平均成本等于平均固定成本和平均可变成本之和，即

$$AC = AFC + AVC \tag{4-28}$$

短期成本还要研究的一个重要的成本为边际成本（MC），所谓边际成本是指增加单位产量所增加的总成本或可变成本（因为固定成本不随产量的变化而变化，所以总成本的变化就等于可变成本的变化）。用公式表示就是：

$$MC = \Delta TC/\Delta Q \quad 或 \quad MC = \Delta VC/\Delta Q \tag{4-29}$$

有了这些成本概念，为更深入理解这些成本概念及其相互关系，我们通过实例来分析。表4-3给出了某厂商在不同产量水平下的短期成本数据。

表4-3 某生产者的短期成本

产量 (Q)	固定成本 (FC)	可变成本 (VC)	总成本 (TC)	边际成本 (MC)	平均固定成本 (AFC)	平均可变成本 (AVC)	平均总成本 (AC)
0	50	0	50	—	—	—	—
1	50	50	100	50	50	50	100
2	50	78	128	28	25	39	64
3	50	98	148	20	16.7	32.7	49.3
4	50	112	162	14	12.5	28	40.5
5	50	130	180	18	10	26	36
6	50	150	200	20	8.3	25	33.3
7	50	175	225	25	7.1	25	32.1
8	50	204	254	29	6.3	25.5	31.8
8.3	50	238.8	288.8	34.8	6.0	28.8	34.8
9	50	242	292	38	5.6	26.9	32.4
10	50	300	350	58	5	30	35

我们对表4-3先做一概括分析。可以看出，随着产量的增加，固定成本保持不变；可变成本逐渐增加；总成本和可变成本同步增加；边际成本，即增加单位产量所增加的总成本或可变成本，在产量由2增加到3时，边际成本为20，因为该生产者的可变成本由78增加到98，总成本也由128增加到148，都增加了20；平均固定成本，即固定成本除以相应的产量，在产量为4时，平均固定成本就等于固定成本50除以产量4，为50/4 = 12.5，由于固定成本始终不变，产量却在不断增加，因此，平均固定成本随着产量的增加而递减；平均可变成本，即可变成本除以相应的产量，在产量为5时，平均可变成本就等于可变成本130除以产量5，为130/5 = 26；平均成本即总成本除以相应的产量，在产量为5时，平均成本就等于总成本180除以产量5，为180/5 = 36。

2. 短期成本曲线

我们把表 4-3 的数据画在以成本为纵坐标、以产量为横坐标的坐标系中，可以得到一系列短期成本曲线，如图 4-11 所示。图 4-11 上半部分给出了固定成本曲线 FC、可变成本曲线 VC 和总成本曲线 TC。由于固定成本 FC 不随产量的变化而变化，因此，固定成本曲线 FC 为处于 50 处的一条水平线；可变成本曲线 VC 在产量为 0 的时候为 0，随着产量的增加先以递减速率上升至 H 点，然后以递增速率上升，即先凹后凸的曲线；总成本曲线 TC 由固定成本曲线 FC 和可变成本曲线 VC 叠加而成，在产量为 0 的时候为 50，然后随产量的增加而增加，其形状类似于可变成本曲线 VC，由于固定成本为 50，所以总成本曲线 TC 与可变成本曲线 VC 之间的垂直距离始终为 50。

图 4-11 下半部分给出了边际成本曲线 MC、平均固定成本曲线 AFC、平均可变成本曲线 AVC 和平均成本曲线 AC。由于固定成本不随产量的变化而变化，因此，随着产量的增加，平均固定成本曲线 AFC 表现为由最大值 50 开始不断降低；边际成本曲线 MC、平均可变成本曲线 AVC 和平均成本曲线 AC 都是先下降后上升。

现在我们来分析这几条曲线之间的关系。

第一，边际成本曲线 MC 和平均可变成本曲线 AVC 的关系如下：当边际成本低于平均可变成本时，平均可变成本曲线下降；当边际成本高于平均可变成本时，平均可变成本曲线上升；当边际成本等于平均可变成本时，平均可变成本曲线达到极小值。例如在表 4-3 中，当 $Q=3$ 时，边际成本为 20，边际成本小于平均可变成本（此时平均可变成

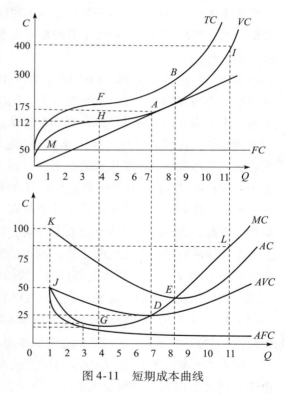

图 4-11　短期成本曲线

本为 32.7），平均可变成本曲线 AVC 下降；当 $Q=8$ 时，边际成本为 29，边际成本大于平均可变成本（此时平均可变成本为 25.5），平均可变成本曲线 AVC 上升；当 $Q=2$ 时，边际成本为 25，边际成本等于平均可变成本（此时平均可变成本也为 25）。

第二，边际成本曲线 MC 和平均成本曲线 AC 也有类似的关系：当边际成本低于平均成本时，平均成本曲线下降；当边际成本高于平均成本时，平均成本曲线上升；当边际成本等于平均成本，平均成本曲线达到极小值。例如在表 4-3 中，当 $Q=8$ 时，边际成本为 29 时，边际成本小于平均成本（此时平均成本为 31.8），平均成本曲线 AC 下降；当 $Q=9$ 时，边际成本为 38 时，边际成本大于平均成本（此时平均成本为 32.4），平均成本曲线

AC 上升；当 $Q=8.3$ 时，边际成本为 34.8，边际成本等于平均成本（此时平均成本也为 34.8）。

第三，平均成本曲线 AC 与平均可变成本曲线 AVC 之间的关系：由于平均成本等于平均可变成本与平均固定成本之和，而且平均固定成本曲线是一条逐渐下降的曲线，因此随着产量的增加，平均成本曲线 AC 与平均可变成本曲线 AVC 之间的距离不断减小；而且平均成本曲线 AC 与边际曲线 MC 的交点始终位于平均可变成本曲线 AVC 与边际成本曲线 MC 的交点的右上方，即平均成本曲线最低点的产量总是大于平均可变成本曲线最低点的产量，如图 4-11 下半部分所示，这是因为：由于平均成本等于平均可变成本加上平均固定成本，当平均可变成本到达最低点后开始上升，但最初上升的幅度要小于平均固定成本曲线下降的幅度，因此，平均成本曲线仍然在下降；在到达平均成本曲线的最低点时，平均可变成本曲线上升的幅度与平均固定成本曲线下降的幅度正好相等；超过平均成本曲线的最低点后，平均可变成本曲线上升的幅度大于平均固定成本曲线下降的速度，平均成本曲线开始上升。

第四，总成本曲线 TC 与平均成本曲线 AC 和边际成本曲线 MC 之间的关系：由于平均成本等于总成本除以产量，即 $ATC = TC/Q$，所以总成本曲线上每一点与原点的连线的斜率就等于平均成本，也就是说，总成本曲线上的各点与原点连线的斜率的变化反映了平均成本的变化。我们来看图 4-11 上半部分，总成本曲线从 M 点到 B 点之间弧线上的各点与原点之间的连线的斜率是递减的，正好与图 4-11 下半部分中相应部分的平均成本不断减少相对应；B 点以后的弧线上各点与原点之间的连线的斜率是递增的，正好与图 4-11 下半部分中相应部分的平均成本不断上升相对应。由于边际成本就是增加单位产量所增加的总成本，因此，边际成本就等于总成本曲线上对应点的切线的斜率，也就是说，总成本曲线上各点切线的斜率的变化反映了边际成本的变化。我们再来看图 4-11 上半部分，总成本曲线从 M 点到 F 点之间弧线上各点的切线的斜率是递减的，正好与图 4-11 下半部分中相应部分的边际成本不断下降相对应；F 点以后的弧线上各点的切线的斜率是递增的，正好与图 4-11 下半部分中相应部分的边际成本不断上升相对应；F 点是总成本曲线的拐点，正好与图 4-11 下半部分中对应点的边际成本最小值相对应。

第五，可变成本曲线 VC 与平均可变成本曲线 AVC 和边际成本曲线 MC 之间的关系。由于平均可变成本等于可变成本除以产量，即 $AVC = VC/Q$，所以可变成本曲线上每一点与原点的连线的斜率就等于平均可变成本，也就是说，可变成本曲线上各点与原点连线的斜率的变化反映了平均可变成本的变化。我们来看图 4-11 上半部分，可变成本曲线从原点到 A 点之间弧线上各点到原点之间连线的斜率是递减的，正好与图 4-11 下半部分中相应部分的平均可变成本不断减少相对应；A 点以后的弧线上各点与原点之间的连线的斜率是递增的，正好与图 4-11 下半部分中相应部分的平均可变成本不断上升相对应。由于边际成本就是增加单位产量所增加的可变成本，因此，边际成本就等于可变成本曲线上对应点的切线的斜率，也就是说，可变成本曲线上各点切线的斜率的变化反映了边际成本的变化。我们再来看图 4-11 上半部分，可变成本曲线从原点到 H 点之间弧线上各点的切线的斜率是递减的,正好与图 4-11 下半部分中相应部分的边际成本不断下降相对应;H 点以后弧线上各点的切线的斜率是递增的,正好与图 4-11 下半部分中相应部分的边际成本不断上升相对应;H 点是可变成本曲线凸凹的拐点,正好与图 4-11 下半部分中对应点的边际成本最小值相对应。

3. 短期产量与短期成本关系及短期成本曲线形状分析

实际上,对生产者而言,短期产出与短期成本是一组紧密联系的概念,它们互为表里,是对同一事物从不同(相反)角度观察的结果。因此,可以从函数角度考察短期产量曲线与短期成本曲线之间的关系。同时,也正因为二者紧密联系,它们的曲线的形状都是由边际报酬递减规律决定的。

(1) **边际成本与边际产量**。边际成本 MC 是指增加单位产量所增加的可变成本,这个可变成本的增加是由劳动要素的增加导致的,因为短期劳动要素是可变的,资本要素是固定的。现在假设增加单位劳动要素所增加的成本为 w,即劳动要素的价格是 w,则:

$$MC = \Delta VC/\Delta Q = (w\Delta L)/\Delta Q \tag{4-30}$$

劳动要素的边际产量是指增加单位劳动要素所增加的产量,即 $MP_L = \Delta Q/\Delta L$,因此:

$$MC = w/MP_L \tag{4-31}$$

即在短期内,边际成本等于劳动要素的价格除以劳动要素的边际产量。例如,假定劳动要素的边际产量是 3,劳动要素的价格为每小时 30 元,根据边际产量的定义,增加 1 小时的劳动能增加 3 个单位的产量,因此,增加 1 个单位的产量需增加 1/3 小时的劳动,即 10 元,也就是说边际成本等于 10 元,正好等于劳动要素的价格 30 元除以劳动要素的边际产量 3。

【结论】 在价格(工资率)不变的情况下,较高的边际产量意味着较低的劳动需求和边际成本;较低的边际产量意味着较高的劳动需求和边际成本。

(2) **平均可变成本与平均产量**。平均可变成本等于可变成本除以产量,即 $AVC = VC/Q$,可变成本等于劳动要素的价格乘以劳动要素的投入量,即 $VC = wL$,所以 $AVC = wL/Q$。劳动要素的平均产量等于产量除以劳动要素的投入量,即 $AP_L = Q/L$。

因此,平均可变成本为:

$$AVC = w/AP_L \tag{4-32}$$

即在短期内,平均可变成本等于劳动要素的价格除以劳动要素的平均产量。假定劳动要素的平均产量是 5,劳动要素的价格为每小时 30 元,根据平均产量的定义,1 小时的劳动能增加 5 个单位的产量,因此,1 个单位的产量需消耗 1/5 小时的劳动,也就是说平均可变成本等于 6 元,正好等于劳动要素的价格 30 元除以劳动要素的平均产量 5。

【结论】 较高的平均产量意味着生产者为生产既定数量的产出需要投入较少的劳动要素,从而导致较低的平均可变成本;较低的平均产量意味着生产者为生产既定数量的产出需要投入较多的劳动要素,从而导致较高的平均可变成本。

(3) 短期成本曲线形状形成的根本原因。边际报酬递减规律是短期生产理论的一条基本规律,它决定了短期成本曲线的特征。

边际报酬递减规律是指在短期生产过程中,在其他条件不变的前提下,随着一种可变要素投入量的连续增加,它所带来的边际产量先是递增的,达到最大值后再递减。边际报酬递减规律决定了边际产量曲线和平均产量曲线都呈现先升后降的态势。根据短期成本与短期产量之间的反向变动关系可知,边际报酬递减规律也同时决定了边际成本曲线和平均成本曲线呈现先降后升的态势。这样,所有短期成本曲线的形状也就可以解释了。

4.2.3 长期成本

1. 长期成本的概念

在长期内,由于生产者的所有生产要素都是可变的,因此,生产者长期总成本不再分为固定成本与可变成本。所谓长期总成本(LTC)是指在长期中生产者生产既定数量的产出所花费的总成本;长期平均成本(LAC)是指单位产量所耗费的长期总成本,计算公式为:

$$LAC = LTC/Q \tag{4-33}$$

长期边际成本(LMC)是指增加单位产量所增加的长期总成本,计算公式为:

$$LMC = \Delta LTC/\Delta Q \tag{4-34}$$

2. 长期成本曲线

长期总成本曲线 LTC 可以从生产扩展线得到,如图 4-9 所示。我们知道,生产扩展线上的点表示生产者生产不同产量所投入的劳动要素和资本要素的最优组合,通过计算生产扩展线上各点的成本,就可以得到长期总成本曲线 LTC。如图 4-12 所示,图 4-12a 中生产扩展线上的点 E_1、E_2、E_3 分别代表产量为 Q_1、Q_2、Q_3 时的最优生产要素组合,在 E_1 点通过公式 $C_1 = wL_1 + rK_1$ 可以计算出产量为 Q_1 时的总成本 C_1,类似地可以计算出产量为

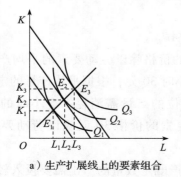
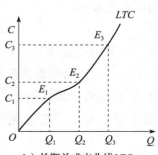

a)生产扩展线上的要素组合　　　　b)长期总成本曲线 LTC

图 4-12　长期成本曲线(一)

Q_2 和 Q_3 时的总成本 C_2 和 C_3，然后把 C_1、C_2 和 C_3 以及 Q_1、Q_2 和 Q_3 画在以成本 C 为纵坐标、以产量 Q 为横坐标的坐标系图 4-12b 中，就可以得到一条从原点出发并先凸后凹向右上方倾斜的曲线——长期总成本曲线 LTC，其形状类似短期总成本曲线 TC。

长期平均成本曲线 LAC 和长期边际成本曲线 LMC 的形状都是先下降后上升，即呈"U"状，如图 4-13 所示。长期平均成本曲线 LAC 的形状先下降后上升的原因是规模报酬问题：在产量比较低的时候，规模报酬递增，摊到单位产量上的长期平均成本就是递减的；随着产量的增加，出现规模报酬不变，此时长期平均成本也不变；当产量达到一定程度时，规模报酬出现递减，长期平均成本就开始上升。长期边际成本曲线 LMC 的形状也是先下降后上升。长期边际成本曲线 LMC 与长期平均成本曲线 LAC 交于 A 点。

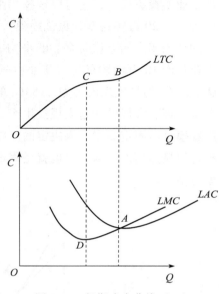

图 4-13　长期成本曲线（二）

关于长期总成本曲线 LTC 和长期平均成本曲线 LAC 以及长期边际成本曲线 LMC 之间的关系与短期成本相同，这里只把它们的关系列出来，原因请读者自己分析，在此不再详述。

第一，长期边际成本曲线 LMC 和长期平均成本曲线 LAC 之间的关系：当长期边际成本低于长期平均成本时，长期平均成本曲线就下降；当长期边际成本高于长期平均成本时，长期平均成本曲线上升；当长期平均成本达到极小值时，长期边际成本等于长期平均成本。

第二，长期总成本曲线 LTC 与长期平均成本曲线 LAC 和长期边际成本曲线 LMC 之间的关系：长期总成本曲线上每一点与原点的连线的斜率就等于长期平均成本。也就是说，长期总成本曲线上各点与原点连线的斜率的变化反映了长期平均成本的变化；长期边际成本就等于长期总成本曲线上对应点的切线的斜率，即长期总成本曲线上各点切线的斜率的变化反映了长期边际成本的变化。因为长期总成本曲线 LTC 呈先以递减速率上升后再以递增速率上升的态势，导致长期平均成本曲线 LAC 和长期边际成本曲线 LMC 呈先降后升态势。

3. 长期成本曲线与短期成本曲线的关系

长期成本曲线与短期成本曲线紧密联系，本部分研究二者之间的联系，并应用已经学习过的短期成本曲线推导出长期成本曲线。为便于区分，在短期成本概念前面冠之以"S"，如使用 STC 表示短期总成本；长期成本概念之前冠之以"L"，如长期总成本表示为 LTC。由于 LTC 和 STC 的相互关系与 LAC 和 SAC 的相互关系基本一致，本部分只给出 LAC 和 SAC 的关系分析，以及 LMC 和 SMC 的关系分析。

（1）*LAC* 和 *SAC* 关系分析。为分析短期平均成本曲线和长期平均成本曲线之间的关系，我们假设厂商最初有小、大和超大三个生产规模可以选择，分别用短期平均成本曲线

SAC_1、SAC_2 和 SAC_3 表示，如图 4-14 所示。对这三条短期平均成本曲线，首先要理解它们与三个生产规模的对应关系，为什么 SAC_1 对应小规模，SAC_2 对应大规模，SAC_3 对应超大规模？这是由最优生产规模决定的。对最优生产规模，我们举例解释。假设有一个汽车生产企业要投资设厂，它可以选择三个生产规模，即最优规模为年产 10 万辆轿车、最优规模为年产 20 万辆轿车和最优规模为年产 30 万辆轿车。这样，我们很容易理解，最优规模指的是当年产该产量时企业的平均成本最低。如最优规模为年产 10 万辆轿车，指的是当企业年产 10 万辆轿车时，其平均成本最低。这样，由图 4-14 可知，SAC_1 的最优规模为 Q_1，SAC_2 的最优规模为 Q_2，SAC_3 的最优规模为 Q_3，并且 $Q_1 < Q_2 < Q_3$，因此其分别对应着小规模、大规模和超大规模生产。并且，由最优生产规模例子我们还可以知道，最优生产规模是由固定要素投入决定的。如最优规模为年产 10 万辆轿车，这里的年产 10 万规模，很显然是由流水线，也就是固定要素投入决定的。因此，固定投入不变，最优生产规模也不变。

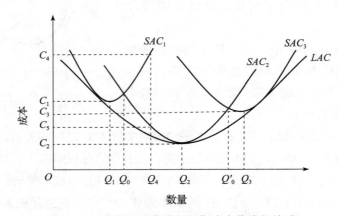

图 4-14　长期成本曲线与短期成本曲线的关系

对于这三条短期平均成本曲线，我们还需要了解它们的位置关系。为什么 SAC_2 的最低点的成本 C_2 要小于 SAC_1 和 SAC_3 最低点的成本 C_1 和 C_3。这是由规模报酬变动决定的，在长期生产理论中，我们知道，企业由小规模到大规模的发展，首先要经历规模报酬递增，再经历规模报酬不变，最后是规模报酬递减。由于企业的产出和成本反向变动，这样，随着企业规模扩大，当企业经历规模报酬递增时，企业的平均成本在降低；当企业经历规模报酬不变时，企业的平均成本不变；当企业经历规模报酬递减时，企业的平均成本递增。

在短期生产中，生产者无法调整固定要素投入的数量，从而无法选择生产规模。也就是说，在短期生产中，企业一旦选择了生产规模，生产任意产量都只能用该既定规模进行。假设生产者在投资设厂前预期市场未来对其产品的需求小于 Q_0，它就会选择 SAC_1 代表的小规模进行生产，这时生产成本是最低的。但是，一旦企业预期错误，投资设厂后发现市场对其产品的需求大于 Q_0，比如为 Q_4。此时，由图 4-14 可以看出，生产者选择大规模的 SAC_2 生产的成本为 C_5，远远小于选择小规模 SAC_1 生产的成本 C_4。但由于短期生产中企业无法改变生产规模，因此只能用 SAC_1 的较高成本进行生产。

如果现在考虑的是长期生产，则与短期不同。长期生产中，企业可以改变生产规模，如果市场对其产品的需求量小于 Q_0，企业可以选择小规模的 SAC_1 进行生产，使成本最小；如果大于 Q_0 但小于 Q'_0，企业可以选择大规模的 SAC_2 生产，使成本最小；如果市场对其产品的需求量大于 Q'_0，则企业会选择超大规模 SAC_3 生产，使成本最低。也就是说，在长期生产中，企业生产既定产量总是可以用最小的成本进行生产。在只有三种规模可以选择的图 4-14 中，长期平均成本曲线由 SAC_1、SAC_2 和 SAC_3 这三条短期平均成本曲线在各个产量水平上的最低部分组成。

由于在长期生产中，可供企业选择的生产规模很多，理论分析中，假设生产规模可以无限细分，从而可以有无数条 SAC 曲线。于是，长期的平均成本曲线便成为一条平滑的先降后升的曲线，如图 4-14 中 LAC 所示。显然，长期平均成本曲线是短期平均成本曲线的包络曲线。在这条包络曲线上，在每一个产量水平上都存在 LAC 曲线和一条 SAC 曲线的切点，该 SAC 曲线所代表的生产规模就是生产该产量的最优生产规模，该切点所对应的平均成本就是相应的最小平均成本。

此处，还需注意的是，短期平均成本曲线的最低点不一定在长期平均成本曲线上。在 LAC 曲线的下降段，LAC 曲线相切于所有 SAC 曲线最低点的左边；在 LAC 曲线的上升段，LAC 曲线相切于所有 SAC 曲线最低点的右边；只有在 LAC 曲线的最低点上，LAC 曲线才相切于相应的 SAC 曲线的最低点。

（2）**LMC 和 SMC 关系分析**。与 LAC 曲线和 SAC 曲线的包络关系相同，LTC 曲线也是 STC 曲线的包络曲线，但 LMC 和 SMC 之间没有包络关系。LMC 曲线与 SMC 曲线的关系推导如下。

由于 LTC 曲线是 STC 曲线的包络曲线，说明在每一个产量水平上，LTC 都与一条代表最优生产规模的 STC 相切，也就意味着这两条曲线的斜率相等。由于 LTC 曲线的斜率是相应的 LMC 值，STC 曲线的斜率是相应的 SMC 值，因此可知长期生产内的每一个产量水平上，LMC 都与代表最优生产规模的 SMC 相等。图形推导如图 4-15 所示。

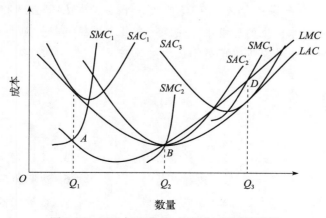

图 4-15　LAC 与 SMAC、LMC 与 SMC 关系图

在图4-15中，在每一个产量水平上，代表最优生产规模的SAC曲线都有一条相应的、经过其最低点的SMC曲线。在Q_1产量水平上，生产该产量的最优规模由成本曲线SAC_1和SMC_1表示，相应产量的短期边际成本由A点给出。由于在长期内的每一个产量水平上，LMC都与代表最优生产规模的SMC相等，这意味着A点同时也是LMC曲线上的一个点。同理，在Q_2产量水平上，可以得到LMC曲线上的B点；在Q_3产量水平上，可以得到LMC曲线上的D点。在生产规模可以无限细分的情况下，可以得到无数个类似于A、B、D的点，将这些点连接起来就可以得到一条平滑的长期边际成本曲线，即为LMC曲线。

本章小结

1. 生产者的选择取决于两方面的因素：一是生产技术状况；二是生产要素的成本。生产技术是生产者在进行生产过程中所具备的物质技术条件，而生产成本则是生产者从事这一活动所具备的社会经济条件。

2. 厂商的生产可以分为短期生产和长期生产。短期是指在生产中厂商至少有一种生产要素数量不可变更的时期；长期是指厂商所有生产要素数量都可以调整的时期。厂商短期生产最基本的规律为边际报酬递减规律，该规律决定了短期总产量曲线、短期平均产量曲线和短期边际产量曲线的形状。长期生产最主要的分析工具是等产量线和等成本线。在长期生产中，企业在等产量线与等成本线的切点处实现均衡。

3. 规模报酬属于长期生产的范畴。在企业由小到大的发展过程中，企业一般会先经历规模报酬递增，再经历规模报酬不变，最后经历规模报酬递减。

4. 在经济学中，生产成本的概念并不是简单的货币支出，而是做出一种选择而牺牲的其他选择，即为机会成本。机会成本是经济学分析成本的最基本思想。从机会成本角度考虑，厂商的成本为显性成本与隐性成本之和。

5. 短期成本曲线共有七条：总成本TC曲线、可变成本VC曲线、固定成本FC曲线、平均成本AC曲线、平均可变成本AVC曲线、平均固定成本AFC曲线和边际成本MC曲线。这些成本曲线的形状都是由边际报酬递减规律决定的。

6. 长期成本曲线有三条：总成本LTC曲线、平均成本LAC曲线和边际成本LMC曲线。在对这三条长期成本曲线的理解中，注意一个基本思想，即长期生产中企业可以改变生产规模，生产既定产量总是可以用最小成本来生产。

实训与实践

一、基本概念

1. 生产函数
2. 生产要素
3. 长期生产
4. 短期生产
5. 边际产量
6. 边际报酬递减规律
7. 等产量线
8. 等成本曲线
9. 边际技术替代率
10. 生产要素的最优组合
11. 生产扩展线
12. 显性成本

13. 隐性成本　　　　　　14. 固定成本　　　　　　15. 可变成本
16. 边际成本　　　　　　17. 规模报酬　　　　　　18. 规模经济

二、分析简答

1. 短期平均成本曲线和长期平均成本曲线都呈"U"形，请分别解释其原因。
2. 用图说明总产量、边际产量和平均产量之间的关系。
3. 说明边际收益递减规律。
4. 等产量线的特征是什么？它和无差异曲线有何本质的区别？
5. 用图说明边际成本和平均成本之间的关系。
6. 用图说明厂商在既定成本条件下是如何实现最大产量的最优要素组合的。
7. 用图说明厂商在既定产量条件下是如何实现最小成本的最优要素组合的。
8. 用图说明 SAC 和 LAC 之间的关系。
9. 为什么等产量线和等成本线的切点是生产要素的最优组合？

三、计算

1. 已知企业的生产函数为 $Q = F(L, K) = L \cdot K - 0.5L^3 - 0.32K^3$，$Q$ 表示产量，K 表示资本，L 表示劳动，令 $K = 10$。

    1) 试求劳动要素的平均产量函数（AP_L）和边际产量函数（MP_L）；
    2) 分别计算当总产量、平均产量和边际产量达到最大值时企业使用的劳动数量；
    3) 当平均产量达到最大时，平均产量和边际产量各为多少？

2. 若企业生产一定量的某种产品所需要的劳动 L 和资本 K 的数量可以采用表 4A-1 所示的 A、B、C、D 四种组合中的任何一种。

    表 4A-1　劳动 L 和资本 K 的四种组合

组合	劳动 L（单位）	资本 K（单位）
A	18	2
B	13	3
C	11	4
D	8	6

    1) 若 $P_L = 6$ 元，$P_K = 12$ 元，企业应该采用哪种生产方法可以使成本最小？
    2) 若 $P_L = 8$ 元，$P_K = 12$ 元，企业又应该采用哪种方法？

3. 已知企业的生产函数为 $Q = 2L^{0.5}K^{0.5}$。

    1) 证明该企业生产时的规模报酬是不变的；
    2) 验证边际报酬递减规律。

4. 假定某项生产的生产函数为 $Q = K \cdot L$。

    1) 试求劳动和资本的平均产量；
    2) 试求劳动和资本的边际产量。当 $K = 100$ 时，画出 AP_L 和 MP_L 曲线的简图，并分析它们有何特殊性。

3) 画出 $Q=10$ 的等产量线,试求当 $K=25$、$K=10$ 和 $K=4$ 时的边际技术替代率,并分析它是否递减。

5. 已知某企业的生产函数为 $Q=L^{\frac{2}{3}}K^{\frac{1}{3}}$,劳动的价格 $w=2$,资本的价格 $r=1$。
   1) 当成本 $C=3\,000$ 时,求企业实现最大产量时的 L、K 和 Q 的均衡值;
   2) 当产量 $Q=800$ 时,求企业实现最小成本时的 L、K 和 C 的均衡值。

6. 假定某企业的短期成本函数是 $TC(Q)=Q^3-5Q^2+15Q+66$。
   1) 指出该短期成本函数中的可变成本部分和不变成本部分;
   2) 写出 $TVC(Q)$、$AC(Q)$、$AVC(Q)$、$AFC(Q)$ 和 $MC(Q)$ 等函数。

7. 已知某企业的短期总成本函数是 $STC(Q)=0.04Q^3-0.8Q^2+10Q+5$,求最小的平均可变成本值。

8. 假定某厂商的边际成本函数是 $MC=3Q^2-30Q+100$,且生产 10 单位产量时的总成本为 $1\,000$。
   1) 求固定成本的值;
   2) 求总成本函数、总可变成本函数,以及平均成本函数、平均可变成本函数。

9. 已知生产函数为 $Q=A^{\frac{1}{4}}L^{\frac{1}{4}}K^{\frac{1}{2}}$;各要素的价格分别为 $P_A=1$,$P_L=1$,$P_K=2$;假定厂商处于短期生产,且 $\overline{K}=16$。
   推导:该厂商短期生产的总成本函数和平均成本函数,总可变成本函数和平均可变成本函数,边际成本函数。

10. 假定某厂商短期生产的边际成本函数为 $SMC(Q)=3Q^2-8Q+100$,且已知当产量 $Q=10$ 时的总成本 $STC=2\,400$,求相应的 STC 函数、SAC 函数和 AVC 函数。

四、案例分析

案例 4A-1 牛奶生产

美国农业部的资料显示,在一定的时间内,按表 4A-2 所示的草与粮食的组合喂养一头奶牛均可生产出 4 250 千克牛奶。

表 4A-2 草与粮食组合

草(千克)	粮食(千克)
2 500	3 077
2 750	2 727
3 000	2 446
3 250	2 211
3 500	2 014
3 750	1 847

1) 根据上面的数据,画出等产量曲线。
2) 计算等产量曲线上各点的边际技术替代率。
3) 讨论该等产量曲线的凸凹性。

4）如果每千克草的价格等于每千克粮食的价格，应否按 5 000 千克草和 6 154 千克粮食的组合喂养奶牛？

案例 4A-2 波音 747 的短期成本

1975 年，波音公司上报参议院的数据表明，使用波音 747 飞机飞行 1 200 英里[⊖]和 2 500 英里，分别载客 250 人、300 人和 350 人的每乘客英里成本（以美分计）如表 4A-3 所示。

表 4A-3 波音 747 每乘客英里成本　　　　　　　　　　　（单位：美分）

载客量（人）		250	300	350
航程（英里）	1 200	4.3	3.8	3.5
	2 500	3.4	3.0	2.7

1）当载客量在 250 人至 300 人之间，航程为 1 200 英里，那么每增加一名乘客的边际成本是多少？

2）当载客量为 300 人，航程在 1 200 英里与 2 500 英里之间时，每增加 1 英里飞行的边际成本是多少？

3）1975 年，2 500 英里航程的经济舱票价是 156.60 美元。如果一架波音 747 运载 300 名乘客进行这种飞行，其收入能抵补成本吗？

4）表 4A-3 能否用于 2000 年？为什么？

案例 4A-3 IBM 的长期成本

IBM 公司是世界上主要的计算机生产商。IBM 公司的内部备忘录显示，生产不同数量的双鱼座牌（370/168）计算机的长期总成本如图 4A-1 所示。

与产量相应的总成本函数为 $C = 28\ 303\ 800 + 460\ 900Q$，$C$ 为总成本（以美元计），Q 为产量。

1）如果整个市场对这种计算机的需求量为 1 000 台，并且所有计算机厂家有相同的长期总成本函数，那么，一个拥有 50% 市场份额的企业与一个拥有 20% 市场份额的企业相比，其成本优势有多大？

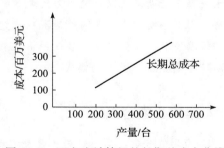

图 4A-1 双鱼座计算机的长期总成本曲线

2）生产这样一台计算机的长期边际成本是多少？边际成本取决于产量吗？

3）上面的数据是对成本的一种预测，但这些预测主要依据技术数据，而不是实际发生的成本。为什么 IBM 公司会做出这种预测？在这些预测中，什么因素会导致产生误差？

⊖ 1 英里 = 1.609 千米。

Chapter 5
第 5 章

厂商均衡理论

> 大部分人心目中那个简单的词"竞争"其实就是垄断竞争。几乎可以说,即使是在纯粹竞争情况下,买方和卖方也没有按照这个词的现行含义那样真正进行竞争。人们从来没有把"竞争"和巨大的市场联系在一起过,诸如"销价""亏本销售""不公平竞争""迎接竞争""保证市场"之类的词语,在纯粹竞争的市场上也是闻所未闻。
>
> ——爱德华·哈斯丁·张伯伦《垄断竞争理论》

张伯伦(1899—1967)出生在美国华盛顿,1920 年毕业于艾奥瓦大学,1924 年获哈佛大学硕士学位,1927 年获哈佛大学博士学位,1929 年起任哈佛大学副教授,1934 年以后一直任哈佛大学教授。张伯伦在学术上的主要贡献在于摈弃了长期以来以马歇尔为代表的新古典经济学把"完全竞争"作为普遍情况而把垄断看作个别例外情况的传统假定,认为完全竞争与完全垄断是两种极端情况,他提出了一套在经济学教科书中沿用至今、处在两种极端之间的"垄断竞争"的市场模式。

爱德华·哈斯丁·
张伯伦
(E. H. Chamberlin)

📖 本章核心内容提示

1. 市场的分类、厂商的利润最大化条件;
2. 完全竞争市场的特点、完全竞争厂商的收益曲线及需求曲线;
4. 完全竞争厂商的短期均衡及供给曲线的推导;
5. 垄断厂商需求曲线与边际收益曲线;
6. 完全垄断厂商的长期均衡与政府管制;
7. 垄断厂商没有供给曲线的原因;
8. 垄断竞争厂商的短期均衡及长期均衡;
9. 古诺模型、斯塔克博格模型及斯威齐模型。

厂商均衡理论研究厂商在不同市场条件下所生产产品的均衡价格和均衡数量是如何决定的。厂商均衡理论又被称为市场结构理论。

5.1 市场的分类和厂商利润最大化的原则

5.1.1 市场的分类

市场根据不同的划分标准可以分为不同的类别，其中最为常用的一种划分标准是按照竞争程度的不同，根据厂商数目、行业中不同厂商生产的产品的差异程度、厂商制定价格的能力以及厂商进出市场的难易程度等，把市场划分为四种类型：完全竞争市场、完全垄断市场、垄断竞争市场和寡头垄断市场。

各市场的划分及相应的特征如表 5-1 所示。

表 5-1 市场类型的划分及其特征

市场类型	厂商数目	产品差别化程度	厂商制定价格的能力	厂商进出市场的难易程度	现实中类似的市场
完全竞争	很多	产品无差别	没有	非常容易	大宗农产品
完全垄断	一个	唯一产品，且无相近替代品	能根据利润最大化要求制定价格	困难，基本不可能	公用事业，如自来水等
垄断竞争	很多	有差别	有一定的影响价格的能力	比较容易	服装、食品等日用品
寡头垄断	几个	有差别或无差别	有较强的影响价格的能力	比较困难	汽车、石油、电讯服务等

5.1.2 厂商利润最大化的原则

厂商理论假定，市场中的厂商追求的都是利润最大化目标。在对不同的市场类型中的厂商进行具体的分析之前，本部分将提出一个任意市场结构下的厂商在追求利润最大化目标时所遵循的一般原则。

厂商的利润是总成本与总收益的差额。用符号 π 表示利润，TR 表示总收益，TC 表示总成本，则厂商的利润公式表示如下：

$$\pi = TR - TC \tag{5-1}$$

为了得到厂商利润最大化的决策原则，有必要对式（5-1）的右边进行进一步的分析。先分析总收益：厂商的总收益是厂商从一定量的产品的销售中得到的货币总额，它等于产品的价格乘以产量。用 Q 表示产量，P 表示价格，则总收益可以看成是产量 Q 的函数，则公式可表示为：

$$TR(Q) = P \cdot Q \tag{5-2}$$

再分析总成本，通过上一章的学习，我们知道 TC 也是关于产量的函数，则式（5-1）可以表示如下：

$$\pi(Q) = TR(Q) - TC(Q) \tag{5-3}$$

要求厂商利润最大化，从数学角度考虑，是一个求极值问题。对式（5-3）两边以产量 Q 为自变量求一阶导数，并使之等于零可知，当满足如下公式时，厂商实现利润最大化：

$$dTR(Q)/dQ = dTC(Q)/dQ \tag{5-4}$$

式（5-4）的左边表示边际收益，是指额外增加 1 个单位的产量所导致的总收益的增量，用符号 MR 表示。式（5-4）的右边是上一章所介绍的边际成本，用符号 MC 表示。这样，我们就得到了厂商利润最大化的决策原则：

$$MR = MC \tag{5-5}$$

最后需要指出的是，虽然任意市场结构下的厂商在边际收益等于边际成本的时候都可实现利润最大化，但厂商这个利润最大化的决策公式，在不同的市场结构下的表现可能不一样，这一点我们会在本章的其他节中进行阐述。

5.2　完全竞争市场的厂商均衡

5.2.1　完全竞争市场的条件

从字面意思来看，完全竞争市场指的是一个只有竞争因素、没有任何垄断因素的市场。完全竞争市场是经济学家经过高度理论抽象后得出来的一个理想化的、纯粹的市场，它必须同时具备以下四个条件。

1. 存在大量的买者和卖者

完全竞争要求市场上存在大量的买者和卖者，其中每一个买者和卖者所购买或提供的市场份额相对于整个市场容量来说都很小。这一假设结合本书第 2 章市场需求与市场供给曲线的推导，即市场需求曲线是由市场上所有单个消费者的需求曲线水平加总得到的，市场供给曲线是由市场上所有单个生产者的供给曲线水平加总得到的，我们可以很容易地得出结论：在完全竞争市场上，任意单个的买者和卖者对市场价格没有影响力，都是市场价格的接受者。

2. 产品是同质的

完全竞争要求市场上的任意厂商所生产的产品都是同质的，没有任何区别。在完全竞争市场上，任意厂商所生产的产品，没有外观的不同、质量的不同、性能的不同以及商标与品牌的不同。也就是说，在完全竞争市场上，各厂商所生产的产品对消费者而言，都是完全替代品。这意味着在市场上，只有一个单一的市场价格，不同厂商所生产的同种产品的市场价格必然相等。这同时也意味着，消费者对任意厂商所生产产品的需求价格弹性都是无穷大的：单个厂商将自己的产品价格提高一点点，都会导致其产品的销售量下降为零。

3. 资源的流动不受限制

完全竞争要求市场上的所有资源的流动都是完全自由的，没有任何自然的、社会的或法律的阻碍资源流动的因素。在这个市场上，没有工会、专利制度、技术诀窍等。新厂商可以自由地进入一个市场，原厂商也可以自由地退出一个市场。当然，上述所说的资源的自由流动是就长期生产而言的。在短期生产时，即便是完全竞争市场，固定投入的自由流动也是无法做到的。

4. 信息是完全的

完全竞争要求市场上的所有厂商和消费者掌握进行经济决策所需要的全部信息：厂商了解生产相关的生产函数，投入的各种要素的价格以及产品将来的销售价格；消费者知道自己的偏好，即将购买的产品的质量、性能等信息。这些信息，不管是过去的信息，还是现在的、将来的信息，只要跟做出正确的生产和消费决策相关，厂商和消费者就都必须掌握。

显然，以上四个条件是极其严格的，在现实市场中，基本没有一个行业能够完全满足上述条件。但即便如此，对该理论的学习也是非常重要的，它有助于我们对资源是否有效配置做出准确的判断。同时该模型的分析也是其他市场模型分析的基础，通过对完全竞争市场原有假定做出不断的修订，我们可以得到其他的市场模型，从而解释更为复杂的现实市场。

5.2.2 完全竞争厂商利润最大化的原则

由 5.1 的内容可知，任意市场结构下的厂商在满足 $MR = MC$ 时实现利润最大化。而该公式中的 MR，在不同的市场结构中，表现不一样[○]。从数学角度考虑，边际收益（MR）是总收益（TR）以产量（Q）为自变量求导的结果，总收益（TR）等于价格乘以产量，因此，边际收益（MR）与价格有关，与厂商面对的需求曲线（也就是价格曲线）有关。具体分析如下。

1. 完全竞争厂商面临的需求曲线

完全竞争市场的一个重要的基本特征是大量的厂商生产销售完全同质的产品，每个厂商所供给的仅仅是市场容量的微不足道的一部分，这样单个完全竞争厂商就成为市场价格的接受者，面临着一条位于市场价格处的水平的需求曲线。换句话说，完全竞争市场的市场价格是由整个市场的需求曲线和供给曲线的交点决定的，单个厂商把市场价格作为既定的价格，在该价格处出售他所愿意出售的任意数量的商品，如图5-1所示。

○ 该公式右边的 MC，在不同的市场结构下，厂商表现并没有不同的地方。

112 微观经济学

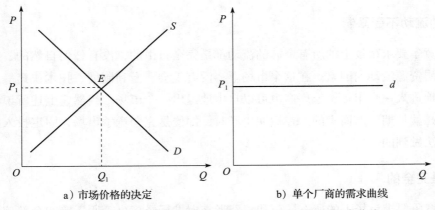

a) 市场价格的决定   b) 单个厂商的需求曲线

图 5-1 完全竞争市场价格的决定与单个厂商面临的需求曲线

2. 完全竞争厂商的收益曲线

有了完全竞争厂商所面临的位于给定价格处的水平需求曲线，我们研究与厂商收益有关的几个概念。

总收益是厂商从一定量的产品的销售中得到的货币总额，这在 5.1 节中已经定义过。总收益等于产品的价格乘以产量。在完全竞争市场上，由于单个厂商是价格的接受者，所面对的是一条水平的需求曲线，也就是说，无论单个厂商的销售量如何变化，其单位产品的价格都保持不变。完全竞争厂商的市场价格是一个常数，则完全竞争厂商的总收益唯一地依赖于产量，可表示为

$$TR = TR(Q) = P \cdot Q \tag{5-6}$$

边际收益 MR，从数学角度考虑，是对厂商的总收益 TR 以销售量 Q 为自变量求导的结果。由于完全竞争厂商面临的市场价格为常数，则边际收益公式分析如下：

$$MR = dTR/dQ = d(P \cdot Q)/dQ = P \tag{5-7}$$

也就是说，完全竞争厂商的边际收益等于为常数的市场价格。表现在图形中，完全竞争厂商的边际收益曲线与需求曲线是一条线。

平均收益 AR 是指厂商在每一单位产品的生产与销售上所获得的收入。平均收益的公式定义为：

$$AR = TR(Q)/Q = P \cdot Q/Q = P \tag{5-8}$$

也就是说，完全竞争厂商的平均收益等于为常数的市场价格。表现在图形中，完全竞争厂商的平均收益曲线与需求曲线也是一条线。

完全竞争厂商的需求曲线、边际收益曲线和平均收益曲线三条线重合，表现出三线合一的性质⊖。

⊖ 厂商的需求曲线、边际收益曲线和平均收益曲线三线合一只有在完全竞争的市场上才会出现，是特殊情形；但厂商的需求曲线和平均收益曲线两线合一是任意市场上都会出现的，是一般情形。这一点可以从公式中简单分析得出。

3. 完全竞争厂商的利润最大化

由以上分析可知，当满足 $MR = AR = P = MC$ 时，完全竞争厂商实现利润最大化。或者说当满足 $P = MC$ 时，完全竞争厂商即实现利润最大化。

我们利用图 5-2 来分析完全竞争厂商实现利润最大化的条件。在图 5-2 中，有某完全竞争厂商短期生产的一条边际成本曲线 MC 和一条由既定价格 P_0 出发的水平的需求曲线 d，这两条线交于 E 点，则 E 点就是厂商实现利润最大化的均衡点，相应的产量 Q_0 就是厂商利润最大化时的均衡产量。

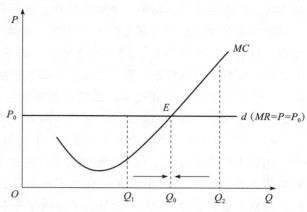

图 5-2 完全竞争厂商的利润最大化

用图 5-2 我们可以分析为什么厂商的利润最大化产量为 Q_0。例如最初厂商的产量为 Q_1，小于 Q_0，此时厂商的边际成本小于边际收益，即有 $MR = P > MC$。这表明厂商增加一单位的产量所带来的总收益的增量大于所付出的总成本的增量，也就是说，厂商增加产量是有利的，可以使利润增加。所以，只要厂商沿着向右的箭头方向增加产量，利润是不断增加的，这一利润不断增加的过程一直持续到产量到达 Q_0 为止。同理，如果最初的产量在 Q_2，大于 Q_0，此时厂商的边际成本大于边际收益，即有 $MR = P < MC$。这表明厂商增加一单位的产量所带来的总收益的增量小于所付出的总成本的增量，也就是说，厂商增加产量是不利的，会使利润减少。所以，此时厂商应该减少产量。只要厂商沿着向左的箭头方向减少产量，利润是不断增加的，这一利润不断增加的过程一直持续到产量到达 Q_0 为止。由此可知，当完全竞争厂商的产量小于 Q_0 时，增加产量利润会增加，产量大于 Q_0 时，减少产量利润会增加；当产量到达 Q_0 时，厂商实现利润的最大化。

5.2.3 完全竞争厂商的短期均衡

对完全竞争厂商而言，市场价格是给定的常数，并且在短期生产时，生产中固定投入的数量无法变动，即生产规模也是给定的。因此，完全竞争厂商的短期均衡研究的是厂商在给定的生产规模下，通过对产量的调整来实现 $P = MC$ 的利润最大化条件时的状态。

完全竞争厂商的短期均衡如图 5-3 所示，主要可分为四种典型情况来分析。

1）当厂商面临的市场价格位于平均成本最低点以上时，厂商获得超额利润的短期均衡。例如市场价格为 P_0，则单个完全竞争厂商的需求曲线、边际收益曲线和平均收益曲线就是位于 P_0 处的水平线 d_0。根据 $P = MC$ 的厂商利润最大化原则，厂商的均衡点为 E_0，均衡产量为 Q_0。在 Q_0 产量处，平均收益大于平均成本，厂商获得超额利润。

2）当厂商面临的市场价格正好等于平均成本最低点的成本时，厂商获得盈亏平衡的短期均衡。例如市场价格为 P_1，则单个完全竞争厂商的需求曲线、边际收益曲线和平均收益曲线就是位于 P_1 处的一条水平线 d_1。根据 $P=MC$ 的厂商利润最大化原则，厂商的均衡点为 E_1，均衡产量为 Q_1。在 Q_1 产量处，平均收益等于平均成本，此时厂商盈亏平衡。

3）当厂商面临的市场价格低于平均成本最低点的成本但高于平均可变成本最低点的成本时，厂商处于亏损均衡。例如市场价格为 P_2，则单个完全竞争厂商的需求曲线、边际收益曲线和平均收益曲线就是位于 P_2 处的一条水平线 d_2。根据 $P=MC$ 的厂商利润最大化原则，厂商的均衡点为 E_2，均衡产量为 Q_2。在 Q_2 的产量处，平均收益小于平均成本，说明此时厂商处于亏损状态。要注意此时厂商虽然亏损，但仍然会继续生产，因为此时厂商的平均收益大于平均可变成本：如果厂商继续生产，所获收益除弥补全部的可变成本之外，还可以弥补一部分固定成本；如果厂商不继续生产，亏损的就是全部的固定成本。

4）当厂商面临的市场价格等于或小于平均可变成本最低点的成本时，厂商会停止生产。例如市场价格为 P_3，则单个完全竞争厂商的需求曲线、边际收益曲线和平均收益曲线就是位于 P_3 处的一条水平线 d_3。根据 $P=MC$ 的厂商利润最大化原则，厂商的均衡点为 E_3，均衡产量为 Q_3。在 Q_3 产量处，平均收益等于平均可变成本，说明此时厂商生产不生产都一样：生产的话，所获收益刚好弥补可变成本，亏损的是全部的固定成本；不生产的话，亏损的也是全部的固定成本。如果厂商面临的市场价格小于 P_3，厂商继续生产会亏损更多，则厂商会停止生产。

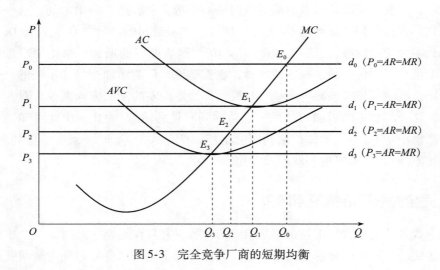

图 5-3 完全竞争厂商的短期均衡

5.2.4 完全竞争厂商及完全竞争市场（行业）的短期供给曲线

供给曲线表示在每一个价格水平上厂商愿意并且能够提供的产品的数量。在完全竞争市场上，厂商的短期供给曲线就是该厂商的边际成本曲线在平均可变成本曲线之上的部分。这一点从图 5-3 的分析中可以看出来。如前所述，在图 5-3 中，当市场价格小于等于 P_3 时，厂商停止生产。当市场价格高于 P_3 时，完全竞争厂商将会按照 $P=MC$ 的原则确定使其利润最大化（或亏损最小化）的产量。当市场价格为 P_0 时，厂商根据 MC 曲线确定利润最大化的产量为 Q_0；当市场价格为 P_1 时，厂商根据 MC 曲线确定利润最大化的产量为 Q_1；当市场价格为 P_2 时，厂商根据 MC 曲线确定利润最大化的产量为 Q_2。也就是说，只要厂商面临的市场价格高于平均可变成本最低点的成本，厂商就会根据 MC 曲线来确定能使自己的利润最大化的产量。这样，我们可以给出如图 5-4 所示的厂商的短期供给曲线。

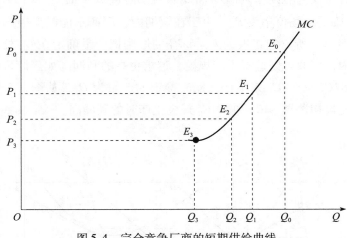

图 5-4　完全竞争厂商的短期供给曲线

由图 5-4 可知，完全竞争厂商的短期供给曲线是一条向右上方倾斜的曲线，反映了厂商愿意供给的商品数量与市场价格之间的同向变动关系。并且，从完全竞争厂商的短期供给曲线的推导可以得出一个重要结论——供给曲线表示厂商在每一个价格水平上的供给量都是能够给它带来最大利润或最小亏损的最优产量。

由本书第 2 章的内容我们知道，市场（行业）的供给曲线可以由市场上所有厂商的供给曲线水平加总来得到。这样，如果我们已知完全竞争市场上（行业中）所有厂商的短期供给曲线，将这些厂商的短期供给曲线水平加总就可以得到市场（行业）的短期供给曲线。这样，市场（行业）短期供给曲线也是一条向右上方倾斜的曲线，反映了市场上（行业中）所有的厂商愿意供给的商品数量与市场价格之间的同向变动关系。并且，从完全竞争市场（行业）的短期供给曲线的推导可以得出一个重要结论——市场（行业）供给曲线表示在每一个价格水平上的市场供给量都是能够给市场上所有的厂商带来最大利润或最小亏损的最优产量。

5.2.5　完全竞争厂商的长期均衡

在短期生产中，完全竞争厂商在 $P = SMC$（短期边际成本）时实现利润最大化，而在长期生产中，厂商在 $P = LMC$（长期边际成本）时实现利润最大化。根据第 3 章的内容我们知道，在长期生产中，厂商可以改变所有生产要素投入的数量；并且，完全竞争厂商的第三个假设告诉我们，在完全竞争市场上，新厂商、原有厂商可以自由地进、出一个市场。这样综合考虑，完全竞争厂商从短期均衡向长期均衡的调整需要经过两步：第一步为市场上原有厂商对最优规模的选择过程；第二步为新厂商的进入和原有厂商的退出的调整过程。

1. 市场上原有厂商对最优规模的选择过程

假定厂商现有规模的短期平均成本曲线和短期边际成本曲线分别为图 5-5 中的 SAC_0 和 SMC_0，厂商面临的市场价格为 P_0。由于在短期内，厂商不能改变生产规模，只能在现有的生产规模下经营，所以它将根据 $P=SMC$ 的原则把产量确定在 Q_0 处，并获得较少的利润。而在长期内，厂商可以选择生产规模，追求更高的利润。如厂商可以选择较大的生产规模相对应的 SAC_1 及 SMC_1 来生产，此时确定的产量为 Q_1，从图 5-5 中可以看出，此时厂商的利润要比最初选择 SAC_0 和 SMC_0 规模生产时的利润高。

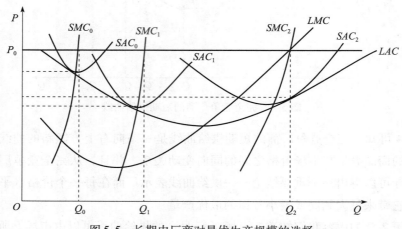

图 5-5 长期内厂商对最优生产规模的选择

但厂商选择 SAC_1 和 SMC_1 规模来生产并不足以使厂商获得长期内的利润最大化，根据 $P=LMC$ 的厂商长期利润最大化的原则，厂商会选择 SAC_2 和 SMC_2 所代表的最优规模来进行生产，相应的最优产量为 Q_2。由此可见，在长期生产中，厂商通过对生产规模的选择来实现长期的利润最大化，可以获得比短期更大的利润。

2. 新厂商的进入和原有厂商的退出的调整过程

很显然，新厂商进入和原有厂商退出会对市场的供给曲线产生影响，使市场供给曲线向右或向左移动，从而导致市场价格的下降或上升，如图 5-6a 所示。由于完全竞争市场假设资源的流动完全自由，新厂商是不是要进入一个市场，原有厂商是不是要退出一个市场，考虑的关键因素就是利润。如果市场上的原有厂商可以获得超额利润，就会有新厂商不断进入以分享这些超额利润；而众多新厂商的进入会导致市场供给增加和市场价格的下降，最终导致单个厂商超额利润的消失。如果市场上的原有厂商不能获取超额利润，而是长期内处于亏损状态，就会有厂商不断退出，众多原有厂商的退出又会导致市场供给的减少和市场价格的下降，最终导致单个厂商亏损的消失。这样，最终完全竞争市场上的厂商只能够获得盈亏平衡的长期均衡，如图 5-6b 所示。

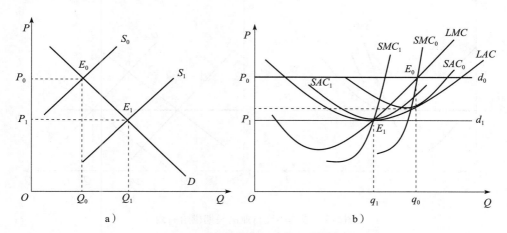

图 5-6 完全竞争厂商的长期均衡

在图 5-6b 中，完全竞争厂商长期的均衡点位为 E_1 点，决定的均衡价格为 P_1，均衡产量为 q_1。与其所对应的短期平均成本曲线和短期边际成本曲线分别为 SAC_1 和 SMC_1。在这一生产规模和产量水平上，一方面，长期边际成本与短期边际成本和价格相等，这保证了厂商实现利润最大化；另一方面，在同一产量水平上，厂商的长期平均成本与短期平均成本和价格相等，这又使得厂商的经济利润为零。也就是说，完全竞争厂商只能获得盈亏平衡的长期均衡。

总结一下，完全竞争厂商的长期均衡的条件为：

$$MR = LMC = SMC = LAC = SAC \tag{5-9}$$

此时，厂商获得盈亏平衡的长期均衡。或者说，完全竞争厂商的长期均衡，位于长期平均成本曲线的最低点。

5.2.6 完全竞争行业的长期供给曲线

由 5.2.4 中讨论的完全竞争行业的短期供给曲线可知，短期行业的总供给曲线是所有单个厂商供给曲线的水平加总。这是因为短期内厂商无法改变生产规模，原有厂商无法退出该行业，新厂商也无法进入，行业的厂商数量是固定的。但是长期则不同。在长期内，厂商可以自由进入，也可以自由退出一个行业，厂商的数目是不固定的，这使得长期内不能通过水平加总已有厂商的供给曲线的方法来推导行业的供给曲线。对于行业的长期供给曲线，分成本不变、成本递增和成本递减行业三种情况分析。

1. 成本不变行业的供给曲线

成本不变行业是指行业的产量扩张不会导致市场上投入要素的价格变化，从而对厂商的成本曲线没有影响。这主要是因为该行业对生产要素的需求只占市场生产要素需求量的很小一部分。在这种情况下，行业的长期供给曲线是一条水平线。具体分析如图 5-7 所示。

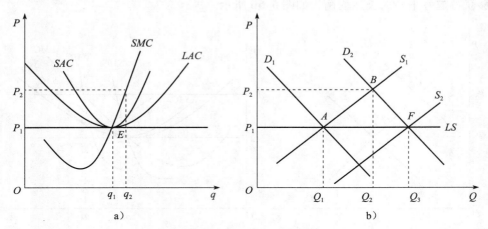

图 5-7 成本不变行业的长期供给曲线

在图 5-7 中，初始状态由市场需求曲线 D_1 和市场短期供给曲线 S_1 的交点 A 决定，此时的市场均衡价格为 P_1。在价格 P_1 处，单个完全竞争厂商在 LAC 曲线的最低点 E 处实现长期均衡，厂商生产的产量为 q_1，厂商的超额利润为零，处于盈亏平衡状态。由于此时行业中所有厂商都处于盈亏平衡状态，既没有新厂商的进入，也没有原有厂商的退出，因此，A 点为行业长期供给曲线上的一个点。在 A 点处，行业的均衡价格为 P_1，均衡产量为此时所有单个厂商的产量之和 Q_1。

假定某些因素变化导致市场需求曲线由 D_1 位移到 D_2，与原有的市场供给曲线 S_1 交于 B 点，决定此时新的市场均衡价格为 P_2，在 P_2 处，单个厂商短期内会依据自己的供给曲线 SMC，将产量从 q_1 提高到 q_2，并获得短期内的超额利润。

由于在长期内，新厂商的进入和原有厂商的退出不受限制，市场原有厂商获得超额利润，会吸引新厂商的进入，导致行业的供给增加。这一过程会产生两方面的影响。一方面，它会增加对生产要素的需求。但由于是成本不变行业，生产要素的价格不会发生变化，厂商成本曲线的位置也不会发生变化。另一方面，行业供给增加使得市场供给曲线不断右移，与之伴随的是市场价格的下降和单个厂商超额利润的不断降低。这个过程会一直持续到单个厂商的超额利润消失为止，最终新的供给曲线为 S_2，市场价格又回到了原来的价格 P_1。单个厂商的长期均衡点又回到了 LAC 曲线的最低点，获得盈亏平衡的长期均衡。此时，市场上所有厂商都处于盈亏平衡状态，既不会吸引新厂商的进入，也不会有原有厂商的退出，因此，D_2 与 S_2 的交点 F 点是行业长期供给曲线上的另一点。在新的均衡点 F 处，单个厂商的均衡产量仍为 q_1，但市场的均衡产量上升到 Q_3，行业的均衡产量增加 Q_1Q_3，它是由新加入的厂商提供的。

将 A 点和 F 点连接起来得到的直线 LS 就是行业的长期供给曲线。成本不变行业的长期供给曲线是一条水平线。

2. 成本递增行业的长期供给曲线

成本递增行业是指行业的产量扩张会导致市场上投入要素的价格上升，从而使得厂商的成本曲线上移。这是现实中普遍会发生的情况。成本递增行业的长期供给曲线是一条向右上方倾斜的曲线。相关分析如图 5-8 所示。

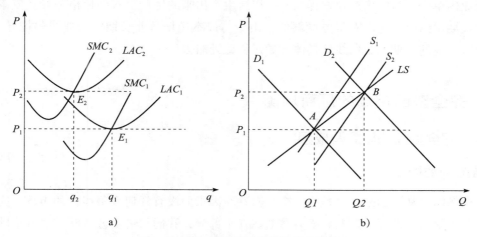

图 5-8 成本递增行业的长期供给曲线

在图 5-8 中，初始状态单个厂商的长期均衡点为 E_1 点，对应的行业的长期均衡点为 A 点。A 点由最初的市场需求曲线 D_1 和市场供给曲线 S_1 的交点决定，决定此时的均衡价格为 P_1，行业的均衡产量为 Q_1。在市场均衡价格 P_1 处，单个厂商在 LAC_1 曲线的最低点实现长期均衡，厂商处于盈亏平衡状态。

假定某些因素变化导致市场需求曲线由 D_1 移到 D_2，与原有的市场供给曲线 S_1 相较，均衡价格更高。在此较高的均衡价格处，单个厂商短期内会依据 SMC_1 曲线生产较高的产量，并获得短期内的超额利润。

由于在长期内，新厂商的进入和原有厂商的退出不受限制，市场原有厂商获得超额利润，会吸引新厂商的进入，导致行业的供给增加。这一过程同样会产生两方面的影响。一方面，它会增加对生产要素的需求。但由于是成本递增行业，生产要素需求的增加导致要素市场价格的上升，使得厂商成本曲线上移，表现在图形中为 LAC_1 曲线和 SMC_1 曲线向上移动。另一方面，行业供给的增加导致市场供给曲线的右移，并导致市场均衡价格的下降和单个厂商超额利润的不断降低。这个过程会一直持续到单个厂商的超额利润消失为止，最终新的供给曲线为 S_2，市场价格为 P_2。单个厂商的长期均衡点回到了新的 LAC_2 曲线的最低点，获得盈亏平衡的长期均衡。此时，市场上已有厂商盈亏平衡，既不会吸引新厂商的进入，也不会有原有厂商的退出，因此，D_2 与 S_2 的交点 B 点是行业长期供给曲线上的一点。在新的均衡点 B 处，单个厂商的均衡产量为 q_2，比厂商初始状态时的均衡产量 q_1 要小，但市场的均衡产量为 Q_2，比行业最初的均衡产量 Q_1 要高。

将 A 点和 B 点连接起来得到的直线 LS 就是行业的长期供给曲线。成本递增行业的长期供给曲线是一条向右上方倾斜的线。

3. 成本递减行业的长期供给曲线

成本递减行业是指行业的产量扩张会导致市场上投入要素的价格下降,从而使厂商的成本曲线下移。行业成本递减的主要原因是外在经济的作用,随着生产要素行业的产量增加,行业内单个厂商的生产效率提高,使得所生产出来的生产要素的价格下降。成本递减行业的长期供给曲线是向右下方倾斜的。由于与成本递增行业长期供给曲线的推导类似,成本递减行业的长期供给曲线的具体推导过程此处略去。

5.3 完全垄断市场的厂商均衡

5.3.1 完全垄断的概念及成因

1. 完全垄断的概念

完全垄断,从字面来看,是指一个只有垄断因素而没有任何竞争存在的市场。完全垄断包括两种形式,即买方垄断和卖方垄断。在本部分,我们只讲卖方垄断。卖方垄断是指市场上只有一个卖方的一种市场结构,并且其产品没有相近的替代品。在这种市场结构下,垄断厂商本身就构成一个行业,因为该市场上只有它一家厂商。

理解卖方垄断市场,需要强调的是定义的第二部分,也就是垄断厂商的产品没有相近的替代品。如果垄断厂商的产品存在相近的替代品,就意味着该厂商不得不和生产相近替代品的厂商竞争,从而市场就有了竞争的因素,不再是完全垄断了。所以,相近的替代品在完全垄断的市场中是不存在的。

卖方垄断厂商所生产的产品没有相近的替代品,并不意味着其产品没有任何替代品。这是因为许多产品之间都存在一定程度的替代关系。例如,即使某一厂商是某种钢材的唯一的生产厂商,它可能也面临着与铝制品、玻璃制品和其他材料制品的生产厂商的竞争。

2. 完全垄断的成因

一个厂商之所以能够成为市场上某产品唯一的供给者,一定有某种原因使其他厂商无法进入该市场并生产同种产品。经济学家一般将垄断的成因归纳为以下四个方面。

(1) **厂商控制了生产某产品所需的上游基本原料的全部供给**。如果某个厂商控制了生产某种产品所需的全部上游原料,从而使其他厂商无法获得这种原料,那么,该厂商就会成为该行业的垄断者。这方面的典型例子是美国铝业公司。美国铝业公司在二战之前曾经控制着制铝所需要的基本原料——铝土矿的所有来源,使得美国铝业公司长期垄断着美国的铝制品行业。

(2) **专利权造成垄断**。某一厂商可能会因为拥有某一产品的生产的专利权或其生产工艺的专利权而形成对该产品的垄断经营。当前各国法律都允许发明人在一定年限内享有对某种产品或独特工艺的专有权，如我国的专利法规定：发明专利权的有效期限为 20 年，实用新型专利权和外观设计专利权的期限为 10 年。在专利的有效期限内，企业可以依法获得对某产品的垄断经营权。

（3）**市场特许权**。政府往往会授予某个厂商经营某种产品的特许权而使该厂商成为该产品的垄断者。如我国的供水、供电部门和铁路运输部门就是因为获得了政府的特许经营权而形成垄断。

（4）**自然垄断**。某些产品的市场具有这样的特点：企业生产的规模报酬递增可以一直持续到很高的产量水平，而与这一规模报酬递增的很高的产量水平相比较，企业所处市场的容量较小，以至于企业所面临的市场需求曲线交于长期平均成本曲线仍然在下降的部分，即为自然垄断。在自然垄断市场上，不论最初有多少厂商存在，市场竞争的结果都会使市场上只会存在一家企业。

5.3.2 垄断厂商的利润最大化原则

完全垄断厂商也是在 $MR = MC$ 处实现利润最大化的。但垄断厂商的边际收益（MR）与完全竞争厂商的边际收益（MR）不同，因为厂商所面临的需求曲线不同，垄断厂商有明显不同的特征，具体分析如下。

1. 垄断厂商的需求曲线

根据定义，卖方垄断厂商是某种产品的唯一的生产者，所以完全垄断厂商所面临的需求曲线就是该产品的市场需求曲线，是一条向右下方倾斜的曲线。这一点与完全竞争厂商的需求曲线形成明显的区别。完全竞争厂商的需求曲线是一条水平线，完全竞争厂商是价格的接受者。而在完全垄断市场上，厂商面对的是向右下方倾斜的市场需求曲线，厂商是价格的制定者。也就是说，完全竞争厂商可以根据利润最大化的条件来制定价格。

2. 垄断厂商的收益曲线

总收益是厂商从一定量的产品的销售中得到的货币总额，它等于产品的价格乘以产量。在完全垄断市场上，单个厂商所面对的是向右下方倾斜的市场需求曲线。这样，完全垄断厂商生产的产品的市场价格不再同完全竞争厂商一样为不变的常数，而是以产量为自变量的函数，即：

$$P = P(Q)$$

这时，完全垄断厂商的总收益为：

$$TR = TR(Q) = P(Q) \cdot Q \tag{5-10}$$

边际收益 MR，在数学上，是对厂商的总收益 TR 以销售量 Q 为自变量求导的结果。已知总收益公式，则边际收益为：

$$MR = \frac{dTR(Q)}{dQ} = P + Q \cdot \frac{dP}{dQ} = P \cdot \left(1 + \frac{dP}{dQ} \cdot \frac{Q}{P}\right)$$

即：
$$MR = P\left(1 + \frac{1}{e_d}\right) \tag{5-11}$$

由于 e_d 本身是一个小于零的数，所以由式（5-11）可知，完全垄断厂商的边际收益 MR 小于市场价格 P，表现在图形中，边际收益曲线在需求曲线的下方。在本节后面的分析中，我们一般假设垄断厂商的需求曲线为线性曲线，下面我们研究垄断厂商线性的需求曲线与边际收益曲线之间的关系。

假定线性的需求曲线函数式为：
$$P = a - bQ \tag{5-12}$$

式中，a、b 为大于零的常数。由式（5-12）得总收益函数和边际收益函数分别为：
$$TR = P(Q) \cdot Q = aQ - bQ^2 \tag{5-13}$$
$$MR = \frac{dTR(Q)}{dQ} = a - 2bQ \tag{5-14}$$

从式（5-14）可知，如果需求曲线为线性曲线，则边际收益曲线也是线性曲线。对比式（5-12）和式（5-14）可知，这两条线性曲线与纵轴的截距相等，都是 a，但边际收益曲线的斜率（$-2b$）是需求曲线斜率（$-b$）的 2 倍。图形表示见图 5-9（图 5-9 中，线段 AB 的长度等于 BC 的长度）。

3. 垄断厂商的利润最大化

垄断厂商在 $MR = MC$ 时实现利润最大化。由式（5-11）可知，当垄断厂商满足 $MR = P\left(1 + \frac{1}{e_d}\right) = MC$ 时实现利润最大化[一]。

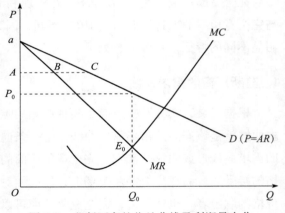

图 5-9 垄断厂商的收益曲线及利润最大化

垄断厂商的利润最大化图形表示见图 5-9。在图 5-9 中，垄断厂商的利润最大化点为 MR 曲线与 MC 曲线的交点 E_0 点，决定的利润最大化产量为 Q_0，利润最大化价格从 D 曲线得到，为 P_0。

5.3.3 垄断厂商的短期均衡

短期内，垄断厂商无法改变固定投入的使用数量，垄断厂商的短期均衡是指厂商通过

[一] 对该公式简单变换可以得到垄断厂商的定价原则，即 $P = \dfrac{MC}{1 + \dfrac{1}{e_d}}$。由于 $e_d < 0$，可知 $P > MC$，也就是说，垄断厂商在定价时采用的是在 MC 之上进行加成定价，加成的多少取决于垄断厂商产品的需求价格弹性。

对产量和价格的调整，来实现 $MC = MR$ 的利润最大化原则。垄断厂商的短期均衡如图 5-10 所示。

图 5-10 中的 AC 曲线和 MC 曲线代表垄断厂商短期生产规模的选择，D_0 曲线和 MR_0 收益曲线分别代表垄断厂商的需求和收益状况。垄断厂商的均衡点在曲线 MR 和曲线 MC 的交点处，决定的短期均衡点为 E_0 点，均衡产量为 Q_0，均衡价格为 P_0。此时垄断厂商获取的是超额利润的短期均衡，超额利润为图中阴影部分的矩形面积。

但是，垄断厂商在短期内并非必然获得超额利润的短期均衡。如果垄断厂商面对的市场容量相对较小，或者垄断厂商的成本相对较高的话，垄断厂商可能会面临着盈亏平衡的短期均衡或亏损的短期均衡。这种情况可以用图 5-11 加以解释。图 5-11 是将图 5-10 中的需求曲线向下平移后的结果。比如，由于某些原因导致市场对垄断厂商所生产产品的需求变小，表现在图形中为垄断厂商的需求曲线由 D_0 向下平移到 D_1，相应地，垄断厂商的边际收益曲线由 MR_0 变动到 MR_1。垄断厂商在成本不变的情况下，均衡点由 E_0 点变动到 E_1 点，均衡价格下降到 P_1，均衡产量下降到 Q_1。此时，垄断厂商面临亏损的短期均衡，亏损额为图中阴影部分的矩形面积。

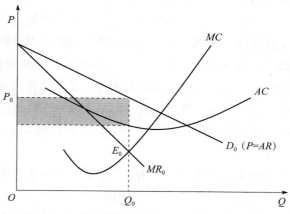

图 5-10　垄断厂商超额利润的短期均衡

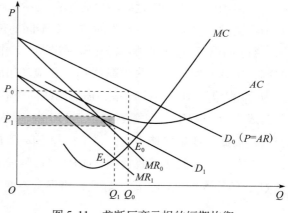

图 5-11　垄断厂商亏损的短期均衡

同完全竞争厂商一样，垄断厂商此时虽然亏损，但并不一定停止生产。厂商在亏损的情况下是否生产还要看垄断厂商此时的平均可变成本：如果垄断厂商产品的市场价格大于此时厂商的平均可变成本，厂商就会继续生产以实现亏损的最小化；反之，如果垄断厂商产品的市场价格小于此时厂商的平均可变成本，则厂商会停止生产。

总之，垄断厂商在满足 $MR = MC$ 时实现短期均衡，此时，垄断厂商获得的可能是超额利润的短期均衡，也可能是盈亏平衡的短期均衡，也可能是亏损均衡。

5.3.4　垄断厂商的供给曲线

在上一节完全竞争市场理论中，我们从完全竞争厂商的短期均衡分析中推导出了完全竞争厂商的供给曲线，并进一步得到了市场的供给曲线。但是，在完全垄断市场上，厂商并不存在供给曲线。

供给曲线表示在每一个价格水平上厂商愿意并且能够提供的产品的数量。它表现了厂商的价格与供给量之间一一对应的关系。

在完全竞争市场条件下，每一个厂商都是价格的接受者，市场价格由市场的需求曲线与供给曲线共同决定，完全竞争厂商将其看成既定常数。这就使得完全竞争厂商的 MR 曲线与需求曲线为一条线，是一条处于既定价格处的水平线，有三线合一（$MR = AR = P$）的性质。完全竞争厂商的利润最大化原则可以表示为 $P = MC$。在给定市场价格的情况下，完全竞争厂商只需要根据边际成本曲线选择自己的利润最大化产量就行，这就使得完全竞争厂商的价格与产量之间有了一一对应的关系，表现在图形中就是完全竞争厂商的供给曲线。

但是，在完全垄断市场的条件下情况表现不同。垄断厂商是价格的制定者，它根据利润最大化原则来同时确定所生产产品的价格与产量。并且，垄断厂商面临的需求曲线与边际收益曲线有了分离，市场价格 P 总是大于边际收益 MR。这样，垄断厂商的利润最大化产量不仅取决于边际成本，还取决于需求曲线的形状。这就使得垄断厂商产品的需求变动时，厂商的产量与价格之间不再必然存在一一对应的关系，而是有可能出现一个价格对应几个不同的产量，或一个产量对应几个不同的价格的情况。

我们用图 5-12 对此加以分析。在图 5-12 中，线性曲线 MC 是固定的，并且在该图的两部分中，初始的需求曲线都是 D_1，相应的边际收益曲线为 MR_1，垄断者的初始价格和产量为 P_1 和 Q_1。在图 5-12a 中，需求曲线向下移并转动一个角度，新的需求曲线和边际收益曲线为 D_2 和 MR_2。注意，在图 5-12a 中，MR_2 与 MC 曲线正好相交于 MR_1 与 MC 曲线的交点，因此，产量保持不变，但价格却下降至 P_2。在图 5-12b 中，需求曲线向上移动并转动一个角度。新的边际收益曲线 MR_2 与边际成本曲线相交决定了一个较大的利润最大化产量 Q_2，但需求曲线的变动正好使价格保持不变。

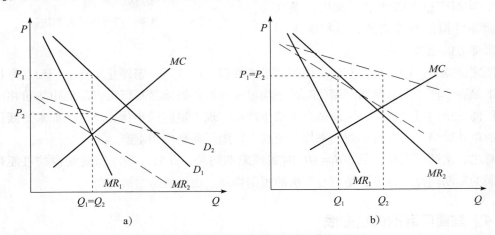

图 5-12　垄断厂商的价格与产量之间的关系

由图 5-12 可见，垄断厂商的价格与利润最大化产量之间并没有一一对应的关系，从而没有供给曲线。并且，这个结论可以很容易地推广，在某种程度上具有垄断因素的非完全竞争市场中，厂商是没有供给曲线的。也就是说，同完全垄断厂商一样，垄断竞争厂商和寡头垄断厂商也没有供给曲线。

5.3.5 垄断厂商的长期均衡

垄断厂商在满足条件 $MR = LMC$ 时，实现长期利润最大化。由于在垄断市场上，新厂商无法进入该市场，因此，与完全竞争厂商由短期均衡向长期均衡的调整需要经过两步相比较，完全垄断厂商只需要经过一步调整，即市场上原有厂商通过对最优规模的选择来实现长期利润最大化的过程。

垄断厂商的长期均衡过程如图 5-13 所示。图中的 D 曲线和 MR 曲线分别表示垄断厂商所面临的市场需求曲线和边际收益曲线，LAC 和 LMC 分别表示垄断厂商的长期平均成本曲线和长期边际成本曲线。

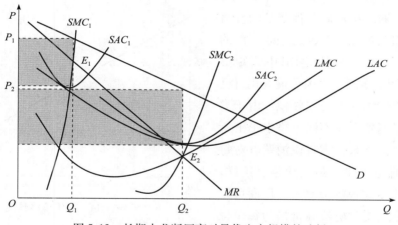

图 5-13 长期内垄断厂商对最优生产规模的选择

假定最初垄断厂商在由 SAC_1 和 SMC_1 所表示的较小的生产规模上生产。在短期内，垄断厂商只能根据 $MR = SMC$ 的原则，在 P_1 的价格处生产 Q_1 的量，来实现利润最大化。此时，厂商获得超额利润的短期均衡，超额利润总量为图中小阴影矩形的面积。

在长期生产中，垄断厂商可以通过对生产规模的调整，来实现利润最大化。按照 $MR = LMC$ 的利润最大化原则，垄断厂商的长期均衡点为 E_2 点，决定的长期均衡产量和均衡价格分别为 Q_2 和 P_2，所对应的短期最优规模由短期成本曲线 SAC_2 和 SMC_2 表示。此时，垄断厂商通过对生产规模的调整，获得了长期内的超额利润，利润量为图中大的阴影矩形的面积。

总结一下，垄断厂商在满足条件 $MR = SMC = LMC$ 时，实现长期的利润最大化。与完全竞争厂商只能获得盈亏平衡的长期均衡不同，完全垄断厂商的长期均衡可能是超额利润的，可能是盈亏平衡的，也可能是亏损的，这取决于垄断厂商自己的需求曲线与成本曲线的相互关系。如果垄断厂商在长期内亏损，则垄断厂商就会退出该行业，也就是说，经济中根本不存在该产品市场。

5.3.6 垄断厂商的价格歧视

作为价格制定者的垄断厂商，可以向不同的顾客索取不同的价格，如果这些价格不是成本的不同所造成的，这种定价行为就被称为差别定价或价格歧视。垄断厂商实行价格歧视，目的是获取更高的利润。一般而言，价格歧视可以分为三种类型，即一级价格歧视、二级价格歧视和三级价格歧视。以下分别予以考察。

1. 一级价格歧视

一级价格歧视是指厂商对所出售的每一单位产品都按照消费者愿意支付的最高价格收费的情况。严格意义上的一级价格歧视只存在于理论中，其图形分析见图 5-14。

假设垄断厂商面临的市场需求曲线为 D，有 N 件产品出售，在不实行价格歧视的情况下，厂商将按最后一件产品的价格 P_N 出售其所有的产品。此时，垄断厂商的总收益为 $P_N \cdot N$，表现在图形中为矩形 OP_NBN 的面积。垄断厂商为了最大化自己的利润，可以实施一级价格歧视。由于需求曲线反映了消费者在不同价格水平下所愿意购买的商品数量，或者说消费者对每一件商品所愿意支付的最高价格。这样，在实施一级价格歧视的情况下，厂商可以按照消费者愿意支付的最高价格为每单位

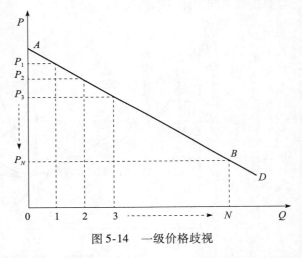

图 5-14 一级价格歧视

产品定价。在图 5-14 中，第 1 单位产品消费者愿意支付的最高价格为 P_1，厂商定价为 P_1；第 2 单位产品消费者愿意支付的最高价格为 P_2，厂商定价为 P_2；第 3 单位产品消费者愿意支付的最高价格为 P_3，厂商定价为 P_3，……，直到最后第 N 单位产品的价格为 P_N（注意：如果没有价格歧视，厂商要销售 N 单位的产品，那么所销售的每单位产品的价格都只能是 P_N）。此时，厂商的总收益为梯形 $OABN$ 的面积，与没有实施价格歧视相比，厂商的总收益增加了三角形 P_NAB 的面积。回忆以前所学知识，我们会发现，三角形 P_NAB 的面积实际上就是市场价格为 P_N 时的全部的消费者剩余。因此厂商实施一级价格歧视实际上是把消费者的全部剩余转化成了垄断厂商的垄断利润。

但在实践中，一级价格歧视的现象非常少见。厂商实施一级价格歧视，需要非常清楚地了解每一个消费者的需求曲线，从而知道每一个消费者对每一单位产品愿意支付的最高价格，而这在现实中是不可能做到的。现实中比较接近一级价格歧视的情况如艺术品的拍卖市场，律师、会计师等专业人员对客户所提供的一对一服务等。

2. 二级价格歧视

相对于一级价格歧视要求垄断者对销售的每一单位产品都制定一个价格，二级价格歧视只要求对不同的消费数量段规定不同的价格。日常生活中，二级价格歧视较为普遍，典型例子是电力公司实施的分段定价。二级价格歧视的例子见图 5-15。在图 5-15 中，垄断者规定了三个不同的价格水平。当消费者的消费量小于 Q_1 时，价格为 P_1；消费量在 Q_1 到 Q_2 之间时，Q_1 部分仍按 P_1 价格收费，超过 Q_1 部分价格为 P_2；消费量在 Q_2 到 Q_3 之间时，超过 Q_2 的部分，按照 P_3 价格收费。

如果不存在价格歧视，垄断厂商在 P_3 的价格下出售 Q_3 的数量，垄断厂商的总收益为矩形 OP_3FQ_3 的面积，消费者的消费者剩余为三角形 P_3AF 的面积。在实行二级价格歧视的情况下，垄断厂商总收益的增加量为矩形 P_3P_1BH 加矩形 $HGEJ$ 的面积，垄断厂商总收益的增加量正好就是消费者剩余的减少量。由此可见，通过实施二级价格歧视，垄断厂商把部分消费者剩余转化为垄断利润了。

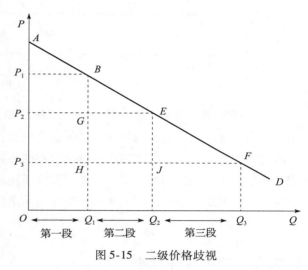

图 5-15　二级价格歧视

3. 三级价格歧视

三级价格歧视是指垄断厂商把市场划分为两个或多个不同的子市场，在不同的子市场上按不同的价格销售同一产品的情况。三级价格歧视在现实中很常见。如火车票的销售分为学生票和非学生票；又如电话收费，"黄金时间"和"非黄金时间"的价格不同。

图 5-16 给出了垄断厂商在两个子市场下的定价情况。假定厂商把市场划分为市场 1 和市场 2，它们的需求曲线分别为 D_1 和 D_2，对应的边际收益曲线分别为 MR_1 和 MR_2。从图 5-16 中可以看出，需求曲线 D_1 和 D_2 的形状不同，此处假设市场 1 的消费者对垄断厂商所生产的产品需求相对具有弹性，而市场 2 的消费者对垄断厂商所生产的产品相对缺乏弹性，因此需求曲线 D_1 相对 D_2 更平坦。与需求曲线相对应，边际收益曲线 MR_1 相对于边际收益曲线 MR_2 也更平坦。为便于分析，假定垄断厂商的边际成本曲线 MC 为常数，表现在图形中为一条水平线。这样，按照 $MR=MC$ 的利润最大化原则，厂商在市场 1 的均衡点为 E_1 点，决定的利润最大化产量为 Q_1，价格为 P_1；厂商在市场 2 的均衡点为 E_2 点，决定的利润最大化产量为 Q_2，价格为 P_2。显然，价格 P_2 大于 P_1，也就是说，垄断厂商对不同的市场需求状况制定不同的价格，对需求弹性较小的市场索取较高的价格，对需求弹性较大的市场制定较低的价格。

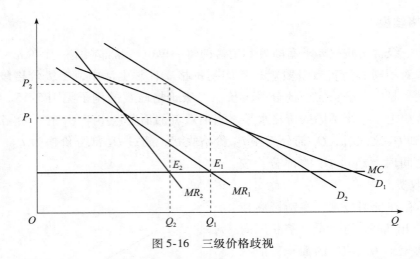

图 5-16 三级价格歧视

以上即为理论中对一级价格歧视、二级价格歧视和三级价格歧视的阐述。但在现实中,厂商要成功地实施价格歧视,必须满足两点:第一,市场充分隔绝。消费者在不同的子市场之间被完全隔绝是成功实施价格歧视的必要条件。这样就排除了中间商通过低买高卖,从价差中获利的情况。第二,需求弹性不同。不同的需求弹性使得垄断厂商实行价格歧视可以获取更高的利润。如不同子市场的需求弹性一样,则无法通过实施价格歧视来获取更高的利润。

5.3.7 垄断与政府管制

在完全竞争市场,厂商在价格等于边际成本处定价以进行生产销售活动。而在完全垄断市场上,垄断力量意味着垄断厂商可以将价格定在边际成本之上来生产和销售,造成的结果便是在垄断市场上消费者不得不面临较高的价格和较低的供给量。换句话说就是,垄断厂商利用垄断力量,降低了产量,提高了价格,损害了消费者福利。下面我们用图形分析一下垄断厂商的垄断定价对消费者福利的损害。

图 5-17 给出了垄断厂商面临的平均收益曲线、边际收益曲线和边际成本曲线。为了使利润最大化,垄断厂商在 $MC = MR$ 处实现均衡,决定的均衡点为 E_0 点,均衡价格为 P_0,均衡产量为 Q_0。而在一个完全竞争的市场中,厂商会在 $P = MC$ 处实现利润最大化,决定的均衡点为 E_1 点,均衡价格为 P_1,均衡产量为 Q_1。

关于垄断定价对消费者福利的损害,我们可以用消费者剩余的变化来分析。从图 5-17 中,我们可以很容易地看出,

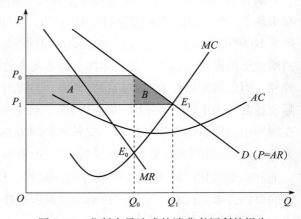

图 5-17 垄断力量造成的消费者福利的损失

垄断时的价格较高,且消费者的购买量较小,导致消费者剩余的减少量为图形中阴影部分 $A+B$ 的面积。A 和 B 两部分消费者剩余的去向并不同:A 部分,在厂商按 $P=MC$ 的定价原则下生产时,是消费者剩余,此时变成了垄断厂商的垄断利润的一部分;B 部分,以前是消费者剩余,现在由于消费者在较高价格下选择减少购买量,使得这一部分没有了,也就是说,这一部分现在既没有被消费者拿走,也没有被生产者拿走,对社会而言是一种净损失。

垄断厂商利用垄断力量,提高了市场价格,损害了消费者福利,并造成了社会福利的净损失,这就要求政府对垄断厂商索取的价格进行管制。价格管制使垄断厂商只能按政府划定的价格进行生产与销售,因此政府必须考虑如何确定垄断厂商面临的市场价格的问题。政府可以采取两种定价方法来确定垄断厂商的市场价格,即边际成本定价法和平均成本定价法。

边际成本定价法,也就是要求垄断厂商按照完全竞争厂商的定价原则来定价,将市场价格定在等于边际成本处,即 $P=MC$。从图 5-17 中我们可以很清楚地看出来,边际成本定价方法提高了消费者的福利($A+B$ 部分),提高了社会的净福利(B 部分)⊖。

但是,如果被管制的厂商属于自然垄断行业,采用边际成本定价法就会有问题。相应分析见图 5-18。图 5-18 中给出了自然垄断厂商面临的成本与收益曲线。边际成本定价法要求厂商将价格定在边际成本曲线与价格曲线的交点处,决定的价格为 P_0,产量为 Q_0。从图 5-18 中我们可以看出,按边际成本定价法定价,自然垄断厂商处于亏损状态。如果垄断厂商长期亏损,厂商就会退出生产。这样,政府的价格管制会陷入两难境地,要么放弃管制(放弃边际成本定价法),要么政府资助被管制的厂商。为解决边际成本定价法在面对自然垄断厂商时产生的问题,经济学家提出了平均成本定价方法。

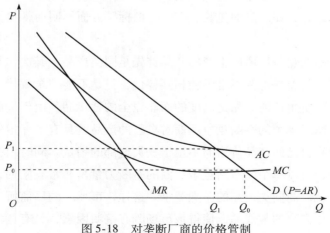

图 5-18 对垄断厂商的价格管制

平均成本定价法,也就是要求垄断厂商将市场价格定在等于平均成本处,即 $P=AC$。

⊖ B 部分只是边际成本定价法下所提高的社会净福利的一部分。

在图 5-18 中，平均成本定价法决定的市场价格为 P_1，相应的产量为 Q_1。此时，由于 $P_1 = AC$，厂商不再亏损，厂商会继续生产，但超额利润为零。

5.4 垄断竞争市场的厂商均衡

5.4.1 垄断竞争市场的特点

垄断竞争是一种介于完全垄断与完全竞争之间的市场结构，在该市场上，既有垄断因素存在，又有竞争因素存在，是一种既垄断又竞争，但竞争因素偏多的市场结构。垄断竞争市场主要具有以下三个特点。

首先，市场有许多厂商，单个厂商所占的市场份额较小。垄断竞争市场的这个特点与完全竞争市场的第一个特点高度相似，区别只是在程度上略有差异。在垄断竞争市场上，厂商数目很多，但比完全竞争市场上的厂商数目要少一些；单个垄断竞争厂商所占的市场份额较小，但比单个完全竞争厂商的市场份额还是要大一些。正因为如此，单个垄断竞争厂商对市场上的市场价格是有影响力的，但影响力十分有限。并且更进一步分析可知，由于市场上的厂商数目很多，单个厂商所占的市场份额较小，使得在垄断竞争市场上，各厂商之间不会相互勾结或串谋，厂商之间不存在相互依存关系。任何一个厂商在考虑自己的价格决策时都不需要考虑该决策对其他厂商的影响以及其他厂商对该决策会有什么样的反应。

其次，市场上不同厂商所生产的同种产品存在差异。与完全竞争市场的特点不同，垄断竞争市场中的厂商所生产的产品并不是同质的，而是有差异的。垄断竞争市场产品的差异性可以来自真正的差异，如不同厂商所生产的产品在品质、性能、功能等方面的不同，也可能来自虚拟的差异，如产品的包装、广告、商标等方面不同而带给消费者一种主观认知上的不同。

但要注意的是垄断竞争厂商所生产的产品首先是同类产品，其次才是差别产品。垄断竞争厂商所生产产品的差异性并不是不能相互替代，只是不能完全替代。用经济学术语讲就是，垄断竞争厂商所生产的产品是高度的而非完全的替代品。由于厂商所生产的产品是非完全的替代品，所以单个的垄断竞争厂商对自己的产品就具有了一定的垄断性，厂商可以在一定程度上提高自己的产品价格而不至于丧失全部的销量。同时因为厂商所生产的产品是高度的替代品，所以单个的垄断竞争厂商的垄断力量是非常有限的，垄断竞争厂商不得不面临市场中其他厂商同类产品的激烈竞争。这样，市场上的厂商所生产的产品是有差异的，是高度的而非完全的替代品，使得该市场既有垄断因素，又有竞争因素，从而形成了既垄断又竞争的垄断竞争市场。

最后，市场上的厂商进入和退出比较容易。这一点与完全竞争市场比较相似，区别也只是程度上的不同。在垄断竞争市场上，基本上不存在阻碍企业进出的制度方面、法律方面以及技术方面的障碍。

垄断竞争市场在现实中比较常见，城市中随处可见的零售店、服装店、餐饮店等，一般都具有垄断竞争的特点。

5.4.2 垄断竞争厂商的利润最大化原则

垄断竞争厂商也是在 $MR = MC$ 时实现利润最大化。由于成本曲线在不同市场结构下的厂商表现没什么不同，因此我们只需要研究垄断竞争厂商的需求曲线（平均收益曲线）和边际收益曲线。

在垄断竞争市场上，由于不同厂商所生产的产品是有差异的，所以单个垄断竞争厂商所面临的需求曲线不再同完全竞争厂商的需求曲线一样是水平的，而是向右下方倾斜的。并且，它的位置依赖于其他厂商的产品价格：其他厂商提价会使该需求曲线右移，其他厂商降价会使该需求曲线左移。

因为垄断竞争厂商面临的需求曲线是向右下方倾斜的，所以对其利润最大化原则的分析接下来就同完全垄断厂商的利润最大化分析基本相同，垄断竞争厂商的边际收益小于市场价格，即对垄断竞争厂商而言，公式 $MR = P\left(1 + \dfrac{1}{e_d}\right)$ 同样成立。由于垄断竞争厂商具有一定的垄断力量，因此垄断竞争厂商的定价也是在成本之上做一定的加成来定价，即 $P = \dfrac{MC}{1 + \dfrac{1}{e_d}}$。假设垄断竞争厂商面临的需求曲线为线性，则其边际收益曲线同样是一条线性曲线，并且其与纵轴的截距与需求曲线相同，斜率是线性需求曲线的两倍。

垄断竞争厂商的利润最大化图形如图 5-19 所示。图中，垄断竞争厂商的利润最大化点为 MR 曲线与 MC 曲线的交点 E_0 点，决定的利润最大化产量为 Q_0，利润最大化价格从 D 曲线上读出，即 P_0。

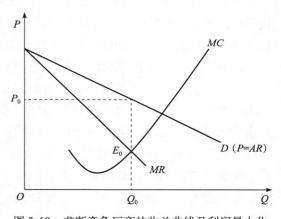

图 5-19 垄断竞争厂商的收益曲线及利润最大化

5.4.3 垄断竞争厂商的短期均衡

垄断竞争厂商的短期均衡如图 5-20 所示。图中的 AC 曲线和 MC 曲线代表垄断竞争厂商短期生产规模的选择，D 曲线和 MR 曲线为垄断竞争厂商短期面临的需求曲线和边际收益曲线。垄断竞争厂商的短期均衡点在 MR 曲线和 MC 曲线的交点处，决定的短

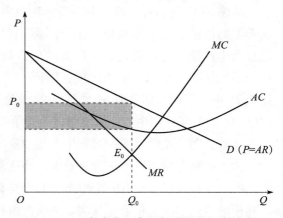

图 5-20 垄断竞争厂商超额利润的短期均衡

期均衡点为 E_0 点，均衡产量为 Q_0，均衡价格为 P_0。此时垄断厂商获取的是超额利润的短期均衡，超额利润为图中阴影部分的矩形面积。

同其他市场结构中的厂商一样，垄断竞争厂商在短期内也并非必然获得超额利润的短期均衡。如果垄断竞争厂商面对的市场份额相对较小，或者垄断竞争厂商的成本相对较高的话，则可能会面临盈亏平衡的短期均衡或亏损的短期均衡。不过，只要垄断竞争厂商面临的市场价格超过其平均可变成本，厂商在短期内就会继续生产。

5.4.4 垄断竞争厂商的供给曲线

在垄断竞争市场上，厂商没有供给曲线。其原因同垄断厂商没有供给曲线一样。由于垄断竞争厂商面临的需求曲线也是向右下方倾斜的，厂商的产量与价格之间一一对应的函数关系并不存在，因此，垄断竞争厂商没有供给曲线。

5.4.5 垄断竞争厂商的长期均衡

垄断竞争厂商在满足条件 $MC = LMR$ 时，实现长期利润最大化。由于在垄断竞争市场上，厂商可以自由进入和退出该市场，因此同完全竞争厂商一样，垄断竞争厂商由短期均衡向长期均衡的调整，需要经过两步：第一步为市场上原有厂商对最优规模的选择过程；第二步为新厂商的进入和原有厂商的退出的调整过程。

这两步调整的具体过程，可以参考完全竞争厂商及完全垄断厂商长期均衡的调整，这里不再多分析。由于垄断竞争市场上的厂商可以自由进入或退出市场，则垄断竞争厂商的长期均衡必然是盈亏平衡的。表现在图形中就是，在垄断竞争厂商的长期均衡处，需求曲线必然与 LAC 曲线相切。垄断竞争厂商的长期均衡图形见图 5-21。

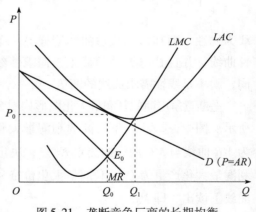

图 5-21　垄断竞争厂商的长期均衡

从图 5-21 我们可以得到垄断竞争理论中一项重要的结论：在该市场结构下，厂商一般存在过剩生产能力。也就是说，厂商的生产规模小于最低成本所要求的生产规模，因而生产是在低于最低成本产量的条件下进行的。在图 5-21 中，厂商长期平均成本最低的产量为 Q_1，而厂商实现长期均衡的产量为 Q_0，$(Q_1 - Q_0)$ 就是过剩生产能力。与完全竞争厂商的长期均衡是在长期平均成本曲线的最低点相比较，垄断竞争市场的过剩生产能力反映了该市场资源利用的非效率。

关于垄断竞争市场的这种非效率，要注意两点。首先，在垄断竞争市场上，各厂商的产品的替代性很强，没有哪个单个厂商会具有可观的垄断力量，所以垄断势力所引起的资源利用的非效率不会很大。其次，垄断竞争相对于完全竞争有一个非常大的好处，那就是市场上产品的多样性。与完全竞争市场提供的单一产品相比较，消费者可能更喜欢在多样化的产品中进行选择。

5.5 寡头垄断市场的厂商均衡

5.5.1 寡头垄断市场的特征

寡头垄断市场又称为寡头市场。它是指少数几家厂商控制整个市场或整个市场的绝大部分产品供给的一种市场结构。寡头垄断市场是既包含垄断因素又包含竞争因素，但更接近于完全垄断的一种市场结构。寡头垄断市场是现实中一种较为普遍的市场结构，如在我国像家电行业、电信服务、成品油供给等都表现出寡头垄断的特征。

寡头垄断市场根据产品的特征不同，可以分为纯粹寡头市场和差别寡头市场两类。在纯粹寡头市场上，各厂商市场的产品没有差别。现实经济中，钢铁、水泥及成品油供给等就属于此类。差别的寡头是指市场上的厂商所生产的产品是有差异的，例如汽车、家电制造就属于差别寡头市场。

将寡头垄断市场与其他市场结构相比较，我们可以很容易地得出该市场不同于其他市场的特征，如市场上厂商的数目较少、厂商的规模较大以及新旧厂商的进入和退出都很困难等。但寡头垄断市场最重要的特征在于在该市场上，各厂商存在高度的相互依存关系。

由于寡头垄断市场上厂商数目较少，以致一家厂商在对自己的产量与价格决策做出改变时都会影响到其竞争对手的销售量和利润。因此每家厂商在制定决策时，都必须考虑其决策对竞争对手有什么样的影响以及其竞争对手会对其决策做出什么样的反应。如我国的电信服务业由中国移动、中国联通和中国电信三家服务商垄断经营，属于寡头垄断市场。这三家企业之间就存在高度的相互依存关系。如中国移动计划降低服务收费，就必须考虑它的这项决策会对中国联通和中国电信有什么样的影响，以及中国联通和中国电信会对它的降价决策做出什么样的反应。如中国联通和中国电信会采取同样的降价决策，还是不为所动，还是做出更大的降价以作为反击，或者它们各自做出不同的选择。

也正因为寡头垄断市场上的厂商之间的相互依存关系，在该市场上，当某一家厂商改变决策时，市场最终的结果是不确定的。换句话说就是，寡头垄断市场没有办法建立起像完全竞争、完全垄断和垄断竞争厂商一样的短期和长期均衡的一般模型。本节下面主要介绍几个寡头垄断市场中具有代表性的价格模型。

5.5.2 古诺模型

古诺模型是由法国经济学家安东尼·奥古斯丁·古诺（Antoine Augustin Cournot）于1838年提出来的。古诺模型通常被作为寡头垄断模型分析的出发点。古诺模型分析的是一个只有两个寡头厂商的简单模型，有时候也被称为"双寡头模型"。古诺模型有如下四个基本假设。第一，一个行业只有两个寡头厂商，生产同质产品；第二，市场的需求曲线为线性，两个寡头厂商都准确地了解市场需求曲线；第三，两个寡头厂商同时做出产量决策，也就是说，寡头间进行的是产量竞争而非价格竞争，市场价格依赖于两个厂商所生产的产品总量；第四，两个寡头厂商的边际成本为常数。

在具体地分析古诺模型的均衡解之前，我们可以笼统地分析一下两个寡头厂商的相互依存关系。寡头市场中的厂商也是追求利润最大化的经济单位，并在满足自己的 $MR = MC$ 时实现利润最大化。如对厂商 1 而言，在满足 $MR_1 = MC_1$ 时，实现自己的利润最大化。而从数学角度考虑，有公式

$$MR_1 = \frac{dR}{dQ_1} = \frac{d(P \cdot Q_1)}{dQ_1} = \frac{d[P(Q) \cdot Q_1]}{dQ_1} \tag{5-15}$$

成立，而 $Q = Q_1 + Q_2$，也就是说，厂商 1 的利润最大化产量既依赖于厂商 1 的产量，也依赖于厂商 2 的产量。厂商 2 也是如此。因此，古诺模型中的厂商是相互依存的，各厂商要决定自己的利润最大化产量，就必须先决定（或假定）竞争对手的产量。

下面我们具体分析古诺均衡过程，先分析厂商 1 的均衡过程。假设厂商 1 认为厂商 2 的产量为零，则厂商 1 的需求曲线就是市场需求曲线。在图 5-22 中用 $D_1(0)$ 表示假定厂商 2 产量为零时厂商 1 的需求曲线。图中同时给出了与 $D_1(0)$ 相对应的边际收益曲线 $MR_1(0)$。根据古诺模型的基本假设，厂商 1 的边际成本为常数，表现在图形中为水平线 MC_1。根据利润最大化原则，厂商 1 的利润最大化产量由 $MR_1(0)$ 曲线与 MC_1 曲线的交点决定，假设此时的产量为 50 单位。所以，如果厂商 1 假设厂商 2 生产 0 单位，则它会生产 50 单位来实现利润最大化。

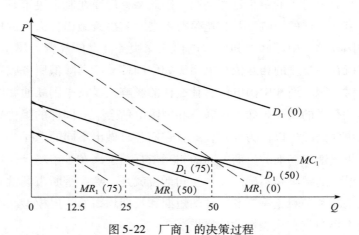

图 5-22 厂商 1 的决策过程

假设厂商 1 认为厂商 2 生产的不是 0 单位，而是 50 单位，则厂商 1 面临的需求曲线就是市场需求曲线左移 50 单位，在图中标注为 $D_1(50)$，相应的边际收益曲线为 $MR_1(50)$。厂商 1 的利润最大化产量现在是 $MR_1(50)$ 曲线与 MC_1 曲线的交点所决定的 25 单位。现在假设厂商 1 认为厂商 2 生产 75 单位，则厂商 1 面临的需求曲线就是市场需求曲线左移 75 单位，在图中标注为 $D_1(75)$，相应的边际收益曲线为 $MR_1(75)$。厂商 1 的利润最大化产量现在是 $MR_1(75)$ 曲线与 MC_1 曲线的交点所决定的 12.5 单位。最后，假设厂商 1 认为厂

商 2 生产 100 单位，则厂商 1 的需求曲线、边际收益曲线将与其边际成本曲线在纵轴上相交，也就是说，如果厂商 1 认为厂商 2 生产 100 单位，则厂商 1 生产 0 单位。

总之，如果厂商 1 认为厂商 2 什么都不生产，则它自己生产 50 单位；如果厂商 1 认为厂商 2 生产 50 单位，则它自己生产 25 单位；如果厂商 1 认为厂商 2 生产 75 单位，则它自己生产 12.5 单位；如果厂商 1 认为厂商 2 生产 100 单位，则它自己生产 0 单位。由此可以看出，厂商 1 的利润最大化产量是厂商 2 产量的减函数。我们称这个函数为厂商 1 的反应函数（图形表示为反应曲线），记为 $Q_1^*(Q_2)$。厂商 1 的反应函数表示在厂商 1 对厂商 2 产出水平做出各种推测的情况下，厂商 1 生产的相应能使其自身利润最大化的产量。图 5-23 显示了厂商 1 的反应曲线。

对厂商 2 也可以做同样的分析，并得到厂商 2 的反应函数 $Q_2^*(Q_1)$。厂商 2 的反应函数表示在厂商 2 对厂商 1 的产量水平做出各种推测的情况下，厂商 2 生产的相应能使其自身利润最大化的产量。图 5-23 也标示出了厂商 2 的反应曲线。两个厂商的反应曲线的交点就是均衡点，称为古诺均衡。这时，两个厂商都正确地假定了竞争对手的产量，并相应地生产了使自己利润最大化的产量。

为了更好地理解古诺模型，下面以实例来说明。

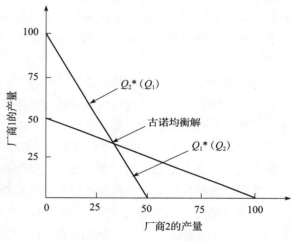

图 5-23　反应曲线和古诺均衡

假定双寡头市场面临的市场需求曲线为：$P = 30 - Q$，其中 Q 是两个厂商的产量总和，即有公式 $Q = Q_1 + Q_2$ 成立；再假设两个厂商的边际成本为 0，即 $MC_1 = MC_2 = 0$。求两个厂商的古诺均衡解。

先分析厂商 1 的均衡过程。厂商 1 在满足 $MR_1 = MC_1$ 时，实现利润最大化，则厂商 1 的总收益为：

$$TR_1 = P \cdot Q_1 = (30 - Q) \cdot Q_1$$
$$= 30Q_1 - (Q_1 + Q_2)Q_1 = 30Q_1 - Q_1^2 - Q_1Q_2$$

对 TR_1 以 Q_1 为自变量求导得边际收益为：

$$MR_1 = 30 - 2Q_1 - Q_2$$

因为 $MC_1 = 0$，则有 $30 - 2Q_1 - Q_2 = 0$，得到厂商 1 的反应函数：

$$Q_1 = 15 - Q_2/2$$

采用同样的过程，可求得厂商 2 的反应函数：

$$Q_2 = 15 - Q_1/2$$

求解两个厂商的反应函数所组成的方程组，得到古诺均衡时两个厂商的产量：$Q_1 = Q_2 = 10$。此时，均衡的市场价格为 $P = 30 - Q = 10$。

5.5.3 施塔克尔贝格模型

施塔克尔贝格模型是由德国学者施塔克尔贝格于 1934 年提出来的，可以看成是对古诺模型的发展。在前面的古诺模型中，两个厂商是同时做出它们的产量决策的，这样，双方都在适应对方已确定的产量的前提下来选择自己的利润最大化产量，并最终实现古诺均衡。而施塔克尔贝格模型则研究如果两个厂商中的一个能先做出产量决策，将会发生什么。此时，两个厂商的均衡产量有何变化？先做出决策对厂商是否有利？

施塔克尔贝格模型假设与古诺模型假设基本相同，每个厂商的决策变量都是产量，也就是每个厂商都是选择自己的最优产量来实现利润最大化。但此时厂商的决策先后有别。我们可以从理论层面推演一下决策的先后对两个厂商行为的影响。假设有厂商 1 和厂商 2，厂商 1 可以先做出产量决策，厂商 2 根据厂商 1 的产量决策做出自己的利润最大化产量决策。

分析可以先从厂商 2 开始，厂商 2 是在厂商 1 的决策之后做出自己的利润最大化的产量决策的。这样，厂商 2 的决策和古诺模型中厂商的决策行为一样，是有自己的反应函数的，厂商 2 会根据自己的反应函数和厂商 1 的产量决定自己的利润最大化产量。而对厂商 1 而言，其有先发优势，也知道厂商 2 会依据它自己的反应函数决定它的利润最大化产量。也就是说，厂商 1 是在已知厂商 2 反应函数的基础上决定自己的利润最大化产量的。

下面仍然使用前面古诺模型的例子说明施塔克尔贝格模型的均衡过程。

假定市场面临的市场需求曲线为：$P = 30 - Q$，其中 Q 是两个厂商的产量总和，即 $Q = Q_1 + Q_2$；再假设两个厂商的边际成本仍为零，即 $MC_1 = MC_2 = 0$。但此时厂商 1 先做出决策，厂商 2 后做出决策，考虑此时的均衡解。

对厂商 2 而言，因为它是在厂商 1 的决策之后做出产量决策的，所以它可以把厂商 1 的产量看成既定的。也就是说，厂商 2 的决策过程与古诺模型中的决策过程相同，都是按照自己的反应函数做出的。根据前面的分析可知，厂商 2 的反应函数为：

$$Q_2 = 15 - Q_1/2$$

厂商 1 在满足 $MR_1 = MC_1$ 时，实现利润最大化。回顾厂商 1 的总收益为：

$$TR_1 = P \cdot Q_1 = (30 - Q) \cdot Q_1 = 30Q_1 - (Q_1 + Q_2)Q_1 = 30Q_1 - Q_1^2 - Q_1Q_2$$

因为厂商 1 的总收益 TR_1 取决于厂商 2 的产量 Q_2，所以厂商 1 必须预测厂商 2 生产多少。由于厂商 1 知道厂商 2 会根据反应函数选择产量，我们可以把厂商 2 的反应函数代入上式，则有：

$$TR_1 = 30Q_1 - Q_1^2 - Q_1Q_2 = 30Q_1 - Q_1^2 - Q_1(15 - Q_1/2) = 15Q_1 - Q_1^2/2$$

对上式 TR_1 以 Q_1 为自变量求导得厂商 1 的边际收益为：

$$MR_1 = 15 - Q_1$$

由于两个厂商的边际成本为 0，根据公式 $MR_1 = MC_1$ 可知，厂商 1 的利润最大化产量为 15。再根据厂商 2 的反应函数可知，厂商 2 的利润最大化产量为 7.5。也就是说，厂商 1 的利润最大化产量及最大化利润都为厂商 2 的两倍，说明先行决策会给厂商带来优势。

5.5.4 价格刚性与斯威齐模型

斯威齐模型也被称为拐折的需求曲线模型。该模型由美国经济学家斯威齐在1939年提出,用来解释一些寡头垄断(寡占)市场上的价格刚性现象。寡头垄断市场的价格刚性现象是指在寡占市场上,产品价格往往比较稳定,即便是市场上厂商的成本或需求发生了显著的变化,厂商也不会改变自己产品的价格,从而表现为寡占市场的产品价格刚性。

斯威齐模型的基本假设是:如果一个寡头厂商提高价格,行业中的其他厂商不会跟着改变自己的产品价格,因而提价的寡头厂商的销售量会大幅下降;如果一个寡头厂商降价,其他厂商会跟着降价以避免销售量的减少,因而寡头厂商销售量的增加是有限的。这样,寡头厂商的需求曲线就会发生拐折。当厂商的需求曲线发生拐折时,其边际收益曲线就会发生间断,从而产生价格刚性现象。具体分析见图5-24。

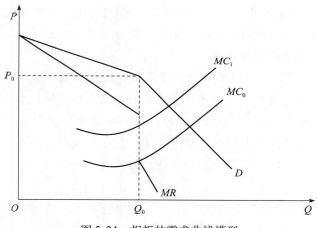

图5-24 拐折的需求曲线模型

在图5-24中,厂商面临一条在当前价格P_0处拐折的需求曲线。在P_0以上的价格处需求曲线相对平坦,P_0以下的价格处需求曲线相对陡峭。由于该需求曲线是拐折的,则厂商的边际收益曲线会在价格P_0相对应的产量Q_0处发生间断[⊖]。如厂商最初的边际成本曲线为MC_0,厂商在满足条件$MR = MC_0$时实现利润最大化,决定此时价格为P_0,产量为Q_0。假设现在厂商因要素价格变动,边际成本曲线由MC_0变动到MC_1,厂商在满足$MR = MC_1$时实现新的均衡,此时决定的厂商的利润最大化的产品价格和数量都不变。

📚 本章小结

本章要点可以归纳如下:

1)在经济学中,划分市场结构的标准主要有以下几个:厂商数目;行业中不同厂商

⊖ 理解边际收益曲线的间断时要注意收益曲线是以产量为自变量的函数。

生产的产品的差异程度；厂商制定价格的能力；厂商进出市场的难易程度。根据这些标准，市场可以分为四类，它们是完全竞争市场、垄断竞争市场、寡头垄断市场和完全垄断市场。

2）经济学中的厂商都是追求利润最大化的经济单位，当满足边际收益等于边际成本时，厂商实现利润最大化（或成本最小化）。这个条件适用于任意市场结构下的厂商。

3）在一个完全竞争的市场中，有大量的卖者和买者，每一个卖者和买者所占的市场份额都很小；市场上不同厂商所生产的产品都是同质的；资源的流动不受限制；信息是完全的。同时满足以上条件的市场才是完全竞争市场。

4）在完全竞争市场上，单个厂商是价格的接受者。也就是说，单个厂商面临的需求曲线是从既定的市场价格出发的一条水平线。完全竞争厂商的平均收益曲线、边际收益曲线和需求曲线是三线合一的。

5）在短期内，完全竞争厂商在生产规模不变的情况下，通过对产量的调整来实现 $MR=SMC$ 的利润最大化的均衡；完全竞争厂商的短期均衡，可以是超额利润的，也可以是盈亏平衡的，还可以是亏损的。但在长期内，因为市场上资源的流动不受限制，完全竞争厂商只能实现盈亏平衡的长期均衡。

6）从完全竞争厂商的短期均衡分析，可以推导出完全竞争厂商的短期供给曲线。具体地说，完全竞争厂商的短期供给曲线是停止营业点之上的边际成本曲线部分。

7）完全垄断市场中只有一个厂商，垄断厂商的需求曲线就是向右下方倾斜的市场需求曲线。垄断厂商向右下方倾斜的需求曲线带来了位于需求曲线下方的同样向右下方倾斜的边际收益曲线。这样，垄断厂商产品的市场价格就会大于边际成本，就有了加成定价的情况。

8）在短期内，完全垄断厂商在生产规模不变的情况下，通过对产量和价格的调整来实现 $MR=SMC$ 的利润最大化的均衡；完全垄断厂商的短期均衡，也可以是超额利润的，也可以是盈亏平衡的，还可以是亏损的。但在长期内，因为新厂商没有办法进入该市场，完全垄断厂商长期均衡的利润总会大于短期均衡的利润。

9）完全垄断厂商向右下方倾斜的需求曲线使得厂商的市场价格和产量之间不再有一一对应的关系，也就是说，完全垄断厂商没有供给曲线。这一结论适用于所有的非完全竞争厂商。

10）垄断竞争市场与完全竞争市场主要的区别在于垄断竞争厂商的产品是非同质的，是有差异的，这一点差异使得垄断竞争市场表现出既垄断又竞争的市场特征。垄断竞争厂商对自己产品的定价具有一定的垄断力量，导致厂商的需求曲线向右下方倾斜。这样，垄断竞争厂商的需求曲线与边际收益曲线的关系就同完全垄断厂商的相同，短期均衡分析也是一样的。但是，在长期生产中，因为垄断竞争市场上的厂商可以较容易地进入该市场，垄断竞争厂商就只能获得盈亏平衡的长期均衡。

11）在寡头垄断市场上，各寡头厂商之间的市场行为相互影响，使得该市场没有办法建立像其他市场一样的短期均衡与长期均衡模型。寡头垄断市场的古诺模型解释了寡头垄断市场上每一个寡头厂商都同时决定自己的利润最大化产量时的均衡产量。施塔克尔贝格模型研究了寡占市场的先决策优势。斯威齐模型用拐折的需求曲线和间断的边际收益曲线解释了寡占市场的价格刚性现象。

实训与实践

一、基本概念

1. 完全竞争 2. 总收益 3. 平均收益
4. 边际收益 5. 完全垄断 6. 平均成本定价法
7. 垄断竞争 8. 边际成本定价法 9. 寡头垄断
10. 反应函数

二、分析简答

1. 为什么完全竞争厂商的需求曲线是一条与横轴平行的直线，而行业需求曲线是一条向右下方倾斜的曲线？
2. 家电行业的制造商发现，为了占有市场份额，它们不得不采取各种竞争策略，包括广告、售后服务、产品外形设计，其竞争程度是很激烈的。因此，家电行业被认为是完全竞争行业。这种说法对吗？为什么？
3. 为什么完全竞争厂商的利润最大化的条件既可以表示为 $MR = MC$，也可以表示为 $MC = P$？
4. 为什么完全竞争市场中的厂商不愿为自己的产品做广告而花费任何金钱？
5. "虽然很高的固定成本会是厂商亏损的原因，但永远不会是厂商关门的原因。"你同意这种说法吗？为什么？
6. "在长期均衡点，完全竞争市场中的每个厂商的（超额）利润都为零。因而，当价格下降时，所有这些厂商就无法继续经营。"这句话对吗？
7. 判断说明：对于需求富于弹性的商品，垄断厂商可以索取高价以获得高额垄断利润。
8. "垄断厂商长期均衡时，垄断者的生产规模一定会使短期平均成本和长期平均成本达到最小。"这句话对吗？为什么？

三、计算

1. 假设某完全竞争行业有1 000个相同的厂商，它们都具有相同的边际成本函数 $MC = 2Q + 2$，固定成本为100，又已知整个行业的需求曲线 $Q = 8\,000 - 500P$。
   1) 试求厂商的短期供给曲线及整个行业的供给曲线。
   2) 求厂商短期均衡时的产量。
   3) 当企业获得正常利润时的产量及总成本。
2. 假设某完全竞争行业有100个相同的厂商。每个厂商的成本函数为 $STC = 0.1q^2 + q + 10$。
   1) 求市场供给函数。
   2) 假设市场需求函数为 $Q_D = 4\,000 - 400P$，求市场的均衡价格和均衡产量。
3. 已知某垄断者的成本函数为 $TC = 8Q - 0.05Q^2$，产品的需求函数为 $Q = 400 - 20P$。

1) 求垄断者利润最大化时的销售价格、产量和利润。

2) 求垄断者收支相抵时的价格和产量。

4. 垄断厂商面临的需求函数为：

$$Q = \frac{a - P}{b}$$

而厂商的成本函数为 $AC = \alpha + \beta Q$。其中 a、b、α 和 β 均为大于零的常数，Q、P 和 AC 分别为产量、单位价格和单位成本。

试求这个厂商的均衡产量和均衡价格。

5. 假设一个垄断厂商面临的需求曲线为 $P = 10 - 3Q$，成本函数为 $TC = Q^2 + 2Q$。

1) 求利润极大时的产量、价格和利润。

2) 如果政府企图对该垄断厂商采取限价措施迫使其达到完全竞争行业所能达到的产量水平，则限价应为多少？

6. 两个寡头垄断厂商的行为遵循古诺模型，它们都生产一种同质的产品，其市场的需求函数为 $Q = 900 - 9P$。

1) 若两个厂商的生产成本都为零，则均衡时厂商的产量和价格为多少？

2) 若两个厂商的生产成本都不为零，成本函数分别为：

$$TC_1 = 0.1Q_1^2 + 30Q_1, TC_2 = 0.2Q_2^2 + 30Q_2$$

则均衡时厂商的产量和价格又为多少？

Chapter 6 第 6 章

生产要素价格的决定和收入分配

> 价格体系正是人类偶然发现的未经理解而学会利用的体系(虽然人类远非已经学会充分地利用它)。通过价格体系的作用,不但劳动分工成为可能,而且也有可能在平均分配知识基础上协调地利用资源。
>
> ——弗里德里希·奥古斯特·冯·哈耶克《个人主义与经济秩序》

哈耶克(1899—1992),奥地利裔英国经济学家、新自由主义的代表人物,生于奥地利维也纳,先后获得维也纳大学法学和政治科学博士学位,20世纪20年代留学美国。他一生发表了130篇文章,出版了25本专著,其作品涵盖的范围从纯粹的经济学到理论心理学,从政治哲学到法律人类学,从科学哲学到思想史。他在政府干预、社会主义的经济后果及社会结构的发展这三个领域做出了重要贡献。他先后任维也纳大学讲师、奥地利经济周期研究所所长、英国伦敦经济学院教授、德国弗莱堡大学教授等,并于1974年获得诺贝尔经济学奖。

弗里德里希·
奥古斯特·冯·
哈耶克(Friedrich
August von Hayek)

本章核心内容提示

1. 引致需求的含义、完全竞争要素市场中生产者实现利润最大化的条件、生产要素的边际收益产品及其曲线、生产者的要素需求曲线和行业要素需求曲线;

2. 不完全竞争要素市场中生产者实现利润最大化的条件和生产者要素需求曲线;

3. 劳动要素供给的时间配置模型和劳动要素供给曲线的推导;

4. 资本与利息率的含义、资本要素的供给曲线;

5. 土地要素的供给曲线、各生产要素市场均衡的条件;

6. 地租、准租金和经济租金的含义,洛伦兹曲线、基尼系数和产量分配净尽定理等收入分配指标,以及相关收入分配政策。

6.1 生产要素的需求

相对于产品市场，生产要素市场的价格也取决于需求和供给两个方面，生产要素的需求来源于产品市场上的产品供应者，即生产者；生产要素的供给主要来源于产品市场上的产品购买者，即消费者。为了便于讨论，我们首先假设生产要素的供给保持不变，在此基础上对生产要素的需求进行分析。

6.1.1 引致需求与共同需求

产品市场的需求与生产要素市场的需求具有不同的性质。产品市场的需求来源于消费者，即消费者对商品与服务的需求，消费者为了满足自身衣、食、住、行等需要而购买产品，这是一种直接需求；生产要素市场的需求则来源于生产者，即生产者对生产要素的需求，生产者购买生产要素的目的不是满足自身需求，而是生产产品以获得利益并满足消费者需求。例如，汽车生产者购买钢材不是为了满足自身需求，而是为了生产汽车以获得利益并满足购买汽车的消费者的需求。可以看出，生产者对生产要素的需求是间接需求。

进一步来讲，生产者通过购买生产要素生产产品，在一定程度上要取决于消费者对其产品的需求。如果没有人购买其产品，则生产者就无法从该产品中获益，进而不会购买生产要素并生产产品。接上面的例子，如果没有人购买汽车，汽车生产者就不会购买钢材。由此可见，生产者对生产要素的需求是从消费者对产品的需求中"派生"出来的，我们称之为派生需求或引致需求。

当然，要素需求不仅是一种引致需求，也是一种共同需求。在之前的生产理论中，我们知道生产过程是靠各种要素的综合作用完成的，生产中劳动、资本和土地相互依赖，很难说清多种要素中究竟哪一种要素"单独"创造了多少产出。共同需求，也称联合需求，是指对生产要素的需求是共同的、相互依赖的需求。对某种要素的需求，不仅取决于本身的价格，也取决于其他要素的价格。如果人工很便宜，使用昂贵的机器就不如用人工合算，厂商就会更多地使用人力来替代机器，反之亦然。

6.1.2 完全竞争市场中生产者利润最大化的条件

1. 完全竞争市场中的生产者

同完全竞争产品市场一样，完全竞争生产要素市场可以描述为：要素买卖双方人数众多，并且买卖双方信息对称；要素没有任何区别，并且可以充分自由流动。本章我们把同时处于完全竞争产品市场和完全竞争要素市场中的生产者称为完全竞争市场中的生产者。

2. 完全竞争市场中生产者实现利润最大化的条件

前面我们学习产品市场价格的决定时，假定生产要素的价格既定，生产者通过调整产量来实现利润最大化。与此相反，本章我们假定产品的价格既定，生产者通过调整生产要素的购买数量来实现利润最大化。

那么生产者是如何通过调整生产要素的购买数量来实现利润最大化的呢？我们假定生产者的收益 R 和成本 C 都是生产要素的投入量的函数，而且我们假定生产者只需要两种生产要素，即劳动要素 L 和资本要素 K，则有：$R = R(L, K)$ 和 $C = C(L, K)$。因此，生产者的利润 π 为：$\pi = R(L, K) - C(L, K)$。

假定资本要素投入量 K 不变时，生产者利润最大化的条件为利润 π 对劳动要素投入量 L 的导数等于 0，即：$dR/dL = dC/dL$；假定劳动要素投入量 L 不变时，生产者利润最大化的条件为利润 π 对资本要素投入量 K 的导数等于 0，即 $dR/dK = dC/dK$。其中 dR/dL 为劳动要素的边际收益，又称为劳动要素的边际收益产品（MRP_L），即生产者增加单位劳动要素投入量所增加的收益；dR/dK 为资本要素的边际收益，又称为资本要素的边际收益产品（MRP_K），即生产者增加单位资本要素投入量所增加的收益；dC/dL 为劳动要素的边际成本，即生产者增加单位劳动要素投入量所增加的成本；dC/dK 为资本要素的边际成本，即生产者增加单位资本要素投入量所增加的成本。也就是说，完全竞争市场中生产者实现利润最大化的条件是：生产者购买生产要素的边际收益等于生产者购买该生产要素的边际成本。

进一步来讲，在完全竞争的要素市场中，生产者购买生产要素的边际成本就等于生产要素的价格，因为在完全竞争的要素市场，有众多的要素购买者，每一个要素购买者都是要素价格的接受者，即要素的价格是既定的，因此，我们可以总结为：完全竞争市场中生产者实现利润最大化的条件是，生产者购买生产要素的边际收益等于要素价格。

3. 生产要素的边际收益产品及其曲线

生产要素的边际收益，又称为边际收益产品，是指生产者增加一单位生产要素所增加的收益，用字母 MRP 表示，其中，劳动要素的边际收益产品记作 MRP_L，它等于收益的增量除以劳动要素的增量，即 $MRP_L = \Delta R/\Delta L$；资本要素的边际收益产品记作 MRP_K，它等于收益的增量除以资本要素的增量，即 $MRP_K = \Delta R/\Delta K$。

那么生产要素的边际收益产品等于什么呢？以劳动要素为例，我们前面学习过劳动要素的边际产量 MP_L，即生产者增加单位劳动要素所增加的产量，（$MP_L = \Delta Q/\Delta L$）。我们还学习过产品的边际收益 MR，即生产者增加单位产量所增加的收益，它等于：$MR = \Delta R/\Delta Q$。如果我们用劳动要素的边际产量乘以产品的边际收益，即 $(\Delta Q/\Delta L) \cdot (\Delta R/\Delta Q) = \Delta R/\Delta L = MRP_L$，也就是说，劳动要素的边际收益产品等于劳动要素的边际产量乘以产品的边际收益，记作：

$$MRP_L = MP_L \cdot MR \qquad (6-1)$$

同理，资本要素的边际收益产品等于资本要素的边际产量乘以产品的边际收益，记作：

$$MRP_K = MP_K \cdot MR \qquad (6-2)$$

根据边际产量递减规律，劳动要素或资本要素的边际产量是递减的，产品的边际收益通常也是递减的（在完全竞争的产品市场，边际收益等于价格，是一个常数），因此，劳动要素或资本要素的边际收益产品也是递减的，如图6-1所示。以完全竞争产品市场为例，根据边际产量递减规律，边际产量曲线 MP 是向右下方倾斜的曲线；边际收益等于价格，而且对于生产者而言，价格也是既定的，因此，$MR = P$；边际收益产品是边际产量与边际收益的乘积，即 $MRP = P \cdot MP$，也就是说，边际收益产品是在边际产量的基础上扩大了 P 倍，所以边际收益产品曲线也是向右下方倾斜的，如图6-1中的 MRP 曲线。

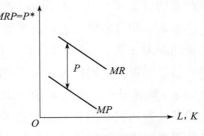

图 6-1　边际产量和边际收益

4. 完全竞争市场中生产者利润最大化条件的原因

生产者对生产要素的需求必须符合生产者利润最大化的条件：$MRP = MC$。为什么呢？我们以劳动要素为例，当 $MRP_L > MC_L$ 时，即生产者购买1单位劳动要素所获得的收益要大于其付出的成本，则生产者会增加对劳动要素的购买，但由于 MRP_L 是递减的，即随着 L 的增加，生产者购买单位劳动要素所增加的收益是在不断减少的，因此，随着生产者对 L 购买的增加，MRP_L 在减少，直至等于 MC_L。当 $MRP_L < MC_L$ 时，即生产者购买1单位劳动要素所获得的收益要小于其付出的成本，则生产者会减少对 L 的购买，但由于 MRP_L 是递减的，因此，随着生产者对 L 购买的减少，MRP_L 在增加，直至等于 MC_L。而当 $MRP_L = MC_L$ 时，生产者既不会增加也不会减少对 L 的购买，生产者实现利润最大化。

案例 6-1　打字员的工作情况

打字服务社正在考虑每名打字员一天连续工作的时间长度，依据以往的数据，我们得到了如表6-1所示的数据。

表 6-1　打字员的工作情况表

工作时间（小时）	边际产量 MP（千字/小时）	边际收益 MR（元/千字）	边际收益产品 MRP（元/小时）	工资 W（元/小时）
1	9	2	18	8
2	8	2	16	8
3	7	2	14	8
4	6	2	12	8
5	5	2	10	8
6	4	2	8	8
7	3	2	6	8
8	2	2	4	8

表6-1表明，随着打字时间的延长，每小时的打字数在不断下降，即打字的边际产量

递减，当工作时间不超过 5 小时时，每小时所带来的边际收益产品虽然在下降，但仍高于每小时的工资额，即此时增加工作时间会给服务社增加利润；当工作时间超过 6 小时时，每小时所带来的边际收益产品低于每小时的工资额，即此时增加工作时间会减少服务社的利润。因此，服务社经理的最优选择是把打字员的工作时间定为 6 小时，此时 $MRP_L = MC_L = W = 8$，服务社可以实现最大利润。

6.1.3 完全竞争市场中生产者的要素需求曲线

在短期内，生产者的资本要素不变，劳动要素可变；在长期内，生产者的劳动要素和资本要素都是可变的。因此，在短期和长期内，生产者对生产要素的需求曲线是不同的。

1. 生产者对要素的短期需求曲线

在短期内，资本要素不变，劳动要素可变，因此，生产者对要素的需求就是对劳动要素的需求。如图 6-2 所示，假定要素市场是完全竞争的，生产者的劳动要素边际收益产品为曲线 MRP_L，劳动要素的价格为 W_0，即生产者能够以价格 W_0 购买到足够多的劳动要素，因此，生产者面临的劳动要素的供给曲线 S_L 是一条水平线。同时，W_0 也是劳动要素的边际成本。S_L 曲线与 MRP_L 曲线相交于 A 点，所对应的劳动要素购买量为 L_0。在 A 点，即生产者对劳动要素的购买量为 L_0 时，生产者实现利润最大化，因为此时劳动要素的边际收益产品等于其边际成本。当劳动要素的价格变动时，生产者购买劳动要素的数量就沿着 MRP_L 曲线变动，如图 6-2 所示，当劳动要素的价格，即工资率上升到 W_1 时，相应的生产者利润最大化的劳动要素购买量减少为 L_1；当劳动要素的价格，即工资率下降到 W_2 时，相应的生产者利润最大化的劳动要素购买量减少为 L_2。因此，生产者的边际收益产品曲线 MRP_L 就是生产者对劳动要素的短期需求曲线，它表示生产者在任何一种劳动要素价格水平下所愿意购买的劳动要素的数量。

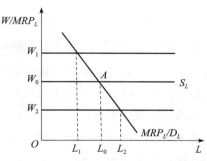

图 6-2 生产者对要素的短期需求曲线

2. 生产者对要素的长期需求曲线

在长期内，劳动要素和资本要素都是可变投入要素，因此，当劳动要素的价格发生变化时，生产者不仅会改变劳动要素购买量，而且还会改变资本要素的购买量，而随着资本要素购买量的变化，劳动要素购买量还会发生变化。如图 6-3 所示，曲线 $MRP_L(K_0)$ 是生产者在资本要素投入量为 K_0 时的劳动要素需求曲线，当劳动要素的价格为 W_1 时，生产者的劳动要素购买量为 L_1；当劳动要素的价格下降为 W_2 时，生产者的劳动要素购买量增加到 L_2。劳动要素价格的下降不仅会鼓励生产者购买更多的劳动要素，而且由于成本下降，为了得到更多的利润，生产者还会扩大生产规模，购买更多的资本要素。假设生产者的资本要素增加到 K_1，由于有了更多的资本要素，使得劳动要素的生产率提高，劳动要素的边际产量增加，导致劳动要素的边际收益产品增加，曲线 $MRP_L(K_0)$ 向右上方平行移动到曲线 $MRP_L(K_1)$，此时，当劳动要素的价格由 W_1 下降为 W_2 时，生产者对劳动要素的购买量将是 L_3，而不是 L_2，即 C 点。当我们把 A 点和 C 点连接起来，就得到生产者对劳动要素的长期需求曲线，即两种生产要素均可变时的生产者对劳动要素的需求曲线。与生产者对劳动要素的短期需求曲线相比，长期曲线更为平坦。

我们还可以用等产量线推导两种要素同时变动时生产者对要素的需求。如图 6-4 所示，假定最初的生产者的等成本线为 AB，与之在 E_1 点相切的等产量线为 Q_1，生产者实现成本最小化的点为 E_1 点，此时劳动要素的购买量为 L_1，资本要素的购买量为 K_1，现在如果劳动要素的价格由 W_1 下降为 W_2，资本要素的价格不变，等成本线由 AB 围绕 A 点逆时针旋转到 AB'，新的等成本线 AB' 与更高的等产量线 Q_2 相切于 E_3 点，生产者实现成本最小化，此时，劳动要素的购买量由 L_1 增加为 L_3，资本要素的购买量由 K_1 增加为 K_3。

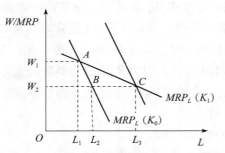

图 6-3　生产者对劳动要素的长期需求曲线　　图 6-4　两种要素同时变动时生产者的要素需求曲线

这一变动可以分解为两种效应：替代效应和产量效应。所谓替代效应是指由于劳动要素价格的下降使得资本要素价格变得相对高昂，在产量不变的条件下，生产者购买更多的劳动要素而减少对资本要素的购买，从而导致劳动要素购买量增加。所谓产量效应是指由于劳动要素价格下降使得生产者购买生产要素的能力相对提高，生产者能购买更多的劳动要素和资本要素。如图 6-4 所示，画一条与新等成本线 AB' 平行且与等产量线 Q_1 相切的补偿等成本线 MN，切点为 E_2 点，所对应的劳动要素购买量为 L_2（L_2 大于 L_1），资本要素购买量为 K_2（K_2 小于 K_1），劳动要素购买量由 L_1 增加为 L_2，称为替代效应；由补偿等成本线 MN 移到新等成本线 AB'，生产者成本最小化的劳动要素购买量由 L_2 增加为 L_3，称为产量效应。

3. 行业的要素需求曲线

行业的要素需求曲线不是行业内所有生产者对生产要素的需求曲线的水平加总。因为假如劳动要素价格下降，所有生产者对劳动要素的需求就会增加，所有生产者的产量也会增加，导致整个行业产品供给量增加，产品价格下降，所有生产者产品的边际收益下降，以致劳动要素的边际收益产品下降，生产者对劳动要素的需求曲线向左下方平行移动，所以行业的要素需求曲线不是行业内所有生产者对生产要素的需求曲线的简单加总。

如图 6-5 所示，假定最初的生产者对劳动要素的需求曲线为 MRP_{L_1}，当劳动要素的价格下降时，行业内所有生产者购买劳动要素的数量就会增加，产量增加，供给增加，产品价格下降，产品边际收益（等于产品价格）下降，劳动要素的边际收益产品曲线由 MRP_{L_1} 向左下方平行移动至 MRP_{L_2}。生产者购买劳动要素的数量将由 L_1 增加到 L_3，而不是 L_2，因此，行业对劳动要素的需求量也相应减少。当劳动要素的价格由 W_1 下降为 W_2 时，行业对劳动要素的需求量将由 L_A 增加到 L_C，而不是 L_B。行业的要素需求曲线是 A 点与 B 点的连线。

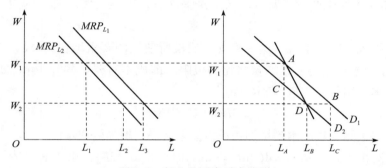

图 6-5　行业的要素需求曲线

6.1.4　不完全竞争市场中生产者利润最大化的条件

不完全竞争市场包括垄断、寡头和垄断竞争三种情况。为了方便分析，本章所述的不完全竞争市场均为垄断市场。垄断市场中的生产者可以分为三种：第一种，在产品市场上是垄断卖方，在要素市场上是完全竞争买方，我们称之为卖方垄断；第二种，在产品市场上是完全竞争卖方，在要素市场上是垄断买方，我们称之为买方垄断；第三种，在产品市场上是垄断卖方，在要素市场是垄断买方。由于第三种生产者只是前两种生产者的综合，因此我们主要分析前两种生产者。

1. 卖方垄断的生产者利润最大化的条件

我们知道，任何性质的生产者利润最大化的条件都是使用要素的边际成本等于相应的边际收益。与完全竞争市场中的生产者相同，卖方垄断的生产者在要素市场上是完全竞争者，因此，其使用要素的边际成本仍等于要素价格，该要素价格是既定常数。但是，由于其在产品市场上是垄断者，因此，其面临的产品价格不再是常数，而是取决于产量和销量的一个变量。

同前面的分析一样，卖方垄断的生产者使用要素的边际收益是其收益函数对要素的导数。假设一个卖方垄断的生产者的收益函数为 $R=R(Q)$，生产函数为 $Q=Q(L)$，则该生产者的收益为 $R=R[Q(L)]$，对该函数求导得 $dR/dL=(dR/dQ)\cdot(dQ/dL)$，即：

$$MRP = MR \cdot MP \tag{6-3}$$

由此可见，式（6-3）表达的不仅是完全竞争市场中生产者使用要素的边际收益，而且是卖方垄断生产者使用要素的边际收益。因此，与完全竞争市场中的生产者相同，卖方垄断的生产者的利润最大化条件是：边际收益产品等于要素价格。

2. 买方垄断的生产者利润最大化的条件

由于买方垄断的生产者在产品市场上是完全竞争者，因此其产品的边际收益等于产品价格，即 $MR=P$，从而其使用要素的边际收益就等于要素的边际收益产品：$MRP=P\cdot MP$。但是，由于此时生产者在要素市场上是垄断者，因此其使用要素的边际成本不等于要素价格。

现在我们引入边际要素成本这一概念，假设所使用的要素增量为 ΔL，由此引起的成本增量为 ΔC。成本增量与要素增量之比的极限，即成本对要素的导数 dC/dL，通常被称为边际要素成本，用符号 MFC 表示，即：

$$MFC = dC/dL \tag{6-4}$$

换句话说，边际要素成本是增加一单位要素使用所增加的成本。

下面我们写出等式：$MFC=dC/dL=(dC/dQ)\cdot(dQ/dL)$，由于 dC/dQ 是产品的边际成本 MC，dQ/dL 是要素的边际产量 MP，因此：

$$MFC = MC \cdot MP \tag{6-5}$$

在一般情况下（例如在买方垄断情况下），要素的边际成本就是所谓边际要素成本 MFC，它等于产品的边际成本与要素的边际产品的乘积，在完全竞争要素市场中，它简化为要素价格。

因此，我们得出：买方垄断厂商使用要素的边际收益和边际成本分别等于要素的边际收益产品和边际要素成本。即买方垄断的生产者的利润最大化条件是：边际收益产品等于边际要素成本。

6.1.5 不完全竞争市场中生产者的要素需求曲线

1. 卖方垄断的生产者的要素需求曲线

由 $MRP=W=MR\cdot MP$ 得：

$$W = MR \cdot MP(L) \tag{6-6}$$

式中：$MP(L)$ 为要素的边际产品，是要素的函数。

由此可见，在给定产品的需求函数以及要素的生产函数，从而给定产品的边际收益函数 MR 以及要素的边际产品函数 MP 的情况下，可以确定一个关于要素价格 W 和要素使用量 L 的函数关系，即卖方垄断的生产者的要素需求函数。

下面我们分析卖方垄断生产者的要素需求曲线的特点。假定初始要素价格和要素数量满足垄断生产者的要素需求曲线，现在令要素价格 W 下降，则要素的边际收益产品 $MR \cdot MP(L)$ 会随之下降，而此时如果保持要素的边际产品函数 MP 和产品的边际收益函数 MR 不变，则只有增加要素需求量 L 才有可能达到目的。于是，随着要素价格的下降，要素需求量将上升，要素价格与要素需求量成反比。因此，如图 6-6 所示，卖方垄断生产者的要素需求曲线是一条向右下方倾斜的直线。

此外，还可以证明，在这种情况下，要素的需求曲线将与其边际收益产品曲线重合。如图 6-6 所示，$MRP = MR \cdot MP$ 为边际收益产品曲线。当要素价格为 W_0 时，根据利润最大化的要素使用原则，需要将要素量调整到 $MRP = W_0$ 的点，即 L_0。显然，点（W_0，L_0）位于 MRP 曲线上。如果给定另一要素价格 W_1，则要素需求量为 L_1。因此，要素的需求曲线与边际收益产品曲线重合。与边际收益产品曲线一样，卖方垄断生产者的要素需求曲线随着边际生产力递减和产品边际收益递减而向左下方移动。

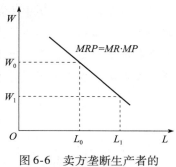

图 6-6　卖方垄断生产者的要素需求曲线

2. 买方垄断的生产者的要素需求曲线

由于买方垄断的生产者在要素市场上是垄断者，在垄断情况下，价格不是既定的，生产者可以通过改变需求量来使价格处于一个特定值，这时只要随意改动一下就可以找到同一个价格对应多个需求量或者同一个需求量对应多个价格的情况，价格与需求量之间不存在一对一的函数关系，因此不存在买方垄断的生产者的要素需求曲线。

6.2　生产要素的供给

6.2.1　生产要素的供给者

广义的生产要素包括生产过程中所投入的中间产品和最初的生产要素。中间产品是指生产者在生产过程中投入的原材料，比如，面包生产需要投入面粉；汽车制造需要投入钢材；等等。最初的生产要素，即狭义的生产要素是指生产过程中投入的未经加工的要素，包括劳动要素、资本要素和土地要素。劳动要素是指人力资源中从事各类劳动并获取报酬的那部分人口在经济、社会中的投入形成的劳动投入量。资本要素是指货币资本，不包括厂房、机器设备等固定资产，但货币资本可以购置这些固定资产。土地要素在经济学上泛指一切自然资源，包括土地、矿藏等，可分为私人资源和公共资源两种。本章所指的生产要素是狭义的生产要素，即最初的生产要素。

劳动要素的供给者是消费者；资本要素，即货币资本的供给者也是消费者，消费者通过储蓄、证券投资等形式以借贷或投资的方式向生产者提供资本要素；土地要素的供给者是资源的所有者，即土地或矿藏的所有者。

案例6-2 要素市场

要素市场的完善程度是市场经济深入发展的表现,也是衡量现代化的一个重要标志。传统的要素市场概念指的是生产要素市场,包括金融市场、劳动市场、土地市场、技术市场、信息市场等,在此基础上,业内研究者又拓展了其概念。比如:根据生产要素的延伸,加入了自然资源类市场、房地产市场和产权市场;根据交易对象的分类,把要素市场分为权益类市场和商品类市场;根据细分市场对国民经济的影响程度和中央、地方的监管权限,将要素市场分为中央监管的市场和地方监管的市场。要素市场是指在特定区域内构建一个市场体系,能够将国内外资本汇流,将企业汇聚,将人才汇集,将信息汇通,充分整合各类生产要素,为有市场规模的产品提供交易流通的便利和服务。该体系包含了金融资产类市场、权益类市场、商品类市场和其他类市场,具体如下:

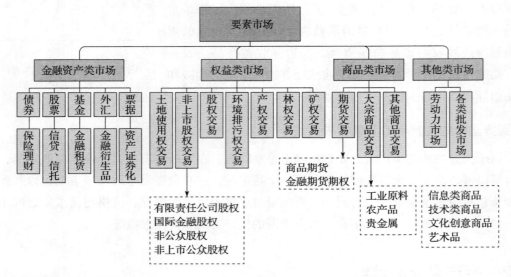

(资料来源:中亿财经网)

6.2.2 劳动要素的供给

1. 劳动要素供给的时间配置模型

我们在学习消费者效用最大化的时候,假定消费者的收入水平是既定的。事实上,消费者的收入并不是既定的,一般而言,消费者的收入与其付出的劳动成正比,消费者如果想增加收入,就必须花费时间去劳动。然而每个人的时间是有限的,除了劳动,消费者还要吃饭、睡觉、娱乐、旅游等,这些都需要耗费时间,因此,消费者必须将自己有限的时间进行合理分配,即在工作时间和闲暇时间之间进行分配。那么,消费者如何对二者进行合理分配呢?

我们知道,增加1小时的工作时间就可以增加1小时的工资收入,增加1小时的闲暇时间就会减少1小时的工资收入,因此,劳动要素的价格或工资率(1小时的工资)是闲暇时间的机会成本,即劳动资源或劳动要素未能得到充分利用而放弃的机会所带来的成本，也就是闲暇时间的价格。由于工作时间与消费者的收入高度相关，我们用收入来代替工作时间。我们把收入和闲暇都看成消费者要消费的商品，而且它们都是正常商品，即增加收入和闲暇都能增加消费者的效用，我们就可以用前面学过的消费者无差异曲线来分析消费者如何分配工作时间和闲暇时间。消费者并不能无限制地增加闲暇时间和收入（即工作时间），而是要受到消费者的总体时间限制。假定消费者每天的收入为 I，工资率为 W，闲暇时间为 H，则 $I=(24-H)W$ 就是消费者消费收入和闲暇时间的预算约束线。如图 6-7 所示，在以消费者的收入 I 为纵坐标，以闲暇时间 H 为横坐标的坐标系中，消费者的无差异曲线 U 与预算约束线 AB 相切于 E 点，E 点所对应的收入 I^* 和闲暇时间 H^* 就是消费者效用最大化时的收入和闲暇时间的组合，此时，工作时间为 $24-H^*$。根据我们前面所学的知识，在消费者效用最大化的点 E，无差异曲线与预算约束线的斜率相等，即闲暇时间对收入的边际替代率的绝对值等于工资率。

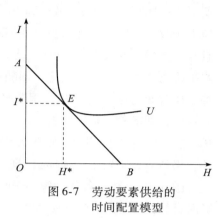

图 6-7 劳动要素供给的时间配置模型

2. 消费者的劳动要素供给曲线

上面分析了消费者是如何在工作和闲暇之间分配时间的，但是这与我们要求的劳动要素的供给曲线有什么关系呢？下面我们就利用劳动要素供给的时间配置模型来推导一下劳动要素供给曲线。

假定劳动要素的价格（即工资率 W，也是闲暇时间的价格）发生变动，我们来看消费者合理的劳动时间（即 24 小时减去闲暇时间）会如何变化。在前面我们学习过价格效应，即其中一种商品或劳务的价格发生变化，会对消费者消费该种商品或劳务的数量产生什么影响。价格效应可以分解为两个效应：替代效应和收入效应。所谓替代效应是指如果一种商品或劳务的价格上升，在消费者效用不变的条件下，消费者会增加消费变得相对便宜的商品或劳务，而减少消费变得相对昂贵的商品或劳务。所谓收入效应是指如果一种商品或劳务价格上升，消费者的购买力下降了，能购买的商品或劳务（包括变得相对昂贵的商品或劳务）的数量就会同时减少。

对于消费者消费闲暇时间和收入两种商品组合而言，如果工资率上升，即闲暇时间的价格上升，在消费者效用不变的条件下，消费者就会减少对闲暇时间的消费，增加工作时间，即所谓的替代效应；如果工资率上升，即闲暇时间的价格上升，消费者的收入就会增加，消费者会用增加的收入购买更多的闲暇时间，即消费者的工资增加后，闲暇时间反而会增加（比如，欧美等发达国家工人的工作时间与发展中国家相比就比较少），这就是所谓的收入效应。由此可见，替代效应和收入效应的作用是相反的，在工资率上升的情况下，替代效应使得闲暇时间减少，工作时间增加，即劳动要素的供给量增加；收入效应使得闲暇时间增加，工作时间减少，即劳动要素的供给量减少。因此，总的价格效应，即工资率的上升到底是增加了工作时间，还是减少了工作时间，还要取决于替代效应与收入效应孰大孰小。

图 6-8a 反映了替代效应大于收入效应的情况，当工资率 W 上升后，预算约束线 AB 的纵向截距增加，横向截距不变，预算约束线 AB 围绕 B 点顺时针旋转至新的预算约束线 $A'B$，与更高效用的无差异曲线 U_2 相切于 E，消费者效用最大化的均衡点由 E_1 移至 E_2，所对应的闲暇时间由 H_1 减少到 H_2，即随着工资率的上升，工作时间增加了，此时替代效应大于收入效应。为什么呢？我们画一条补偿预算约束线 CD 与新的预算约束线 $A'B$ 平行且与原无差异曲线 U_1 相切于 S 点，所对应的闲暇时间为 H_S，H_S 小于 H_1。H_S 与 H_1 之间的水平距离就代表了替代效应，即随着工资率的上升，消费者会减少对闲暇时间的消费，增加工作时间由点 S 到点 E_2，闲暇时间由 H_S 增加到 H_2，H_S 与 H_2 之间的水平距离代表了收入效应，即随着工资率的上升，消费者会增加对闲暇时间的消费，减少工作时间。因为 H_S 与 H_1 之间的水平距离大于 H_S 与 H_2 之间的水平距离，所以替代效应大于收入效应。总的价格效应是工资率增加导致闲暇时间减少，工作时间增多，劳动要素供给量增加。

图 6-8b 反映了替代效应小于收入效应的情况，工资率的上升同样使预算约束线由 AB 顺时针转至 $A'B$，均衡点移动至 E_2，消费者的效用上升至 U_2。但 H_S 与 H_1 之间的水平距离小于 H_S 与 H_2 之间的水平距离，所以替代效应小于收入效应，总的价格效应是工资率增加导致闲暇时间增多，工作时间减少，劳动要素供给量减少。

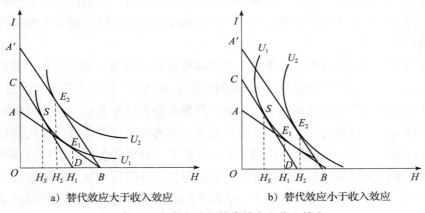

a) 替代效应大于收入效应　　　　b) 替代效应小于收入效应

图 6-8　工资率变动的替代效应和收入效应

一般而言，在工资率较低的阶段，替代效应大于收入效应。这是因为，在工资率较低的阶段，一方面消费者渴望工作，工资率的些许增加都会导致消费者提供更多的劳动，减少更多的闲暇时间，即替代效应较大；另一方面低工资带来的收入变化不会太大，即收入效应较小。因此，在工资率较低的阶段，劳动要素的供给量会随着工资率的增加而增加，即此时劳动要素的供给曲线是向右上方倾斜的。

随着工资率的增加，替代效应越来越小，收入效应越来越大。这是因为，随着工资率的上升，一方面消费者的收入在增加，消费者会觉得自己的收入颇为可观，宁可少工作，也要多休息和娱乐，即替代效应减小；另一方面较高的工资带来的收入的变化会逐渐增大，即收入效应增大。因此，随着工资率的上升，劳动要素的供给量会随之增加，但增加的速度会逐渐减慢，即此时劳动要素的供给曲线向左上方弯曲或向内弯曲。

当工资率上升到一定程度时，替代效应和收入效应的作用就会完全抵消。此时，工资率的上升既不会增加劳动要素的供给量，也不会减少劳动要素的供给量，即劳动要素的供给曲线是垂直的。如果工资率继续上升，收入效应就会超过替代效应，即随着工资率的上升，劳动要素的供给量会减少，即劳动要素的供给曲线向左上方倾斜。如图 6-9 所示，当工资率在 W^* 以下时，替代效应大于收入效应，劳动要素供给量和工资率同方向变动；当工资率在 W^* 以上时，替代效应小于收入效应，劳动要素供给量和工资率反方向变动；当工资率等于 W^* 时，替代效应等于收入效应。因此，我们得出消费者的劳动要素供给曲线，是一条"向后弯曲"的曲线。

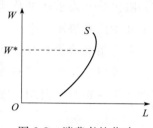

图 6-9 消费者的劳动要素供给曲线

案例 6-3 劳动要素供给曲线向后弯曲：收入效应与替代效应的结果

劳动要素供给的收入效应的有力证据来自一种非常不同的资料：彩票赢家。巨额彩票奖金的赢家眼看着未来收入有巨幅增加，因此，预算约束线大大向外移动。但是，由于赢家的工资并没有变，他的预算约束线的斜率仍然没有变，因此就没有替代效应。通过考察彩票赢家的行为，我们可以把劳动要素供给的收入效应分离出来。

研究结果显示：在那些赢得了总计 5 万美元以上奖金的人中，几乎有 25% 的人在一年内辞职，而另有 9% 的人减少了他们工作的时间。在那些赢得奖金超过 100 万美元的人中，几乎有 40% 的人不再工作。赢得这种巨额奖金的人劳动要素供给的收入效应是显著的。

1993 年 5 月号《经济学季刊》发表了关于一项研究成果的文章，说明获得遗产对劳动要素供给的影响。这项研究显示，遗产超过 15 万美元不再工作的人数是遗产少于 2.5 万美元的人的 4 倍。

19 世纪的工业家安德鲁·卡内基警告说："给儿子留下巨额财产的父母会使儿子的才能和热情大大丧失，而且使他的生活不如没有遗产时那样有用和有价值。"

这就是说，卡内基认为劳动要素供给的收入效应是相当大的，而且从父母的角度看会后悔。卡内基在有生之年和死后，把他的大部分财产捐给了慈善机构。

3. 劳动要素的市场供给曲线

劳动要素的市场供给曲线就是劳动要素市场上所有消费者的供给曲线的叠加。但是，尽管许多单个消费者的劳动要素供给曲线可能会向后弯曲，但劳动要素的市场供给曲线却不一定如此。在较高的工资水平上，现有工人可能会提供较少的劳动，但高工资会吸引来新的工人，总的劳动要素市场供给一般还是随着工资率的上升而增加，因此总的劳动要素的市场供给曲线会在更大的工资率范围内向右上方倾斜。

均衡工资率由劳动要素市场上的供求决定。由要素的边际生产力递减和产品的边际收益递减，我们可以得出一条向右下方倾斜的要素的市场需求曲线。劳动的市场需求曲线也不例外。劳动的需求曲线与供给曲线的交点决定均衡工资率。

如图 6-10 所示，劳动的需求曲线 D 与劳动的供给曲线 S 的交点 E 决定了均衡工资率为 W_0，均衡劳动数量为 L_0。因此我们得出，均衡工资率由劳动市场的供给与需求决定，并随供给和需求的变化而变化。劳动的供给曲线通常由以下几个因素决定：第一，人口的数量、性别和年龄；第二，社会习俗及价值观念，例如某些社会规定女性只能做家务而不能参加工作；第三，财富状况，较大的财富使消费者倾向于保留时间自用，而不进行劳动。

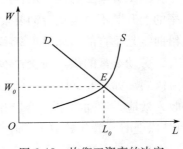

图 6-10　均衡工资率的决定

6.2.3　资本要素供给

前面我们讨论了劳动这一生产要素的供给，现在我们来讨论资本这一要素的供给。在西方经济学中，"资本"一词在涉及不同的内容时具有不同的含义。因此，我们首先来分析资本的含义。

1. 资本与利息率

在西方经济学中，资本具有相当宽泛的概念，它代表一个经济系统中所有的有形资源。为了方便讨论，本章我们把资本定义为由经济制度本身生产出来并被用作投入要素以便进一步生产更多商品或劳务的物品，包括机器设备、厂房和其他中间投入等。由这一定义可以看出，资本具有以下特点：第一，资本与消费品的总和构成了上期生产的所有商品，资本的数量是可以改变的；第二，资本的意义在于它被用于生产过程时能够带来更多的商品或劳务，人们持有资本的目的在于获得增值。由此可见，资本无非就是人们为了获得增值而将产品中的一部分用于未来生产的物品。

资本作为生产要素，其本身具有一个市场价格，即资本价值。例如，一台机器、一座厂房在市场上都具有一定的价格。另外，资本可以在市场上进行租借，即它作为生产要素提供了一种生产服务，因此，资本还有另外一个价格，即资本的租用价格。

资本作为生产服务，在出租一定的时间后会获得收益。例如一台价值 10 000 元的机器，如果其出租一年的租金为 1 000 元，这台机器的租金收入与机器自身价值之比：1 000/10 000 = 10%，这就是这台机器的年利息率：$r = 10\%$。

由此可见，资本的收益增值与资本的价格之比就是资本的利息率，用公式表示为：

$$r = Z/P \tag{6-7}$$

式中，Z 是资本服务的年收入，P 是资本的价格。

进一步来讲，如果考虑到资本在使用一年后资本自身价值发生的变化，例如增值或折旧，那么该机器的收益还需要加以调整，如果设机器的价值改变量为 ΔP，那么资本的利息率应当表示为：

$$r = (Z + \Delta P)/P \tag{6-8}$$

式中，当 ΔP 大于零时，资本增值；当 ΔP 小于零时，资本贬值。

在生产过程中，不同的资本价值与年收入可能并不相同，但市场竞争使得不同资本的利息率趋向于相等。例如，假设 A 机器具有较高的利息率，则人们会趋向于购买 A 机器，从而提高 A 机器的市场价格，那么根据资本利息率公式，A 机器的利率会下降，直到 A 机器的利息率与其他资本的利息率相等为止。

2. 资本要素供给的曲线

根据资本要素的定义，资本要素是上期产品中未被消费而用于生产的物品，单个个人在不影响他人资本量的情况下增加自身的资本要素量，这种保留收入的一部分不用于消费的行为就是"储蓄"，所以资本的供给来源于消费者的储蓄。

消费者保留部分收入进行储蓄，一般来讲，其目的无非就是为了将来可以获得更多的消费品。因此，在收入既定的条件下，处理消费与储蓄间的分配问题，也可以看作是处理现在消费与未来消费的选择问题。在进行这种选择时，资本的所有者将会遵循效用最大化原则。

考察下面这种情形，假设消费者可以将某一种商品在今年和明年两个时期内借入或借出。该消费者的长期消费决策如图 6-11 所示。

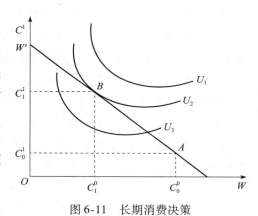

图 6-11　长期消费决策

在图 6-11 中，横轴代表今年消费的商品量，纵轴代表明年消费的商品量，U_1、U_2、U_3 是消费者的三条无差异曲线，即给消费者带来同等满足的今年消费的商品量和明年消费的商品量的各种组合。由该无差异曲线的特点，我们可以得出：第一，无差异曲线向右下方倾斜表明，减少今年的消费量就需要增加明年的消费量以保证总效用水平不变，反之亦然；第二，无差异曲线凸向原点表明，随着今年消费量的提高，明年消费量将会下降，因此，今年消费替代明年消费的能力将下降，即今年消费对明年消费的边际替代率是递减的。

如图 6-11 所示，假设以 A 点表示消费者的初始状态，由于 A 是预算线 $W'W$ 上的一点，消费者既可以借出部分他自己今年的商品，也可以借入部分别人今年的商品。设当时的市场利率为 r，则该消费者减少一单位今年商品的消费就可以增加 $(1 + r)$ 单位明年商品的消费。由此可知，预算线 $W'W$ 的斜率为 $-(1 + r)$，向右下方倾斜。随着利率的上升，预算线将围绕 A 点顺时针旋转，反之亦然。

由图 6-11 可知，预算线 $W'W$ 与无差异曲线 U_2 的交点 B 就是消费者的最优消费决策点，在这一点上，消费者今年消费 C_1^0，明年消费 C_1^1。比较初始点 A 和均衡点 B 可知，处于 A 点的消费者今年拥有的商品量是 C_0^0，但只消费了其中一部分 C_1^0，而将另一部分 $(C_0^0 - C_1^0)$ 储蓄起来，并按利率 r 借出，从而能够在明年将消费从 C_0^1 提高到 C_1^1。

于是，给定市场利率 r，消费者今年有一个最优储蓄量和贷出量。当市场利率 r 提高时，预算线会围绕 A 点顺时针旋转，从而与另一条无差异曲线相切，得到另一个均衡点和另一个最优储蓄量和贷出量。将不同利率水平下的消费者最优储蓄量表示在图中，即可得到如图 6-12 所示的储蓄或贷款供给曲线。一般来说，随着利率的上升，储蓄增加，从而使曲线向右上方倾斜，但与劳动供给曲线情况相同，当利率处于很高的水平时，贷款曲线将可能出现向后弯曲的现象。

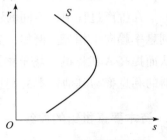

图 6-12　贷款供给曲线

6.2.4　土地要素供给

经济学上的土地泛指一切自然资源，其特点是不能被生产出来，土地数量既不能增加也不能减少，因此其自然供给是固定不变的，不随土地价格的变化而变化。

通过前面的内容我们已经知道，土地的数量是固定不变的，土地的自然供给不随土地价格的变化而变化。那么土地的市场供给是否与土地价格有关呢？

对于单个土地所有者而言，他可以自行分配土地的用途，其目的是实现效用最大化，即合理分配自用土地与供给市场土地的数量。与供给劳动类似，供给土地本身不增加效用，供给土地（此处指出租土地）的目的是获得土地收入，即土地租金，并用获得的租金来消费其他商品。假设土地所有者拥有的土地数量是既定的，用于自用的土地数量为 q，出租土地获得的租金收入为 Y。那么，土地所有者的效用函数为：

$$U = U(Y, q) \tag{6-9}$$

一般来讲，自用土地可以用来建造花园或停车场（均为自用）等，土地的这些消费性使用可以增加土地所用者的效用，但土地的消费性使用只占土地使用的很小一部分，在进行分析时，通常不考虑自用土地的效用，因此，土地所有者的效用函数可以简化为：

$$U = U(Y) \tag{6-10}$$

由此可得，土地所有者的效用只与土地收入有关，与自用土地数量无关。那么，为了获得尽可能多的土地收入，就需要尽可能多地供给土地，因此，在土地所有者拥有的土地数量既定时，为了满足效用最大化原则，无论土地价格是多少（假定土地价格为正），需要将全部土地都用来进行市场供给。土地的最优分配方式为自用土地数量为零，所有土地进行市场供给，土地供给曲线是一条垂直曲线，如图 6-13 所示。

需要特别注意的是，得出土地供给曲线垂直的结论，不是因为土地的自然供给是固定的，而是因为我们假定土地没有自用用途，只有生产性用途以供给市场。也就是说，假定土地只有生产性用途，那么土地供给曲线是垂直的。实际上，假设我们考虑土地的所有用途，既包括自用土地

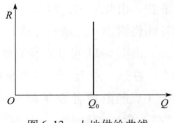

图 6-13　土地供给曲线

的消费性用途,又包括供给土地的生产性用途,在这种情况下,土地的供给就包括供给市场的土地和自用土地两部分,而这两部分之和是既定的,土地价格的变化只能影响这两部分的相对大小,不能影响两部分之和的大小,这也验证了土地供给曲线垂直的结论。

6.3 生产要素市场均衡

前面两节学习了生产要素的需求和供给,现在我们开始研究生产要素市场的均衡。与产品市场均衡一样,当生产要素的需求等于供给时,生产要素市场就实现均衡了。在这里,我们分别探讨完全竞争市场和不完全竞争市场(完全垄断市场、垄断竞争市场、寡头垄断市场)两种要素市场的均衡。

6.3.1 完全竞争生产要素市场的均衡

1. 完全竞争劳动要素市场的均衡

在完全竞争要素市场上,有众多的要素供给者(即消费者)和需求者(即生产者),每个消费者提供的劳动要素都是同质的,生产者和消费者都可以获得完全信息并且所有的资源都可以自由流动,下面对完全竞争劳动要素市场的均衡进行分析。

(1)**均衡工资的决定**。如果我们将劳动要素需求曲线和劳动要素供给曲线放在同一个坐标系,即以劳动要素的价格——工资率 W 为纵坐标,以劳动要素的供给量或需求量 L 为横坐标,我们就可以得到劳动要素市场的均衡。如图 6-14 所示,在 E 点劳动要素需求等于劳动要素供给,因此,在 E 点的劳动要素市场获得均衡,其均衡的工资率为 W^*,均衡的劳动要素数量为 L^*;当工资率高于 W^* 时,劳动要素的供给大于劳动要素的需求,即存在失业;当工资率低于 W^* 时,劳动要素的供给小于劳动要素的需求,即存在劳动短缺。

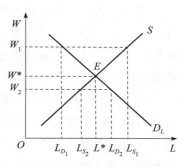

图 6-14 劳动市场均衡曲线

因此,劳动市场的均衡是指假定技术水平和资本要素等其他生产要素不变的情况下,当劳动要素需求等于劳动要素供给时,生产者和消费者都不愿意再调整其对劳动要素的需求量和供给量,使得劳动要素数量处于相对静止状态。这里面,均衡的工资率由劳动要素的供求决定,而劳动要素的需求,即劳动要素的边际收益产品,等于劳动要素的边际产量乘以价格。因此,工资率的高低在很大程度上取决于劳动要素的边际产量,而劳动要素的边际产量是衡量劳动生产率的主要指标,劳动要素的边际产量,即增加单位劳动要素所增加的产量的决定因素很多,比如技术水平、资本设备、文化教育以及其他要素的投入等。发达国家的工资率比发展中国家高,就是由于发达国家在这些方面的投入要比发展中国家多，导致劳动要素的边际产量比较高，劳动生产率就比较高。

在对劳动市场的均衡分析中，我们通过分析得出一个均衡工资水平。事实上，此结论的得出基于几个前提条件：一是所有劳动者都是同质的，即在教育水平、工作能力等方面没有差别；二是劳动者将工资水平作为唯一的评价标准。

(2) **工资差别**。现实生活中，不仅劳动者之间存在差异，而且劳动市场也不是一个统一的市场，而是由许多细分市场组成的，所以工资水平在工种、职业之间存在巨大的差别。工资差别是指不同产业之间、地区之间、部门之间、企业之间以及各类人员（不同工种、性别、种族等人员）之间工资的对比关系，通过各类职工的平均工资水平反映出来，形成一定的比例关系。

1) 补偿性工资差别。补偿性工资差别是指在实际经济活动中，即使能力和受教育程度无差别的劳动者，从事不同的工作也会存在工资差别。排除行业和区域垄断因素，形成这种差别往往与工作的性质和条件有关。例如有的工作令人感到轻松、愉快和安全，而有的工作则令人感到单调、枯燥，或者不安全。由工作的这些特性引起的工资差别称之为补偿性工资差别。

2) 竞争性工资差别。在市场经济下，劳动者可以根据自己的兴趣、素质高低等自由流动、自由地选择职业。每一个劳动者都想选择劳动环境好、社会地位高的职业。但不是每个人都能如愿以偿。只有那些素质高、机遇好的劳动者才有可能获得劳动环境好、社会地位高的职业，素质低、机遇差的劳动者则只好从事工资低的工作，由此产生了工资差别。另外，若两个劳动者所处的环境条件与个人机会都完全一致，而这两个人的劳动成果却不一样，其中一个效率高，另一个效率低，由此前者工资高，后者工资低，产生了工资差别。显然，这种工资差别是不能用补偿性工资差别来解释的。这种由于劳动素质（劳动技能）差异产生的工资差别称为竞争性工资差别或技能性工资差别。

3) 垄断性工资差别。垄断性工资差别是由于劳动者的特殊素质或特殊阶层而产生的。劳动者的特殊素质主要表现在某些劳动者在某一方面有超常的天赋，能从事别人很难胜任的工作，或者有些工作需要高素质的劳动，而这种劳动不是短时期内可以培养出来的。以上两类劳动虽然求大于供，但很难得到补充，因此使这些劳动者在某些工作上处于垄断地位，获得了垄断性的高工资。劳动者的特殊阶层主要表现在由于受到经济能力和社会地位所限，或是由于工会、行政权力及经济体制的影响，致使某些工资相对较高的工作只限于少数人能够进入，其他人无法转入，从而处于垄断地位。为了消除这种不公平的垄断性工资差别，就应创造条件力求消除造成阻碍劳动流动的外部因素。

2. 完全竞争资本要素市场的均衡

同完全竞争劳动要素市场一样，资本市场的均衡也取决于资本的供给和需求。资本供给（或者说储蓄）主要来源于家庭或消费者，资本需求的主体是厂商。所以，将以厂商为主体的需求曲线和以家庭为主体的供给曲线结合考虑，可以得出市场的均衡利率，这时资本市场的需求量和供给量相等。同前面的产品市场供给曲线和需求曲线得出的产品的均衡价格和均衡商品数量一样,当其他条件(如国家货币政策)使资本的供给曲线或需求曲线发生改变时,均衡利息率也会相应发生变化。

现在,我们分析资本市场的均衡。在短期内,储蓄流量趋于 0,而资本存量固定不变。所以,短期的资本供给曲线是垂直的,如图 6-15 所示,而在长期内,储蓄会不断转化为新的投资,促使资本的短期供给曲线不断右移,相应地,利率也随之下降,即由 r_0 变为 r_1。

可见,现实生活中,资本市场的利息率有长期利率和短期利率,或存款利率和贷款利率等。所以,市场利率的确定受多种因素的影响,如借贷风险、借贷期限、政府的货币政策等。

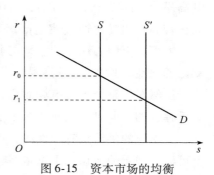

图 6-15 资本市场的均衡

案例 6-4 漂亮的收益

美国经济学家丹尼尔·哈莫米斯与杰文·比德尔在一份调查报告中指出:漂亮的人的收入比长相一般的人高 5% 左右,长相一般的人又比丑陋一点儿的人的收入高 5%~10%。

为什么漂亮的人收入高?经济学家认为,人的收入差别取决于人的个体差异,即能力、勤奋程度和机遇的不同。漂亮程度正是这种差别的表现。个人能力包括先天的禀赋和后天培养的能力,长相与人在体育、文艺、科学方面的天才一样是一种先天的禀赋。漂亮属于天生能力的一个方面,它可以使漂亮的人从事其他人难以从事的职业(如当演员或模特)。漂亮的人少,供给有限,自然市场价格高,收入高。漂亮不仅仅是脸蛋和身材,还包括一个人的气质。在调查中,漂亮与否由调查者打分决定,实际是包括外形与内在气质的一种综合。这种气质是人的内在修养与文化的表现。因此,在漂亮程度上得分高的实际往往是文化水平高、受教育程度高的人。两个长相接近的人,也会由于受教育程度不同表现出来的漂亮程度不同。所以,漂亮是反映人受教育程度的标志之一,而一个人所受的教育是其个人能力的来源,受教育多,文化水平高,收入水平高就是正常的。

漂亮也可以反映人的勤奋和努力程度。一个工作勤奋、勇于上进的人,自然会打扮得体,举止文雅,有一种朝气。这些都会提高一个人的漂亮得分。漂亮在某种程度上反映了人的勤奋,与收入相关也就不奇怪了。

——案例来源于梁小民的《西方经济学》

3. 完全竞争土地要素市场的均衡

(1) **土地市场的均衡和地租的决定。** 如图 6-16 所示,在以土地的价格——地租 R 为纵坐标,以土地的数量 Q_T 为横坐标的坐标系中,土地的供给曲线 S_T 是一条垂线,土地的需求曲线 D_T 是一条向右下方倾斜的曲线,土地的需求曲线和供给曲线的交点 E 就是土地市场的均衡点,在这点上土地市场实现了均衡,其对应的地租为均衡地租 R_0,对应的土地数量为均衡土地数量 Q_{T_0}，如果土地的边际收益产品提高，或者现有土地的数量相对有限，就会造成地租的上升。例如，很多大城市中心地段的地租极其高昂，原因在于：一方面，市中心地段土地的边际收益产品比较高，比如，通过建造高级写字楼而获得较高的收益；另一方面，市中心地段的土地与其他地段的土地相比，比如郊区的土地，其数量极其有限。

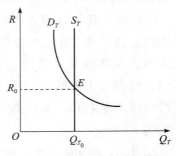

图 6-16　土地市场的均衡

虽然对于整个土地市场而言，土地的供给是固定且完全缺乏弹性的。但对于土地市场中的生产者，即土地的需求者而言，土地的供给是有弹性的，也就是说，任何一个生产者都可以在现行的地租水平下取得他所需的土地。比如，某服装批发商租用某家商店的楼面做生意。而且，在完全竞争的土地市场，土地的价格（即地租）是既定的，也就是说，每一个土地需求者都是土地价格的接受者。

（2）级差地租。前面对土地的讨论中，事实上是假设所有的土地都是同质的，如假设所有土地的亩产是一样的，不考虑地理位置、肥沃程度等的影响。但是，并不是所有土地都是同质的，且这种差别对地租的形成有相当大的影响。所以，在经济学上，级差地租是指经营较优土地的农业资本家所获得的并最终归土地所有者所占有的超额利润，其来源是产品个别生产价格和社会生产价格的差额。

根据形成条件的不同，级差地租可以分为两类：级差地租Ⅰ和级差地租Ⅱ。级差地租Ⅰ形成的条件在于土地肥沃程度的差别和地理位置的优劣；级差地租Ⅱ以对同一块土地连续追加投资而有不同的劳动生产率为条件。二者的表现形式不同，但在本质上是一致的。

下面，我们通过一个例子来说明级差地租的形成和决定。

在表 6-2 中，Ⅰ、Ⅱ、Ⅲ、Ⅳ是 4 块地理位置不同的土地。假设使用的其他生产要素相同，即在所支出的成本相同的情况下，各块土地的产量却不同。众所周知，农产品的市场价格是相同的，所以相同亩数的土地的总产量或总收益就会有差异。这样Ⅰ、Ⅱ两块土地就会因为条件好、产量高，分别产生 450 和 150 的地租，这样的地租就是级差地租。由于Ⅲ块土地没有级差地租，被称为"边际土地"。而Ⅳ块土地由于条件太差，产量很低，连生产成本都无法弥补，一般不会被使用。

表 6-2　级差地租

土地	产量	价格	生产成本	总产量	级差地租
Ⅰ	300	3	450	900	450
Ⅱ	200	3	450	600	150
Ⅲ	150	3	450	450	0
Ⅳ	90	3	450	270	-180

4. 租金、准租金和经济租金

（1）租金。租金是指为获得土地，房屋和设备的使用权而定期支付的费用。比如，地租、房租等。在很多情况下，不仅土地可以被看成是固定不变的，而且有许多资源也可以被看成是固定不变的，例如，某些人的天赋才能，其供给也是固定不变的。这些固定不变的资源也有相应的服务价格，我们把这种供给数量既定的一般资源的服务价格叫作"租金"。

（2）**准租金**。在现实生活中，有些资源的供给在长期内是可变的，但在短期内是固定不变的。例如，厂商使用的厂房、设备等固定生产要素。这些要素的服务价格通常称为"准租金"。所谓准租金就是对供给数量暂时不变或长期不变的生产要素支付的费用。

（3）**经济租金**。经济租金，又称为生产者剩余，是指支付给生产者或要素的所有者的超额报酬，等于生产者或要素的所有者的实际收入减去其机会成本的余额。

我们以歌星为例，例如对于 A 歌星，如果他不当歌星的机会是去当一名工人，其所获得的工资率为 W_1，即如果 A 歌星得到的报酬低于 W_1 的话，他宁愿去做一名工人。因此 A 歌星的供给曲线为如图 6-17 所示的 S_A 曲线。如果歌星市场上有同质的 5 名歌星：A、B、C、D、E，他们的机会成本分别为 W_1、W_2、W_3、W_4、W_5，则整个歌星市场的总供给曲线就是这 5 名歌星供给曲线的横向加总。如图 6-17 所示的梯状曲线 S，如果该市场的需求曲线为 D，则歌星们的收入报酬就是 W_5。对于 A 歌星而言，吸引其当一名歌星的最低报酬为 W_1，而市场给予其的报酬为 W_5。因此，阴影部分 W_5W_1AF 的面积就是 A 歌星的经济租金；同理，B 歌星的经济租金就是阴影 FJBG 的面积；C 歌星的经济租金就是阴影部分 GKCH 的面积，D 歌星的经济租金就是阴影部分 HLDI 的面积；E 歌星的经济租金为 0，因为其经济成本与其收入或者报酬相等，都等于 W_5。整个歌星市场总的租金就是纵轴、市场价格水平线和供给曲线 S 所围成的阴影部分的面积。

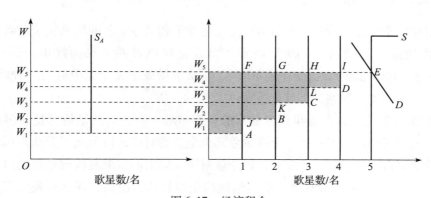

图 6-17　经济租金

产品或要素的供给弹性越小，即供给曲线越陡峭，生产者或者要素的所有者所获得的收入中经济租金的比例就越高，当供给弹性为 0，即供给曲线为垂线时，生产者或要素的所有者所获得的收入或报酬全部都是经济租金。比如，土地的供给完全缺乏弹性，其供给曲线为一条垂线。土地所有者的全部收入，即地租都属于经济租金，因为垂直的土地供给曲线表明：获得土地的最低价格为 0，即土地所有者的机会成本为 0（因为土地所有者不把土地租出去，将不会获得任何收益）。

案例 6-5　经济租金与准租金

例如，劳动市场上有 A、B 两类工人各 100 人，A 类工人素质高，所要求的工资为 200 元，B 类工人素质差，所要求的工资为 150 元。如果某种工作 A、B 两类工人都可以担任，那么，企业雇用工人时，当然优先雇用 B 类工人。但在 B 类工人不够时，也不得不雇用 A 类工人。假设企业需要工人 200 人，它就必须雇用 A、B 两类工人。在这种情况下，企业必须按 A 类工人的要求支付 200 元工资。这样 B 类工人所得到的收入就超过了他们的要求。B 类工人所得到的高于 150 元的那 50 元收入就是经济租金。其他生产要素所有者也可以得到这种经济租金。

由此可见，经济租金属于长期分析，而准租金属于短期分析。经济租金是对某些特定要素来说的，而经济利润是对整个厂商来说的。厂商存在经济利润，并不意味着其要素也存在经济租金。一种要素在短期中存在准租金，也不意味着长期中存在经济利润。

——案例来源于刘艳、丘丽云、邓晓峰等编著的《微观经济学》

6.3.2　不完全竞争生产要素市场的均衡

前面我们介绍了完全竞争条件下要素市场的均衡。现在，我们将讨论不完全竞争条件下要素市场的价格决定理论。除完全竞争要素市场以外的所有的或多或少带有一定垄断因素的要素市场结构，称为不完全竞争要素市场。下面我们分买方垄断和卖方垄断两种情况进行讨论。

1. 买方垄断的要素价格的决定

要素市场处于买方垄断时，产品市场是完全竞争和卖方垄断的区别在于前者对要素的需求曲线由边际产品价值（VMP）决定，而后者对要素的需求曲线由边际收益产品（MRP）决定。前面已经提到 VMP 是 MRP 在产品市场处于完全竞争时的一种特殊表示。所以，下面以劳动要素为例，进行分析探讨。

（1）完全竞争的产品市场和买方垄断的要素市场。当劳动的供给者是众多相互竞争的劳动者，而劳动的需求者只有一个或少数几个企业的时候，便形成了劳动市场的买方垄断。假定劳动要素市场只有一个企业，该企业对劳动要素的需求曲线就是市场对劳动的需求曲线，$D = MRP$，并假定劳动要素的供给曲线是线性的。所以，在这种条件下，该企业面临的劳动供给曲线，不像完全竞争条件下是水平的，而是一条向右上方倾斜的曲线。与之相应的企业雇用的劳动要素的边际成本曲线 MFC 位于劳动供给曲线的上方。

所以，根据厂商使用生产要素利润最大化的原则，当劳动的边际要素成本（MFC）等于劳动的边际收益产品（MRP）时，厂商对劳动的雇用量便处于均衡状态，即由曲线 MFC 和曲线 MRP_L 的交点决定，故应支付工资 W_0，且可以雇用 L_0 的劳动，如图 6-18 所示。在 E 点右边，增加一单位劳动带来的边际收益产品小于该单位劳动要素的边际要素成本，如果厂商减少劳动雇用量，就会增加利润；在 E 点左边，减少一单位劳动带来的边际收益产品大于该单位劳动要素的边际要素成本,厂商也会选择增加劳动雇用量。可见,只有在 E 点,才会使劳动市场达到均衡。

(2) **卖方垄断的产品市场和买方垄断的要素市场**。劳动的边际收益产品曲线(MRP)和边际要素成本曲线(MFC)交于 E 点,故可以决定厂商的最优雇用量为 L_0,其工资为 W_0,如图 6-19 所示。

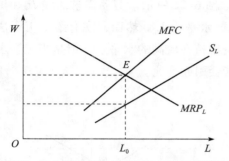

图 6-18 完全竞争的产品市场和买方垄断的要素市场条件下的劳动要素的市场均衡

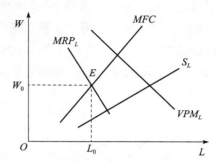

图 6-19 卖方垄断的产品市场和买方垄断的要素市场条件下的劳动要素的市场均衡

2. 卖方垄断的要素价格的决定

在不完全竞争市场中,工资可能高于或低于劳动的边际生产力。工会是劳动供给的主要力量,这里我们主要分析工会的存在对工资的决定影响。

工会作为劳动者的组织,目的在于维持较高的工资。它主要通过三种方式来达到增加工资的目的。

(1) **增加对劳动的需求**。在劳动供给不变的情况下,可以通过增加劳动的需求来提高工资,从而增加就业,如图 6-20 所示。

在图 6-20 中,原来的劳动需求曲线为 D,劳动供给曲线的均衡劳动量为 L_0,均衡工资为 W_0。当劳动需求增加后,劳动需求曲线变为 D',同时也决定了 W' 的工资水平和 L' 的就业水平。可见,劳动市场的均衡点由 E 点变为 E'。可见,当劳动需求曲线向右移动时,劳动供给量增加,即就业水平提高,而工资也相应提高。

工会主要通过增加市场对产品的需求来增加厂商对劳动的雇用量,因为劳动需求是由产品需求派生而来的。例如,工会可以通过政府购买、增加出口、限制进口等政策来增加对产品的需求。

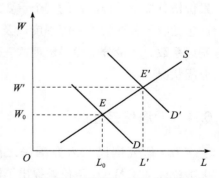

图 6-20 工会增加对劳动的需求

(2) **减少劳动的供给**。这时,假设劳动需求不变,通过减少劳动的供给同样可以提高工资,但同时也会带来就业的减少,如图 6-21 所示。

当劳动供给曲线由原来的曲线 S 变为曲线 S' 时,劳动市场的均衡点也由点 E 变为点

E'，即由 (L_0，W_0) 变为 (L'，W')。所以，劳动供给曲线的左移，使工资由 W_0 增加为 W'，劳动供给量却减少，即由 L_0 减少为 L'，从而就业水平也相应下降。

工会实施减少劳动供给的主要方法有：减少工作时间，迫使政府缩短退休年龄，严禁使用童工等。

(3) **最低工资法**。一般情况下，工会要求政府设立最低工资法案，这样，在劳动供需不平衡时，也会使工资维持在一定的水平上。如图 6-22 所示，劳动需求曲线 D 和供给曲线 S 的交点 E，决定了劳动工资水平为 W_0，就业水平为 L_0。然而，现有最低工资法案规定的最低工资为 W_1，且 $W_1 > W_0$，这样便将工资维持在较高的水平上，但是当工资水平为 W_1 时，劳动需求量为 L_1，供给量却为 L_2，可能会引起失业。

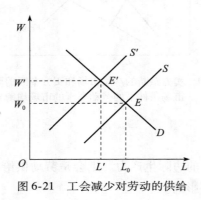

图 6-21　工会减少对劳动的供给　　图 6-22　最低工资与劳动市场

6.4　收入分配

前面三节，我们已经对西方经济学分配论中的要素价格决定理论进行了分析。生产要素价格分配论是分配论的一个重要组成部分，但并不是分配论的全部内容。另外，分配论还包括收入分配的不平等程度以及收入之间的差异等。为此，本节内容通过洛伦兹曲线、基尼系数、产量分配净尽定理这三个重要的度量收入分配平均程度的指标来探讨社会收入分配状况。

6.4.1　洛伦兹曲线

为了研究国民收入在国民之间的分配问题，美国统计学家 M. O. 洛伦兹提出了洛伦兹曲线。洛伦兹首先将一国总人口根据其收入由低到高排序，然后考虑收入最低的百分比的人口所得到的收入的百分比，最后将人口累计百分比和收入累计百分比的对应关系描绘在图形上，就可以得到洛伦兹曲线，如图 6-23 所示。

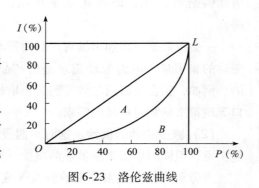

图 6-23　洛伦兹曲线

图 6-23 中横轴 OP 表示人口（按收入由低到高分组）的累计百分比，纵轴 OI 表示收入的累计百分比，弧线 OL 为洛伦兹曲线。由该曲线可知，在一个国家中，收入最低的 20% 的人口所得到的收入仅占总收入的 2% 左右；而收入最低的 60% 人口所得到的收入还不到 40%。

显而易见，洛伦兹曲线的弯曲程度具有重要意义。一般来说，它反映了收入分配的不平等程度。弯曲程度越大，收入分配越不均等；反之亦然。在图 6-23 中，OPL 表示收入绝对不平等，是绝对不平等线；直线 OL 是 45°线，即每 40% 的人口得到 40% 的收入，表明收入分配绝对平等，称为绝对平等线。所以，洛伦兹曲线越接近直线 OL，收入分配越平等；越向横轴凸出，收入分配越不平等。

6.4.2 基尼系数

洛伦兹曲线很直观地反映了收入分配的公平程度，但很难用一个简单的指标来说明。20 世纪初，意大利经济学家根据洛伦兹曲线建立了一个指标，称为基尼系数。基尼系数是国际上用来综合考虑居民内部收入分配差异状况的一个重要分析指标。在图 6-23 中，直线 OL 和弧线 OL 围成的面积为 A，叫作"不平等面积"，弧线 OL 与 OPL 围成的面积为 B，于是，我们把 A+B 叫作"完全不平等面积"。我们把不平等面积与完全不平等面积之比称为基尼系数，是衡量一国或一地区贫富差距的标准，若设 G 为基尼系数，则：

$$G = A/(A+B) \tag{6-11}$$

由式（6-11）可以看出，基尼系数在 0 和 1 之间，即有 $0 \leq G \leq 1$。当 $G=0$ 时，表示居民收入分配绝对平等，即人与人之间的收入完全平等，没有差异；当 $G=1$ 时，则表示居民之间的收入分配绝对不平等，即 100% 的收入被一个单位的人全部占有了。但这两种情况只是在理论上的绝对化形式，实际生活中一般不会出现。因此，基尼系数越小，越接近收入平均；反之亦然。国际有关组织对基尼系数有如表 6-3 所示。

表 6-3 国际基尼系数规定

基尼系数	相应规定
≤0.2	收入绝对平均
0.2~0.3	收入比较平均
0.3~0.4	收入相对合理
0.4~0.5	收入差距较大
0.5 以上	收入差距悬殊

通常把 0.4 作为收入差距分配的"警戒线"，根据黄金分割律，其准确值为 0.382。有经济学家在 20 世纪 70 年代初进行过计算，对收入分配高度不均的国家来说，基尼系数为 0.5~0.7；对于收入分配相对平均的国家，基尼系数为 0.2~0.35。

基尼系数由于给出了反映居民之间贫富差异程度的数量界线，可以较客观、直观地反映和监测居民之间的贫富差距，预报、预警和防止居民之间出现贫富两极分化，因此得到世界各国的广泛认同和普遍采用。但是，基尼系数并没有显示出居民收入哪方面存在分配不公。另外,国际上也没有明确制定出基尼系数的准则。

洛伦兹曲线和基尼系数作为一种分析工具,在对社会收入分配状况等进行分析时,有一定的意义。但是在实际运用中,还需要结合各国的经济制度和经济条件进行具体分析,不能笼统地认为基尼系数越小越好,也不能认为基尼系数越小就得出社会收入分配平均化程度就高的结论。

6.4.3 产量分配净尽定理

通过前面的内容,我们已经知道某种生产要素的价格由它的市场供给曲线与需求曲线的交点决定。在完全竞争条件下,厂商的要素使用原则为要素的边际产品价值等于要素价格,即:

$$P \cdot MP_L = W \tag{6-12}$$

在式(6-12)中,我们以劳动为例,其中 W 代表劳动的价格,P 为厂商所生产的产品价格,将该式两边除以 P 得:

$$MP_L = W/P \tag{6-13}$$

我们把等式右边的 W/P 叫作劳动的实际价格或实际工资率,那么,W 就称为名义工资率。所谓实际工资率是指排除物价因素,反映劳动的实际价格。从式(6-13)可以看出,劳动的实际价格就等于劳动的边际产品。

同理,可以得出,在完全竞争条件下,资本 K 的实际价格也等于其边际产品,即:

$$MP_K = r/P \tag{6-14}$$

式(6-14)中,MP_K 表示资本的边际产品,r 代表利率,同样,我们可以得出:资本的边际产品等于其实际价格。

根据上述一系列公式,西方经济学家给出一个定理:当产品市场和要素市场处于完全竞争状态时,如果生产函数为线性齐次函数,即规模报酬不变,那么各生产要素的报酬之和恰好等于全部产品,这就是所谓的产量分配净尽定理。

现在,我们来介绍这一定理。假定社会上只有两种生产要素,即劳动和资本。设其生产函数为:

$$Q = (L, K) \tag{6-15}$$

由于前面已经假设规模不变,那么,根据其性质有如下式子:

$$\lambda Q = \lambda Q(L, K) = Q(\lambda L, \lambda K) \tag{6-16}$$

两边分别对 λ 求导得:

$$Q = \frac{dQ \cdot L}{dL} + \frac{dQ \cdot K}{dK} \tag{6-17}$$

式(6-17)中,dQ/dL 表示劳动的边际产量,即 MP_L;dQ/dK 表示资本的边际产量,即 MP_K。有公式如下:

$$Q = L \cdot MP_L + K \cdot MP_K \tag{6-18}$$

由式(6-18)可以看出,社会产品总量恰好等于生产要素所获得的实际报酬,我们也把这个定理叫作欧拉定理。欧拉定理的成立有一个前提条件，即规模报酬不变。

本章小结

1）生产要素市场上的需求与产品市场上的需求具有不同的性质。在生产要素市场上，生产要素的需求来自生产者。生产者使用生产要素的目的是实现利润最大化。

2）完全竞争生产者实现利润最大化的条件是：边际收益产品等于要素价格。卖方垄断的生产者实现利润最大化的条件是：边际收益产品等于要素价格。买方垄断的生产者实现利润最大化条件是：边际收益产品等于边际要素成本。

3）劳动要素的供给可以看成消费者对其拥有的时间资源在闲暇与劳动之间的分配。劳动供给曲线是一条"向后弯曲"的曲线；土地要素的供给是固定不变的，其供给曲线是一条垂直的直线；资本要素的供给首先应确定最优资本拥有量，确定最优储蓄量可以看成是当前消费与未来消费之间进行的选择。

4）生产要素市场的均衡与产品市场的均衡一样，生产要素的供给和需求相等时，该市场将达到均衡。

5）洛伦兹曲线、基尼系数和产量分配净尽定理是分析收入分配的三个重要指标体系，可以形象地得出社会收入分配的情况。

实训与实践

一、基本概念

1. 引致需求　　　　2. 完全竞争生产要素市场　　3. 边际收益产品
4. 卖方垄断　　　　5. 买方垄断　　　　　　　　6. 利息率
7. 补偿性工资差别　8. 垄断性工资差别　　　　　9. 级差地租
10. 准租金　　　　　11. 经济租金　　　　　　　12. 洛伦兹曲线
13. 基尼系数　　　　14. 产量分配净尽定理

二、分析简答

1. 论述完全竞争生产者、卖方垄断生产者、买方垄断生产者实现利润最大化的条件。
2. 比较说明在完全竞争市场下和不完全竞争市场下的边际收益产品核算的异同。
3. 在什么市场条件下，生产者的要素需求曲线不存在？试说明原因。
4. 劳动要素供给曲线为什么向后弯曲？
5. 土地要素供给曲线为什么垂直？
6. 如果工人的工资下降，那么替代效应和收入效应将对劳动要素的供给量产生什么影响？
7. "劣等土地永远不会有地租。"这句话对吗？

三、计算

1. 假设某一厂商使用的可变要素为劳动要素 L，其生产函数为 $Q = -0.01L^3 + L^3 + 36L$

(Q 为每日产量，L 为每日投入的劳动小时数)。所有市场（包括劳动要素市场和产品市场）都是完全竞争的，产品的价格为 10 美分，每小时工资为 4.80 元。厂商为实现利润最大化每天要雇用多少小时劳动？

2. 假设某特定劳动市场的供给曲线分别为：$D_L = 6\,000 - 100W$，$S_L = 100W$。

   1) 均衡工资为多少？
   2) 假如政府为工人提供的每单位劳动课以 10 元的税，则新的均衡工资变为多少？
   3) 实际上对单位劳动征收的 10 元税收由谁支付？
   4) 政府征收到的总税收额为多少？

3. 某厂商生产的某一种产品单价为 50 元，月产量为 1 000 件，产品的平均可变成本为 18 元，平均不变成本为 15 元。求准租金和经济利润。

4. 假定在完全竞争的小麦行业有 100 个相同的农场，每个农场生产市场总量的相同份额。每个农场的小麦生产函数由 $X = \sqrt{KL}$ 给出。假设小麦的市场需求由 $Q = 4\,000 - 1\,000P$ 决定。

   1) 若 W(工资) $= V$(租金) $= 2$ 美元，典型农场使用 K 和 L 的比率是多少？小麦的长期平均成本和边际成本是多少？
   2) 长期均衡时小麦的均衡价格和均衡数量是多少？每个农场将生产多少？每个农场及整个市场将雇用多少劳动？

5. 假定某厂商在完全竞争的产品和要素市场上从事生产经营，其生产函数为 $Q = 100K^{0.5}L^{0.5}$，其中 Q 为产品的件数，L 为雇用的工人人数，K 为使用的资本单位数。产品的价格为每件 100 元，工人的年工资为 1 500 元，单位资本的价格为 80 元。在短期内，资本为固定要素，该厂商共拥有 2 000 单位的资本。请计算：

   1) 该厂商劳动需求的表达式。
   2) 工人的均衡雇用量。
   3) 该厂商的年纯利润。

6. 一个土地所有者拥有肥力不同的三块土地 A、B、C。三块土地雇用 1、2、3 个劳动的产出水平如表 6A-1 所示。

表 6A-1 劳动的产出水平

劳动人数	产出水平		
	A 农场	B 农场	C 农场
1	20	15	10
2	28	23	17
3	30	25	20

假如雇用三个劳动，每个农场一个，则总产出为 20 + 15 + 10 = 45，这将表明劳动配置不合理，因为若用 C 农场的劳动去帮助 A 农场，则总产出将增加到 28 + 20 = 48。

1) 由于市场需要，土地所有者雇用 5 个劳动，何种劳动分配产出最大？产出为多少？最后一个工人的边际产出是多少？

2）若产品在完全竞争市场上出售，价格为 2 美元，当雇用 5 个劳动达到市场均衡时，工资是多少？土地所有者将获得多少利润？

四、案例分析

1. 阅读下面的材料，结合所学知识分析要素价格是如何决定的。

1）在深圳，华为公司新建的华为城分为生活区、科研开发区和生产厂房三个部分，均由来自美国、德国和中国香港的工程师规划设计。这个设施齐全、技术先进、环境优美的现代化工业城为员工提供"比这个城市的其他人相对优越的生活和待遇"。华为不仅创造了超过 20 亿元的年销售额，而且创造出一批敬业、高效、贴着"华为创造"标签的华为人。据猎头公司介绍，外资企业要想挖华为的人很难，但华为要挖它们的人就容易多了。其中，工资是重要的因素。一名刚毕业的硕士生可拿到 10 万元的年薪；一名刚工作两年本科毕业的技术或市场人员可派发 8 万股内部股票；对于一名总监级的员工（约占公司人数的 2%），平均拥有 300 万股内部股票。华为的基本管理费用都比竞争对手，如中兴通讯要高。总之，高薪和一个巨大的持股计划，使得华为员工都很关心公司的市场前景和发展，也使他们愿意用自己的努力为企业再创佳绩。

2）20 世纪 60 年代，东非坦桑尼亚大部分工人在大种植园工作。和非洲的普遍情况一样，大多数工人是移民，每年要从种植园回农村家乡几次。工人生产效率低，工资也不高。坦桑尼亚独立后，政府宣布种植园工人的工资提高 3 倍。种植园主预言这是一场灾难。因为这会使他们支付的劳动价格大幅上升而导致破产。但政府根据效率工资理论的预言是，高工资将引起高效率和稳定的劳动。结果政府的预言是正确的。例如，在效率工资政策之下，西沙尔麻（一种用作绳子和纤维的坚韧的白色纤维）的整个生产增加了 4 倍。其原因并非由于所得到的实物资本发生了变化，而是由于种植园主雇用了更积极且更有技术的工人。但是，工资提高几年之后，坦桑尼亚西沙尔麻行业的就业人数从 12.9 万减少到 4.2 万。这说明效率工资会增加失业。

2. 美国前总统候选人帕特里克·J. 布坎南认为："美国的劳动供给在过去的二十多年中增加了几千万人，这和历史上的任何时间比都要增加得更多。但是为什么劳动价格却未下降呢？"请回答布坎南的问题：假如劳动供给增加了，是否均衡工资就必定会下降呢？

3. 通过对要素市场的理解，结合下面的材料，谈谈如何通过培育四大要素市场来促进供给侧改革，为实现《中国制造 2025》计划、建设制造强国打好基础。

目前，根据有关方面的分析，全球制造业有以下几个方面的变化趋势：

一是制造业的竞争力从成本优势转向了生产力优势。如波士顿集团分析，过去十年世界主要国家的制造成本优势发生了变化。新兴市场国家中巴西的成本最高，墨西哥的成本低于中国，俄罗斯和东欧国家的成本接近于美国。在发达国家中，美国的成本最低，略高于中国，英国制造业的成本在西欧国家最低。过去我们经常觉得，英国虽然仍是科学研究上比较发达、走在前面的国家，但在技术产业化方面相对滞后，然而现在又有新的趋势，英国的制造业成本在西欧国家是最低的。中国的劳动成本低于美国，劳动生产率也低于美国,但是能源和其他成本高于美国。如果制造成本以美国为 100 计算,中国是 96。全球前 10 类商品出口国当中,除了中国和韩国,其他经济体的制造成本都高于美国。

二是成本驱动向创新驱动转变。麦肯锡分析了影响制造业竞争力的主要因素,从工资、劳动生产率、能源、汇率 4 个主要因素分析了制造业竞争力的变化,把 25 个主要的制造国家分成四类:第一类是压力型,原来是低成本的制造基地,但是成本的增长快于劳动生产率的增加,比如巴西、东欧和中国;第二类是继续削弱型,过去是高成本国家,现在生产率的提高低于要素成本的增长,所以竞争力继续削弱,比如一些高收入国家;第三类是稳定型,低成本基础上生产率增长高于成本增长,成本竞争力仍然保持稳定,包括印度、东南亚地区的国家;第四类综合成本优势和生产率优势,其效率的增长快于工资的增长,汇率稳定并且拥有较大的能源成本优势,包括美国和墨西哥。由此可以看出,创新和改善经济管理是保持持续竞争力的主要因素。

三是发达国家制造业正在回流。德勤全球制造业竞争指数表明了全球制造业国家的动态变化,中国和美国正在争夺制造业第一名,2010 年中国成为制造业第一名,但是成本优势正在缩小。发达国家正在向高价值先进制造业转型,同时东南亚五国包括马来西亚、印度、泰国、印度尼西亚和越南在崛起。它们虽然在崛起,但是某些方面不能替代中国制造业第一的地位。它们主要在轻工业,如消费品、消费电子方面会替代我们,其他大的重型工业替代不了。

总体来看,我国制造业的优势有以下方面:第一,门类齐全的工业基础产业链健全,制造能力比较强。第二,拥有巨大的市场,可以分摊创新成本,这是我们很重要的优势。第三,与其他发展中国家相比,中国技术积累资金能力比较强,产业配套基础比较好,产品比较齐全。与发达国家相比,中国工程技术人员数量多、成本相对较低,技能密集型产业有比较大的优势,例如软件人才很多。我国面临的挑战主要是大而不强,规模大而附加值低,劳动生产率比较低,虽然成本低,但是综合成本比较高。我们缺乏世界知名品牌,产品的档次和质量不能满足需求,产能不高。

Chapter 7 第 7 章

一般均衡理论与福利经济学

希望经济学知识的发展将大大改变现实事件是非常渺茫的。我们的创造不太能有市场，然而我们培育我们的花园。因为我们追随的不是思想而是一种冲动，一种探求的冲动，这至少不是可耻的，虽然可能被证明是无用的。

——阿瑟·塞西尔·庇古（1939 年就任英国皇家经济学会会长的就职演说）

阿瑟·塞西尔·庇古（1877—1959）是英国著名经济学家，剑桥学派的主要代表之一，出生在英国一个军人家庭，青年时代入剑桥大学学习。庇古最初的专业是历史，后来受当时英国著名经济学家马歇尔的影响，并在其鼓励下转学经济学，毕业后投身教书生涯，成为宣传马歇尔的经济学说的一位学者。庇古先后担任过英国伦敦大学杰文斯纪念讲座讲师和剑桥大学经济学讲座教授。他被认为是剑桥学派领袖马歇尔的继承人。他的著作很多，比较著名的有：《财富与福利》（1912）、《福利经济学》（1920）、《产业波动》（1926）、《失业论》（1933）、《社会主义和资本主义的比较》（1938）、《就业与均衡》（1941）等。

阿瑟·塞西尔·庇古（Arthur Cecil Pigou）

本章核心内容提示

1. 一般均衡的含义和一般均衡模型；
2. 经济效率与帕累托最优条件；
3. 完全竞争与帕累托最优状态；
4. 社会福利函数与阿罗不可能性定理。

我们对前面各章节中所有问题的分析均属于局部均衡分析。局部均衡分析的典型特点是将某个产品市场或要素市场从复杂的、相互联系的整个经济体系中"取出来"单独研究，仿佛该产品市场或要素市场的均衡供求量仅仅是该产品或要素价格的函数，不直接受其他产品或要素市场供求状况的影响。然而在真实世界中，不同产品之间的供求存在广泛的相互影响和相互联系。每一种商品的供给和需求不仅仅是该商品价格的函数，同时还取决于诸如替代品、互补品等其他相关商品价格的影响，而这些"其他相关商品"的价格，不仅受其自身供给和需求的影响，还受其替代品、互补品等商品价格的影响，等等。将所有相互影响和相互联系的各个市场看作一个整体来加以分析的这种做法，我们称之为一般均衡分析。如果存在某一组价格体系，使得在该组价格体系下，经济体系中的所有单个市场都出清，这时我们就称整个市场或经济体系达到了一般均衡状态，那么有两个重要的问题：是否存在这样一组价格体系，使得经济体系可以达到一般均衡状态？一般均衡状态如果存在，它具有经济效率吗？第一个问题是一般均衡的存在性问题，第二个问题则属于福利经济学的研究内容。

7.1 一般均衡理论概述

7.1.1 局部均衡和一般均衡的含义

局部均衡是指某一商品或要素市场的供求相等或达到出清的状态。

局部均衡分析把市场上其他商品或生产要素的数量与价格对这种商品或生产要素价格的影响忽略不计或视为不变，即假定这一商品或生产要素的价格只取决于它本身的供求状况，而不受其他商品或生产要素的价格和供求状况的影响。这种分析方法很容易讲明白供求力量怎样相互作用以决定单一商品或生产要素的价格和产量。但它也存在明显的局限性，即忽略了其他相关市场的供求和价格对该市场均衡状态的影响。

一般均衡是指经济体系中所有市场的供求均相等或同时达到出清的状态。

在一般均衡分析中，我们不仅要分析该商品价格对其供求关系的影响，还要分析替代品与互补品价格、生产该商品的生产要素价格、消费者收入等其他相关因素的影响，即把经济中的所有经济单位和所有市场联系起来加以考虑和分析。

7.1.2 一般均衡理论

1. 基本思想

一般均衡理论的基本思想是由法国经济学家里昂·瓦尔拉斯最早提出来的。其基本思想是：无论是在商品市场上，还是在要素市场上，每种商品或者要素的需求量和供给量都最终取决于由所有商品和要素的价格所构成的价格体系。

为了更好地理解一般均衡，可以假设某个经济系统总共有四个市场：原油市场、煤炭市场、汽油市场、汽车市场，如图 7-1 所示，所有市场在开始时都是处在均衡状态的，如初始供给曲线 S、需求曲线 D、均衡产量 Q_0、均衡价格 P_0。

首先，图 7-1a 中的原油市场，如果原油市场首先因为某些非价格的因素导致供给减少，即供给曲线 S 会向左移动，假设移动到 S'，根据前面的局部均衡分析可知，在不考虑市场之间相互影响的情况下，则均衡价格上升为 P_1，均衡产量下降为 Q_1。

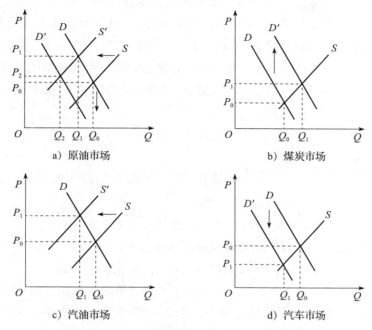

图 7-1　不同市场之间的相互影响与一般均衡状态

但如果我们上升到一般均衡分析，情况就会发生变化。一般均衡分析须考虑到市场之间的相互影响，所以原油市场的这种变化必然会影响到其他市场，打破其他市场原有的均衡。其他市场新的均衡又会反过来影响原油市场的均衡，从而最终原油的均衡价格和均衡产量并不一定是 P_1 和 Q_1。

其次，分析图 7-1c 中汽油市场的情况。因为汽油是以原油为要素投入的，所以原油的供应减少、价格上升会使汽油的生产成本上升，从而导致汽油的供给也相应减少，即供给曲线 S 会向左移动，假设移到 S'，新的均衡价格上升为 P_1，均衡产量下降为 Q_1。

再次，分析图 7-1d 中汽车市场的情况。汽车和汽油是互补品，汽油价格的上升使汽车运行的成本上升，导致汽车的需求下降，即需求曲线 D 会向左移动，假设移到 D'，新的均衡价格下降为 P_1，均衡产量下降为 Q_1。

最后，分析图 7-1b 中煤炭市场的情况。煤炭和原油是替代品，原油价格上升会使部分厂商改用煤炭来替代，从而导致对煤炭的需求上升，即需求曲线 D 会向右移动，假设移到 D'，新的均衡价格上升为 P_1，均衡产量上升为 Q_1。

上面分析的是原油市场供给减少导致价格上升从而对其他市场的影响。但是分析并没有就此结束，其他市场新的均衡又会反过来影响原油市场的供给和价格。首先，汽油价格上升会使厂商愿意投入更多的原油来生产汽油，从而提高原油的需求，同时，汽油数量的下降又会减少对原油的需求。所以，汽油市场的反馈效应可能使原油需求曲线左移或右移。其次，汽车价格下降和数量减少可能使原油需求下降，使原油需求曲线左移。最后，煤炭的价格上升和数量增加可能使原油的需求上升，使原油需求曲线右移。最终原油需求曲线到底是左移还是右移，取决于两方面力量的大小，在图 7-1a 中，假设使需求曲线左移的力量更大，需求曲线由 D 左移到 D'，均衡价格和均衡产量就不再是原来的 P_1、Q_1 了，而是新的均衡价格 P_2 和均衡产量 Q_2。由于原油的价格又发生了变化，这种变化又会继续影响其他市场，而其他市场的变化又会反过来影响原油市场，如此不断重复，直到最后形成一组新的价格体系，在这组价格体系下，4 个市场同时出现供求数量相等的稳定状态，即形成了新的一般均衡状态。

2. 理论模型

假定经济系统中共有 n 种商品和要素，它们的市场价格分别为 P_1，P_2，P_3，…，P_n，则某一种商品或要素的市场需求可以表示为：

$$Q_D^i = D_i(P_1, P_2, P_3, \cdots, P_n), i = 1, 2, 3, \cdots, n \tag{7-1}$$

同样地，每种商品或者要素的市场供给可以表示为：

$$Q_S^i = S_i(P_1, P_2, P_3, \cdots, P_n), i = 1, 2, 3, \cdots, n \tag{7-2}$$

如果存在一组价格体系 $(P_1, P_2, P_3, \cdots, P_n)$，使得在这组价格体系下所有的商品和要素市场同时处于供求相等的稳定状态，那么整个经济体系就处于一般均衡状态。此时，每个市场的供给量和需求量均相等：

$$Q_D^i = Q_S^i, i = 1, 2, 3, \cdots, n \tag{7-3}$$

3. 瓦尔拉斯定律的含义及其公式

瓦尔拉斯定律：当把所有的市场联系起来加以考虑时，无论商品的价格多高，经济中所有的支出总和一定等于所有的收入总和。

其表达公式为：

$$\sum_i^n (P_i Q_i^D) = \sum_i^n (P_i Q_i^S) \tag{7-4}$$

4. 一般均衡的存在性及其前提条件

法国经济学家里昂·瓦尔拉斯在经济学说史上最先意识到一般均衡问题的重要性，并首先在其著作《纯粹政治经济学要义》中利用数学模型对一般均衡问题解的存在性、唯一性、稳定性和最优性等问题进行探索。但遗憾的是他的证明过程是错误的。直到 1954 年，美国经济学家吉拉德·德布鲁和肯尼斯·阿罗联合发表论文《竞争性经济中均衡的存在性》，该论文利用集合论、拓扑学等较为高深的数学方法在一系列严格的假定条件下对一般均衡的存在性给出了严格的证明，同时还证明了一般均衡问题的均衡解具有稳定性和经济效率。德布鲁还因其著作《价值理论：对经济均衡的公理分析》[○] 及在发展和完善一般

[○] 本书中文版已由机械工业出版社出版。

均衡理论方面的贡献获得了 1983 年诺贝尔经济学奖。

一般均衡问题要存在均衡解，需要满足一系列严格的前提条件，这些条件包括：每个消费者的序数效用函数都是连续的、欲望是无穷的、边际替代率是递减的；每个消费者都可以提供所有的原始生产要素，且供给量不得大于初始存量；每一种产品的生产至少使用一种原始生产要素，且生产过程不存在规模报酬递增；等等。

7.2 经济效率

上一节已经回答了本章核心内容提示中提出的有关一般均衡模型的问题。我们知道，基于一系列严格的假定条件，完全竞争经济体系中存在一组价格体系，使得所有市场能够同时达到供求相等的稳定状态，实现一般均衡。本节和下一节将重点介绍一般均衡状态下的资源配置是否具有经济效率，或者说是否具有最优性。为了回答这一问题，我们首先引入两个概念：实证经济学和规范经济学。

7.2.1 实证经济学和规范经济学

实证经济学研究的是实际经济体系的客观运行状况，并对其提出解释，即从公理出发，在一定假设条件的基础上，利用已有的公理或定理进行逻辑推演，得到新的推论或假说，最后对推论或假说进行计量检验。简言之，实证经济学研究的是"是什么""为什么"和"会如何"的问题，具体而言包括如下三方面。

第一是描述经济现象，即回答"是什么"。例如，2017 年中国的 GDP 是多少？三产业结构的比例是多少？货币发行量是多少？失业率是多少？这些都属于宏观经济方面的实证问题。又如，2017 年中国的智能手机行业有多少家企业？这些企业的规模有多大？它们生产的智能手机是否存在差异？这些差异是否在不断缩小？与 2016 年相比，2017 年某款智能手机的价格是否有所上升？这些都是微观经济方面的实证问题。

第二是解释经济现象，即回答"为什么"，在描述某个经济现象的基础上，探求隐藏在这些现象背后的原因，即什么因素导致了这一现象的发生。以某款智能手机价格问题为例。假设通过市场调查后发现，与 2016 年相比，2017 年该款智能手机的价格大幅下降。这时我们需要对观察到的这一经济现象，即价格下降进行解释。可能的解释包括：2017 年该款智能手机的供给大幅增加，或该款智能手机的需求大幅降低，或者两者同时存在。再比如说，本书的第 2、3 章就一步一步解释了为什么"在其他条件不变的情况下，价格和需求量成反相关"这一经济现象。可以说，经济学教科书的绝大部分内容都是由描述经济现象和解释经济现象的理论所构成的，换句话说，经济学教科书的绝大部分内容都属于实证经济学研究的范畴。

第三是预测经济现象，即回答"会如何"。其主要任务是预测某个或某些经济现象是否会发生，同时对其发生或不发生的原因提出说明或解释。它和解释经济现象的区别在于，后者仅仅是对已经发生的经济现象提出解释，而"预测"不仅涉及未来的某个经济现象是否会发生的问题，同时还连带对该现象的解释。本质上，预测也属于解释。因为如果你预测中了，相当于解释了一个现象，只不过这个现象在你解释时还未发生。

与实证经济学不同，规范经济学研究"应该是什么"的问题，即首先根据一定的伦理道德、法律制度、文化等建立一定的判断标准，其次按照这一标准对现实经济现象或经济体系的客观结果进行评价，并进一步提出该经济现象应该如何纠正或经济体系应该如何运行，最后还会提出相应的对策建议或实现路径。对一般均衡的最优性的讨论就属于规范经济学研究的范畴。福利经济学家首先提出"优"或"经济效率"的判断标准——帕累托最优状态标准，其次考察一般均衡状态下的资源配置结果是否符合这个帕累托最优状态。如果符合，我们就说一般均衡状态是具有经济效率的，或具有最优性。

福利经济学就属于规范经济学，本章剩余部分的内容均属于福利经济学的研究范畴。福利经济学研究影响福利的因素，对不同资源配置结果的优劣进行比较，并从理论上阐述增进社会福利的各种可能的途径。具体来说，福利经济学是在一定的社会价值判断标准条件下，研究整个经济的资源配置与个人福利的关系，特别是市场经济体系的资源配置与福利的关系，以及与此有关的各种政策问题。

7.2.2 经济效率的判断标准

经济效率，又称帕累托最优状态标准或帕累托标准。

假设目前仅有两种资源配置状态 A 和 B。如果社会上至少有一个人认为 A 优于 B，而没有人认为 A 劣于 B，则认为从社会的观点看 A 优于 B。同时，可以说 A 状态是一个具有经济效率的或符合帕累托最优标准的配置状态，而 B 状态不是一个具有经济效率的配置状态，不符合帕累托最优标准。

首先考虑一个简化了的 2×2 社会，即一个社会由两个人（甲和乙）组成，只有两种资源配置状态（A 和 B）。根据不同配置下个人的福利状况，甲可能认为 A 优于 B，或 A 与 B 无差异，或 A 劣于 B，分别记为 $A>B$，$A=B$，$A<B$。其中，">"表示优于，"="表示无差异，"<"表示劣于。乙也是这样的，可能认为 A 优于 B，或 A 与 B 无差异，或 A 劣于 B，分别记为 $A>B^*$，$A=B^*$，$A<B^*$。然而，对整个社会来讲，A 和 B 这两种资源配置谁优谁劣？由于甲有三种可能的选择，乙也有三种可能的选择，因此，整个社会就有九种可能的选择：

① $A>B$，$A>B^*$　　　　② $A>B$，$A=B^*$　　　　③ $A>B$，$A<B^*$
④ $A=B$，$A>B^*$　　　　⑤ $A=B$，$A=B^*$　　　　⑥ $A=B$，$A<B^*$
⑦ $A<B$，$A>B^*$　　　　⑧ $A<B$，$A=B^*$　　　　⑨ $A<B$，$A<B^*$

这九种可能的选择情况，按甲和乙的不同态度可以分为三种类型：

1) 甲和乙的意见完全相反，即③ $A>B$，$A<B^*$，⑦ $A<B$，$A>B^*$；

2) 甲和乙的意见完全相同，即① $A>B$，$A>B^*$，⑤ $A=B$，$A=B^*$，⑨ $A<B$，$A<B^*$；

3) 甲和乙的意见基本一致，即② $A>B$，$A=B^*$，④ $A=B$，$A>B^*$，⑥ $A=B$，$A<B^*$，⑧ $A<B$，$A=B^*$。

如果甲和乙的意见完全相反，则从社会的观点来看，A 和 B 是"不可比较的"，即无法得到 A 优于、无差异于或劣于 B 中的任何一个结论。因此，可以将这种情况去掉。

如果甲和乙的意见完全相同，则可以认为他们的共同观点就代表了社会的观点，即 ①$A > B$，$A > B^*$，⑤$A = B$，$A = B^*$，⑨$A < B$，$A < B^*$，意味着从社会的观点来看，A 优于、无差异于或劣于 B。

如果甲和乙的意见基本一致，但不完全一致，也是有可能由个人的观点形成社会的观点的。以②$A > B$，$A = B^*$ 为例，甲认为 A 优于 B，而乙认为二者无差异。这表明，如果让资源配置状态从 B 变动到 A，则从整个社会的观点来看，这种变动至少使甲的状况变好，而且没有使乙的状况变坏。因而，这种资源配置状态的变动的净结果是增进了甲的福利，从而增进了社会的福利，在这种情况下，社会认为 A 优于 B。对于 ④$A = B$，$A > B^*$，⑥$A = B$，$A < B^*$，⑧$A < B$，$A = B^*$ 三种情况，亦是如此。

将上述"可以比较"的七种情况按它们形成的社会观点重新分类，可以得到如下结论：

第一，如果甲和乙中至少有一人认为 A 优于 B，而没有人认为 A 劣于 B，则从社会的观点来看，A 优于 B；

第二，如果甲和乙都认为 A 和 B 无差异，则从社会的观点来看，A 和 B 也无差异；

第三，如果甲和乙中至少有一人认为 A 劣于 B，而没有人认为 A 优于 B，则从社会的观点来看，A 劣于 B。

显然，上述结论不只适用于两人在两种资源配置状态中进行选择的简单情况，还可以很容易地推广到多人在多种资源配置状态中进行选择的一般情况。

现在我们可以给出帕累托改进和帕累托最优状态的一般化定义。

既定资源配置状态的某种改变使得社会上至少一个人的状况变好，而其他任何人的状况都没有变坏，则称这种改变为**帕累托改进**。

对于某种资源配置状态，如果不存在任何帕累托改进，则称这一状态为**帕累托最优状态**；或者，对于某种资源配置状态，如果任何改变都不可能使至少一个人的状况变好而又不使其他任何人的状况变坏，则称这一状态为帕累托最优状态。

利用这一标准，我们可以对资源配置状态的任意改变做出"好"与"不好"的判断：任何改善了某些人的福利，同时又不损害其他人福利的配置变化叫作帕累托改进。利用帕累托标准和帕累托改进可以进一步定义资源配置的最优状态。满足帕累托最优状态就是具有经济效率的，反之，不满足帕累托最优状态就是缺乏经济效率的。

7.3　帕累托最优条件

给定一个资源配置状态，如何判断它是否具有经济效率，或是否达到帕累托最优状态？本节将从交换、生产、交换和生产等三方面给出帕累托最优状态的必要条件。我们称这些条件为帕累托最优条件。

7.3.1 交换的帕累托最优条件

我们考虑一个 2×2 的模型，即全社会由两个消费者 A 和 B 组成，社会上只有两种产品 X 和 Y，且 X 和 Y 的总量外生固定，在这个简化的社会中推导出交换的帕累托最优条件，然后将其推广到多人多产品的一般情形。

下面利用埃奇沃思盒形图来分析两种产品在两个消费者之间的分配情况。如图 7-2 所示，横轴表示产品 X 的数量 X^-，纵轴表示产品 Y 的数量 Y^-；O_A 是消费者 A 的原点，O_B 是消费者 B 的原点。从 O_A 水平向右表示消费者 A 消费 X 的数量 X_A，从 O_A 垂直向上表示消费者 A 消费 Y 的数量 Y_A；从 O_B 水平向左表示消费者 B 消费 X 的数量 X_B，从 O_B 垂直向下表示消费者 B 消费 Y 的数量 Y_B。

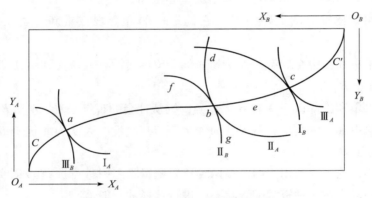

图 7-2 交换的帕累托最优状态

现在我们分析图 7-2 中的任意一点，如 d。d 点对应的消费者 A 的消费组合为 (X_A, Y_A) 和消费者 B 的消费组合为 (X_B, Y_B)，且满足：$X_A + X_B = X^-$ 和 $Y_A + Y_B = Y^-$。

方框内任意一点都表示两种物品在两个消费者之间的某种分配。在方框垂直边上的任意点表示某一个消费者不消费 X，在方框水平边上的任意点表示某一个消费者不消费 Y。

现在我们分析在埃奇沃思盒形图中全部可能的产品分配中，哪一些更符合帕累托最优标准。为了分析需要，在方框中加入消费者的无差异曲线。消费者 A 的三条无差异曲线 I_A、II_A、III_A，三条无差异曲线中 III_A 代表较高的效用水平，I_A 代表较低的效用水平，II_A 居中。O_A 是消费者 A 的原点，所以三条无差异曲线是凸向 O_A 点的。从 O_A 点向右边移动表示消费者 A 的效用水平增加。同样，消费者 B 的三条无差异曲线 I_B、II_B、III_B，三条无差异曲线中 III_B 代表较高的效用水平，I_B 代表较低的效用水平，II_B 居中。O_B 是消费者 B 的原点，所以三条无差异曲线是凸向 O_B 点的。从 O_B 点向左边移动表示消费者 B 的效用水平增加。

假设图 7-2 中 d 是消费品的初始分配，由于假定效用函数是连续的，所以点 d 在消费者 A 的某一条无差异曲线上，同时也在消费者 B 的某一条无差异曲线上，即消费者 A 和 B 均有一条无差异曲线经过 d 点，两条无差异曲线相交于或相切于 d 点。假设消费者 A 的无

差异曲线 II_A 和消费者 B 的无差异曲线 I_B 相交于 d 点。我们可以知道 d 点并未达到帕累托最优，因为在 d 点还存在帕累托改进，即从 d 点沿着消费者 B 的无差异曲线 I_B 滑到 c 点，则消费者 A 的效用水平从 II_A 上升到 III_A，但消费者 B 的效用水平并未降低。或者从 d 点沿着消费者 A 的无差异曲线 II_A 滑到 b 点，则消费者 B 的效用水平从 I_B 上升到 II_B，但消费者 A 的效用水平并未降低；如果从 d 点移到 e 点，则可以同时提高消费者 A 和消费者 B 的效用水平。从上面的分析中可以得出一个结论：在交换的埃奇沃思盒形图中，如果一点处在消费者 A 和 B 的两条无差异曲线的交点上，则该点所代表的资源配置状态就不是帕累托最优状态。因为在这种情况下，总存在帕累托改进的余地，即可以使至少一人的状况得到改善而不损害其他人的福利。

如果初始分配处在两个消费者无差异曲线的切点处，如 b 点，容易看出，此时不存在任何帕累托改进的余地，即它们均为帕累托最优状态。b 点的改变无非这几种情况：向右上方移动到消费者 A 的较高的无差异曲线上，则 A 的效用水平提高了，但消费者 B 的效用水平却降低了；向左下方移动到消费者 B 的较高的无差异曲线上，则 B 的效用水平提高了，但消费者 A 的效用水平却降低了；向左上方或右下方移动，如移动到 f 点或 g 点的位置，则消费者 A 和 B 的效用水平都下降。从上面的分析可以得出一个结论：在交换的埃奇沃思盒形图中，如果一点处在消费者 A 和 B 的两条无差异曲线的切点上，则它就是帕累托最优。因为在这种情况下，不存在帕累托改进的余地，即不可能使至少一人的状况得到改善而不损害其他人的福利的状况。

在图 7-2 中，有无数类似于 a、b、c 这样的消费者无差异曲线的切点，将所有无差异曲线的切点的轨迹连接起来构成的 CC' 线，称为交换的契约曲线（或效率曲线）。它表示两种产品在两个消费者之间的所有最优分配（帕累托最优）的集合。应当注意，在交换的契约曲线上，两个消费者的福利分配具有不同的情况。沿着 CC' 曲线从 a 到 b 时，消费者 A 的福利是通过牺牲消费者 B 的福利而好起来的。根据帕累托标准，我们不能说 CC' 曲线上的某一点比曲线上的其他点更好。我们只能说，对于任何不在曲线 CC' 上的点，总存在比它更好的点，这些点就在 CC' 曲线上。从交换的帕累托最优可以得出交换的帕累托最优条件。交换的帕累托最优状态是两个消费者无差异曲线的切点，而在无差异曲线的切点处，两条无差异曲线的斜率相等。根据前面所学的知识我们知道，无差异曲线的斜率的绝对值又叫两种商品的边际替代率，由此可以得出：要使两种商品 X 和 Y 在消费者 A 和 B 之间的分配达到帕累托最优配置状态，则对于两个消费者来说，这两种商品的边际替代率必须相等，即

$$MRS_{XY}^A = MRS_{XY}^B \tag{7-5}$$

假设某一点处 $MRS_{XY}^A=1$，但 $MRS_{XY}^B=2$，这意味着对消费者 B 而言，在维持效用水平不变的情况下，为了多消费 1 单位 X，消费者愿意放弃 2 单位 Y。但对于消费 A 而言，在维持效用水平不变时，多消费 2 单位 Y，消费者愿意少消费 2 单位 X。那么，消费者 B 可以拿出 2 单位 Y 与消费者 A 交换。消费者 A 多了 2 单位 Y，少了 2 单位 X。消费者 B 少了 2 单位 Y，但多了 2 单位 X，其中 1 单位 X 用于消费以维持自身效用不变。这样消费者 B 手

中还多出额外 1 单位 X 用于增加自身效用，即存在帕累托改进。因此，如果在某一个配置上，A 的边际替代率小于 B 的边际替代率，则该配置存在帕累托改进，不是帕累托最优配置。

相反，假设某一点处 $MRS_{XY}^A = 2$，但 $MRS_{XY}^B = 1$，这意味着对消费者 A 而言，在维持效用水平不变的情况下，为了多消费 1 单位 X，消费者愿意放弃 2 单位 Y。但对于消费 B 而言，在维持效用水平不变时，多消费 2 单位 Y，消费者愿意少消费 2 单位 X。那么，消费者 A 可以拿出 2 单位 Y 与消费者 B 交换。消费者 B 多了 2 单位 Y，少了 2 单位 X。消费者 A 少了 2 单位 Y，但多了 2 单位 X，其中 1 单位 X 用于消费以维持自身效用不变。这样消费者 A 手中还多出额外 1 单位 X 用于增加自身效用，即存在帕累托改进。因此，如果在某一个配置上，A 的边际替代率大于 B 的边际替代率，则该配置存在帕累托改进，不是帕累托最优配置。

因此，只有当 A 的边际替代率等于 B 的边际替代率时，才不存在帕累托改进，产品的分配属于交换的帕累托最优配置。通过同样的推导方法，我们可以发现，这一结论也可以用于多个消费者、多种商品的纯交换经济中。

7.3.2 生产的帕累托最优条件

用类似的研究方法，我们探讨生产的帕累托最优条件。首先考虑一个 2×2 的模型，即全社会由两个生产者 C 和 D 组成，只有两种要素 L 和 K，且 L 和 K 的总量外生固定，然后在这个简化的社会中推导出生产的帕累托最优条件，最后考虑将其推广到多人、多产品的一般情形中。

下面用埃奇沃思盒形图来分析两种要素在两个生产者之间的分配。如图 7-3 所示，横轴表示要素 L 的总量 L^-，纵轴表示要素 K 的总量 K^-。O_C 是生产者 C 的原点，O_D 是生产者 D 的原点。从 O_C 水平向右表示生产者 C 消费 L 的数量 L_C，从 O_C 垂直向上表示生产者 C 使用 K 的数量 K_C；从 O_D 水平向左表示生产者 D 消费 L 的数量 L_D，从 O_D 垂直向下表示生产者 D 使用 K 的数量 K_D。

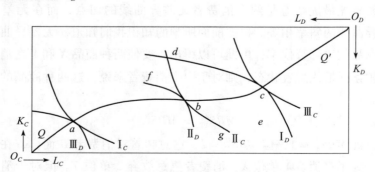

图 7-3 生产的帕累托最优状态

现在我们分析图中的任意一点，如 d。d 点对应的生产者 C 使用 (L_C, K_C) 的要素组合，生产者 D 使用 (L_D, K_D) 的要素组合，且满足 $L_C + L_D = L^-$ 和 $K_C + K_D = K^-$ 在方框垂直边上的任意点表示某一个生产者不使用 L，在方框水平边上的任意点表示某一个生产者不使用 K。

现在我们分析在埃奇沃思盒形图中全部可能的要素分配中，哪一些符合帕累托最优配置。为了分析需要，我们在方框中加入生产者的等产量曲线。生产者 C 的三条等产量曲线 I_C、II_C、III_C。其中 III_C 代表较高的产量水平，I_C 代表较低的产量水平，II_C 居中。O_C 是生产者 C 的原点，所以三条等产量曲线是凸向 O_C 点的。从 O_C 点向右边移动表示生产者 C 的产量水平增加。类似地，生产者 D 的三条等产量曲线 I_D、II_D、III_D，其中 III_D 代表较高的产量水平，I_D 代表较低的产量水平，II_D 居中。O_D 是生产者 D 的原点，所以三条等产量曲线是凸向 O_D 点的。从 O_D 点向左边移动表示生产者 D 的产量水平增加。

假设图 7-3 中 d 是生产要素的初始分配，由于假定生产函数是连续的，所以点 d 在生产者 C 的某一条等产量曲线上，同时也在生产者 D 的某一条等产量曲线上，即生产者 C 和 D 均有一条等产量曲线经过 d 点，两条等产量曲线相交于或相切于 d 点。假设生产者 C 的等产量曲线 II_C 和生产者 D 的等产量曲线 I_D 相交于 d 点。我们可以知道 d 点并未达到帕累托最优，因为在 d 点还存在帕累托改进，即如果从 d 点沿着生产者 D 的等产量曲线 I_D 滑到 c 点，则生产者 C 的产量水平从 II_C 上升到 III_C，但生产者 D 的产量水平并未降低；或者从 d 点沿着生产者 C 的等产量曲线 II_C 滑到 b 点，则生产者 D 的产量水平从 I_D 上升到 II_D，但生产者 C 的产量水平并未降低；如果从 d 点移到 e 点，则可以同时提高生产者 C 和生产者 D 的产量水平。从上面的分析中我们可以得出一个结论：在生产的埃奇沃思盒形图中，如果一点处在生产者 C 和 D 的两条等产量曲线的交点上，则它就不是帕累托最优配置。因为在这种情况下，总存在帕累托改进的余地，即可以使至少一个生产者的产量得到提高而不降低其他生产者的产量。

如果初始分配处在两个生产者等产量曲线的切点处，如 b 点，容易看出，此时不存在任何帕累托改进的余地，即它们均为帕累托最优状态。b 点的改变无非以下几种情况：向右上方移动到生产者 C 的较高的等产量曲线上，则 C 的产量水平提高了，但生产者 D 的产量水平降低了；向左下方移动到生产者 D 的较高的等产量曲线上，则 D 的产量水平提高了，但生产者 C 的产量水平降低了；向左上方或右下方移动，如移动到 f 点或 g 点的位置，则生产者 C 和 D 的产量水平都下降。根据上面的分析我们可以得出一个结论：在生产的埃奇沃思盒形图中，如果一点处在生产者 C 和 D 的两条等产量曲线的切点上，则它属于帕累托最优状态。因为在这种情况下，不存在帕累托改进的余地，即不可能使至少一个生产者的产量得到改善而不降低其他生产者的产量。

在图 7-3 中，有无数类似于 a、b、c 这样的生产者等产量曲线的切点，将所有等产量曲线的切点连接起来构成的 QQ' 线，称为生产的契约曲线（或效率曲线）。它表示两种要素在两个生产者之间的所有最优分配（即帕累托最优配置）的集合。应当注意，在生产的契约曲线上，两个生产者的要素分配具有不同的情况。沿着 QQ' 曲线从 a 到 b 时，生产者 C 的产量是通过牺牲生产者 D 的产量而增加的。根据帕累托标准，我们不能说 QQ' 曲线上的某一点比曲线上的其他点更好。我们只能说，对于任何不在曲线 QQ' 上的点，总存在比它更好的点，这些点就在 QQ' 曲线上。

从生产的帕累托最优配置状态可以得出生产的帕累托最优条件。生产的帕累托最优配置状态是等产量曲线的切点，在等产量曲线的切点处，两条等产量曲线的斜率相等。根据前面所学知识我们知道，等产量曲线的斜率的绝对值又叫两种要素的边际技术替代率，由此可以得出：要使两种要素 L 和 K 在生产者 C 和 D 之间的分配达到帕累托最优配置状态，则对于两个生产者来说，这两种要素的边际技术替代率必须相等，即

$$MRTS_{LK}^{C} = MRTS_{LK}^{D} \tag{7-6}$$

假设某一点处 $MRTS_{LK}^{C}=1$，但 $MRTS_{LK}^{D}=2$，这意味着对生产者 D 而言，在维持产量水平不变的情况下，多使用 1 单位 L，生产者需要放弃 2 单位 K。但对于生产者 C 而言，在维持产量水平不变时，多使用 2 单位 K，生产者可以少使用 2 单位 L。那么，生产者 D 可以拿出 2 单位 K 与生产者 C 交换。生产者 C 多了 2 单位 K，同时少了 2 单位 L。生产者 D 少了 2 单位 K，但多了 2 单位 L，其中 1 单位 L 用于投入生产以维持自身产量不变。这样生产者 D 手中还多出额外 1 单位 L，用于增加自身产量，即存在帕累托改进。因此，如果在某一个配置上，生产者 C 的要素边际技术替代率小于生产者 D 的要素边际技术替代率，则该配置存在帕累托改进，不是帕累托最优配置。

相反，假设某一点处 $MRTS_{LK}^{C}=2$，但 $MRTS_{LK}^{D}=1$，这意味着对生产者 C 而言，在维持产量水平不变的情况下，多使用 1 单位 L，生产者需要放弃 2 单位 K。但对于生产者 D 而言，在维持产量水平不变时，多使用 2 单位 K，生产者可以少使用 2 单位 L。那么，生产者 C 可以拿出 2 单位 K 与生产者 D 交换。生产者 D 多了 2 单位 K，同时少了 2 单位 L。生产者 C 少了 2 单位 K，但多了 2 单位 L，其中 1 单位 L 用于投入生产以维持自身产量不变。这样生产者 C 手中还多出额外 1 单位 L，用于增加自身产量，即存在帕累托改进。因此，如果在某一个配置上，生产者 C 的要素边际技术替代率大于生产者 D 的要素边际技术替代率，则该配置存在帕累托改进，不是帕累托最优配置。

因此，只有当生产者 C 的边际技术替代率等于生产者 D 的边际技术替代率时，才不存在帕累托改进，要素的分配属于生产的帕累托最优配置。通过同样的推导方法，我们可以发现，这一结论也可以用于多个生产者、多种要素的纯生产经济中。

7.3.3 交换和生产的帕累托最优概述

7.3.1 和 7.3.2 分别讨论了交换的帕累托最优条件和生产的帕累托最优条件，是不是由两个公式组成的方程组就是交换和生产的帕累托最优条件？显然不是。交换的帕累托最优条件的推导是以产品 X 和 Y 的总量外生给定为前提的，只能说明消费是最有效率的；生产的帕累托最优条件是以生产要素 L 和 K 的总量外生给定，只生产一种产品为前提假定的，只能说明生产是最有效率的。两者并列，只能说明消费和生产在两个独立的"环境"中各自达到了最优，不能说明在消费和生产共同构成的"环境"中也达到了最优。

为了推导出交换和生产的帕累托最优条件，我们依然要首先做一些必要的假设：整个经济社会只有两个消费者 A 和 B，两个生产者 C 和 D，两种消费品 X 和 Y，两种生产要素

L 和 K；消费者需要消费 X 和 Y，而生产者使用 L 和 K 生产两种产品；简化起见，假设 C 企业仅生产 X 产品，D 企业仅生产 Y 产品。简言之，这是一个 $2\times2\times2\times2$ 的模型。在这个模型中，首先讨论生产及不同产品之间的转换比率，其次考虑消费，最后推导出交换和生产的帕累托最优条件。

1. 生产可能性曲线的形成

生产可能性曲线也称为产品转换曲线或生产可能性边界，是指在技术不变和劳动充分就业的情况下社会或单个厂商把全部资源充分和有效率地用于生产商品时所能获得的一系列最大产量组合。

我们可以从前面的生产契约曲线 QQ' 中得出生产可能性曲线。前面的生产契约曲线 QQ' 上的每一点也表示了一定投入要素在最优配置时所能生产的一对最优产出。例如，在图 7-3 中生产契约曲线上的 b 点是两条等产量线 $Ⅱ_C$ 和 $Ⅱ_D$ 的切点。设 $Ⅱ_C$ 代表的 X 的产量为 X_1，$Ⅱ_D$ 代表的 Y 的产量为 Y_1，则点 b 表示最优产出量（X_1，Y_1）。同理，生产契约曲线上的另一点 a 是等产量线 $Ⅰ_C$ 和 $Ⅲ_D$ 的切点。设 $Ⅰ_C$ 代表的 X 的产量为 X_2，$Ⅲ_D$ 代表的 Y 的产量为 Y_2，则点 a 表示最优产出量（X_2，Y_2）。将 a 点和 b 点所代表的最优产量组合描绘到一个以 X 为横轴，以 Y 为纵轴的直角坐标系中，如图 7-4 所示。同理，将生产契约曲线上所有的产量组合都描绘到图 7-4 中，就得到了生产可能性曲线 PP'。因为生产可能性曲线上所有的点都来自生产契约曲线，所以，生产可能性曲线上的每一个（X，Y）都符合生产的帕累托最优状态，都是生产上具有经济效率的点。

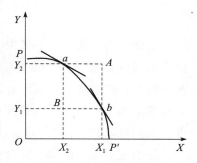

图 7-4　生产可能性曲线

也许我们已经注意到，PP' 曲线将图 7-4 中的直角坐标系的第一象限分割为两部分：一部分是 PP' 曲线以外的区域，A 点就处于这一区域；另一部分是 PP' 曲线和横、纵轴形成的一个封闭区域，B 点就处于这一区域。前者我们称之为"生产不可能性区域"，PP' 曲线上的点已经是生产技术、L 和 K 总量都既定的情况下最有经济效率的产量组合了，不可能会有帕累托改进的余地了，因此，以 A 点为代表的 PP' 曲线以外的点都是无法达到的。后者我们称之为"生产无效率区域"。在这个区域内的产量组合，例如 B 点，利用现有的技术和生产要素总量，都是可以生产出来的，但存在帕累托改进的余地，即通过要素在两个生产者之间的重新组合，可以做到至少使一种产品的产量提高，同时使其他产品的产量不下降。以 B 点为例，通过要素的重新组合，可以使得在 Y 的产量保持 Y_1 不变的情况下，把 X 的产量从 X_2 提升到 X_1，即从 B 点改进到 b 点，而 b 点符合帕累托最优状态；或者可以在 X 的产量保持 X_2 不变的情况下，把 Y 的产量从 Y_1 提升到 Y_2，即从 B 点改进到 a 点，而 a 点符合帕累托最优状态。本质上，图 7-4 中的 B 点类似于图 7-3 中的 d 点，经过要素的重新配置，可以使得一种产品的产量保持不变，而另一种产品的产量有所提升，实现帕累托改进。

2. 生产可能性曲线的特征及其成因

除了生产可能性曲线上的点符合生产的帕累托最优配置外，生产可能性曲线还具有哪些特征？

第一，向右下方倾斜，即 X 的最优产量和 Y 的最优产量呈反比关系。

用反证法证明：假设从 b 到 a，Y 的最优产量增加，同时 X 的最优产量也是增加的，即 X 的最优产量和 Y 的最优产量呈正比关系。

那么，根据帕累托改进的定义，a 是 b 的帕累托改进。

但根据生产契约曲线的定义，a 和 b 都是帕累托最优状态，a 不是 b 的帕累托改进。

这两点产生了矛盾。因此，假设是错误的。

第二，凹向原点或凸向右上方。

这里引入一个新概念：边际转换率 MRT。所谓产品的边际转换率，是指生产可能性曲线的斜率的绝对值。用公式表示为：

$$MRT_{XY} = \lim_{\Delta x \to 0} \left| \frac{\Delta Y}{\Delta X} \right| = \left| \frac{dY}{dX} \right| \tag{7-7}$$

它的经济含义是为了多生产 1 单位 X，必须放弃生产多少单位 Y。从 P 点沿着生产可能性曲线到 P' 点，斜率的绝对值越来越大，即 MRT 越来越大。其经济含义是，随着 X 产量的增加，再增加 1 单位 X 必须放弃更多的 Y。以 a、b 点为例，假设 a 点的 MRT 为 1，这意味着增加 1 单位 X 需要放弃的 Y 的数量就为 1。由于 b 点的斜率更大，即 MRT 更大，因此，我们可以假设为 3，这意味着增加 1 单位 X 需要放弃的 Y 的数量就为 3。

在引入边际转换率的概念后，生产可能性曲线凸向右上方的特征又可以描述为：随着 X 的增加，边际转换率 MRT_{XY} 递增。

那么，为什么随着 X 的增加，边际转换率 MRT_{XY} 在上升，而不是下降呢？原因之一是要素的边际报酬递减规律。为了简化分析，我们将 L 和 K "捆绑"在一起，形成一种新要素，即 $(L+K)$；生产 X 和 Y 要使用到这种要素，并且存在生产的边际报酬递减规律，即随着 X 的产量的上升，再多生产 1 单位 X 要使用到的 $(L+K)$ 的数量不断上升。可以观察到，与 b 点相比，a 点处 X 少，Y 多。b 点处则是 X 多，Y 少。由于要素边际报酬递减规律的存在，一方面，在 b 点，少生产 1 单位 X 所释放的 $(L+K)$ 的数量要多于在 a 点少生产 1 单位 X 所释放的 $(L+K)$ 的数量；另一方面，在 b 点处 1 单位 $(L+K)$ 所生产的 Y 要多于在 a 点处 1 单位 $(L+K)$ 所生产的 Y。所以，在生产可能性曲线上 X 多 Y 少的点，如 b 点处，一方面减少 1 单位 X 释放的生产要素 $(L+K)$ 较多，另一方面增加 1 单位 $(L+K)$ 也能生产更多的 Y，因此，产品的边际转换率更高。

3. 生产可能性曲线的移动

由于生产可能性曲线的位置取决于技术水平和可利用的生产要素总量。因此，在其他条件不变时，如果生产要素的总量或技术水平发生变化，生产可能性曲线的位置必然会发生移动。

如图 7-5 所示，假设初始资源数量和技术状况所确定的生产可能性曲线为 PP'。PP' 上的任意点表示既定技术条件和要素总量情况下经济体系所能生产的最大产量组合，如 a 点对应的产出组合 (X_1, Y_1)。如果资源数量增加或者技术水平提高了，则生产可能性曲线就向右上方移动，假设移到 P_1P_1'。P_1P_1' 上的任意点表示在新的资源数量或新的技术水平下经济体系所能生产的最大产量组合，如 b 点对应的产出组合 (X_2, Y_2)。相反，如果技术水平降低或者生产要素总量减少，则生产可能性曲线会向左下方移动，如 P_2P_2'。

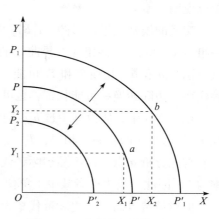

图 7-5 生产可能性曲线的移动

4. 交换和生产的帕累托最优条件

如何将交换和生产综合在一起考虑，从而得到交换和生产的帕累托最优？生产可能性曲线恰恰能为我们提供帮助。

第一步：在技术和要素总量既定的情况下我们首先得到了生产的埃奇沃思盒形图及生产契约曲线 QQ'。生产契约曲线 QQ' 上每一点都表示在既定技术水平和要素总量的情况下生产的帕累托最优配置。

第二步：将生产契约曲线 QQ' 上每一点所代表的产出组合 (X, Y) 都一一对应地绘制到一个以 X 的产量为横轴、以 Y 的产量为纵轴的直角坐标系中，形成生产可行性曲线 PP'，如图 7-6 所示。

第三步：在生产可能性曲线上任取一点，例如点 $B(X_1, Y_1)$。根据第二步可知，点 B 是一个生产的帕累托最优配置。同时，取定点 B 意味着经济体系中产品总量确定，即 X 的总产量为 X_1，Y 的总产量为 Y_1。由于两种产品总产量既定，那么以原点为消费者 A 的出发点，以 B 为消费者 B 的出发点的交换的埃奇沃思盒形图 AX_1BY_1 就形成了。同时还出现了交换契约曲线 CC' 以及无数组无差异曲线。

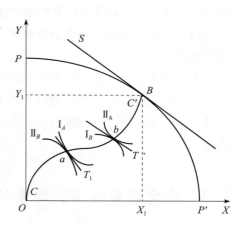

图 7-6 交换和生产的帕累托最优状态

第四步：任何两种产品的边际替代率和边际转换率相等，最终确定交换和生产的帕累托最优配置。

任何两种商品的边际替代率必须等于这两种商品的边际转换率，即

$$MRS_{XY} = MRT_{XY} \tag{7-8}$$

为什么要求两种产品的边际替代率和边际转换率必须相等？这里依然通过举例的方法加以说明。

交换的埃奇沃思盒形图 AX_1BY_1 中有无数组无差异曲线，设其中一组为 II_A 和 I_B，另一组为 I_A 和 II_B，两组无差异曲线的切点均在交换契约曲线上，切线分别为 T 和 T_1，切点分别为 b 和 a。切线 T 和 T_1 可能与过 B 点的切线 S 平行，也可能不平行，即产品的边际替代率与边际转换率可能相等，也可能不相等。

在图 7-6 中，假设其中过 b 点的切线 T 与切线 S 的斜率相等，均为 1，而过 a 点的切线 T_1 与切线 S 的斜率不相等，T_1 的斜率为 2。

首先分析 a 点，即产品边际替代率大于产品边际转换率的情况。由于产品的边际转换率为 1，因此，当生产者减少 1 单位 Y 的生产时，释放的要素正好可以增加 1 单位 X 的生产。但对消费者而言，边际替代率为 2，即减少 1 单位 Y 的消费，只需要增加 0.5 单位 X 的消费就可以维持效用水平不变。这样，只需要拿生产中释放的 1 单位 X 的一半来补偿消费者，从而经济体系中多出 0.5 单位 X。这多余的 0.5 单位 X 表示社会福利的增加。这个例子说明，如果产品边际替代率大于产品边际转换率，则社会福利最终会净增加，即存在帕累托改进，没有达到交换和生产的帕累托最优状态。

其次分析产品的边际替代率（假设为 1）小于产品边际转换率（假设为 2）的情况。边际转换率为 2，意味着生产者少生产 1 单位 X 释放出来的要素量可以多生产 2 单位 Y。边际替代率为 1 意味着减少 1 单位 X 的消费量，为了维持效用水平不变，只需要多消费 1 单位 Y 即可。那么多生产的 2 单位 Y 中拿出 1 单位来维持消费者效用水平不变，则还有多余的 1 单位 Y，代表社会福利的净增加。这个例子说明，如果产品边际替代率小于产品边际转换率，则社会福利最终会净增加，即存在帕累托改进，没有达到交换和生产的帕累托最优状态。

综合以上分析，在边际替代率和边际转换率不相等时，要素与产品配置没有达到交换和生产的帕累托最优状态，通过生产和交换的再配置，社会福利最终都会增加。只有当边际替代率等于边际转换率时，要素和产品配置才会达到交换和生产的帕累托最优配置状态。

7.4 完全竞争经济的均衡与帕累托最优状态

7.1 已经告诉我们在一系列严格假定条件的基础上，完全竞争的经济体系存在一般均衡。7.2 和 7.3 又告诉我们一种资源配置达到帕累托最优状态的必要条件——帕累托最优条件。那么，完全竞争经济体系的一般均衡是否符合帕累托最优状态？或者，是否满足帕累托最优条件？西方经济学的基本结论是：任何完全竞争均衡都属于帕累托最优状态，同时，任意帕累托最优状态都可以由一套完全竞争价格体系来实现。本质上，这正是 1776 年英国经济学家亚当·斯密在《国富论》中所提出的"看不见的手"的原理的现代表述。

根据 7.3 的内容可知，帕累托最优条件包括交换的、生产的、交换和生产的帕累托最优条件。需要说明的是，为了简化分析和便于用二维坐标系进行几何表示，我们在 7.3 中的分析基于一个 $2 \times 2 \times 2 \times 2$ 的模型，但研究结论显然可以推导到多个消费者、多个生产者、多种生产要素和多种产品的一般情形中。

交换的帕累托最优条件可以表述为：

$$MRS_{XY}^A = MRS_{XY}^B \tag{7-9}$$

要使两种商品 X 和 Y 在消费者 A 和 B 之间的分配达到帕累托最优状态，则对于两个消费者来说，这两种商品的边际替代率必须相等。

生产的帕累托最优条件可以表述为：

$$MRTS_{LK}^C = MRTS_{LK}^D \tag{7-10}$$

要使两种要素 L 和 K 在生产者 C 和 D 之间的分配达到帕累托最优状态，则对于两个生产者来说，这两种要素的边际技术替代率必须相等。

交换和生产的帕累托最优条件可以表述为：

$$MRS_{XY} = MRT_{XY} \tag{7-11}$$

社会福利最大化要求生产和交换同时达到帕累托最优状态，也就是说，任何两种商品对消费者的边际替代率必须等于这两种商品的边际转换率。

当上述三个条件均得到满足时，整个经济体系就达到了帕累托最优状态。那么，在完全竞争经济体系中，帕累托最优是如何实现的呢？

完全竞争经济体系在一定的假设条件下存在一般均衡，即存在一组价格，在该组价格下所有市场均达到供求平衡的稳定状态。假设该组价格为 P_X, P_Y, ⋯, P_L, P_K, ⋯。其中 P_X, P_Y, ⋯表示商品 X, Y, ⋯的均衡价格；P_L, P_K, ⋯表示要素 L, K, ⋯的均衡价格。在完全竞争经济体系中，每个消费者和生产者都是价格的接受者，消费者在既定价格下追求自身效用的最大化，生产者在既定价格下追求自身利润的最大化。

对于消费者而言，任意一个消费者在完全竞争经济体系中效用最大化的条件是任意两种商品的边际替代率等于两种商品的价格之比，对于消费者 A，有：

$$MRS_{XY}^A = P_X/P_Y \tag{7-12}$$

对于消费者 B，有：

$$MRS_{XY}^B = P_X/P_Y \tag{7-13}$$

将式（7-12）和式（7-13）整理可得：

$$MRS_{XY}^A = MRS_{XY}^B \tag{7-14}$$

式（7-14）就是交换的帕累托最优条件。所以，在完全竞争条件下，产品的均衡价格实现了交换的帕累托最优状态。

对于任意一个生产者而言，在完全竞争经济体系中利润最大化的条件是任意两种要素的边际技术替代率等于两种要素的价格之比，对于生产者 C，有：

$$MRTS_{LK}^C = P_L/P_K \tag{7-15}$$

对于生产者 D，有：

$$MRTS_{LK}^D = P_L/P_K \tag{7-16}$$

将式（7-15）和式（7-16）整理可得：

$$MRTS_{LK}^C = MRTS_{LK}^D \tag{7-17}$$

式（7-17）就是生产的帕累托最优条件。所以，在完全竞争条件下要素的均衡价格实现了生产的帕累托最优状态。

我们来看生产和消费综合在一起的情况。从前面的分析中我们知道，生产和交换的帕累托最优条件是产品的边际转换率必须等于产品的边际替代率。根据边际产品转换率的定义，边际产品转换率的表示如下：

$$MRT_{XY} = \left|\frac{\Delta Y}{\Delta X}\right| \tag{7-18}$$

式（7-18）表示增加 ΔX 就必须减少 ΔY，或者，增加 ΔY 就必须减少 ΔX。因此，ΔY 可以看作是 X 的边际成本；另外，ΔX 也可以看作是 Y 的边际成本。用 MC_X 和 MC_Y 分别表示产品 X 和 Y 的边际成本，则产品 X 对产品 Y 的边际转换率可以定义为两种产品的边际成本之比：

$$MRT_{XY} = \left|\frac{\Delta Y}{\Delta X}\right| = \left|\frac{MC_X}{MC_Y}\right| \tag{7-19}$$

在完全竞争条件下，生产者利润最大化的条件是产品的价格（边际收益）等于其边际成本，即：

$$P_X = MC_X \tag{7-20}$$
$$P_Y = MC_Y \tag{7-21}$$

所以：

$$MC_X/MC_Y = P_X/P_Y \tag{7-22}$$

又由于消费者效用最大化的条件为：

$$MRS_{XY} = P_X/P_Y \tag{7-23}$$

综合式（7-22）和式（7-23）可以得出：

$$MRS_{XY}^A = MRS_{XY}^B \tag{7-24}$$

其中，MRS_{XY} 表示每一个消费者的共同的边际替代率。式（7-24）即是生产和交换的帕累托最优条件。所以，在完全竞争经济体系中，一般均衡的价格体系能够使得该经济达到交换和生产的帕累托最优状态。

7.5 社会福利的最大化问题及其均衡解

本节首先从帕累托最优条件中引申出效用可能性曲线，其次提出我们想要研究的问题——社会福利的最大化。回答这一问题时所使用的方法与本书前面各章探讨单个消费者效用最大化或单个生产者利润最大化时使用的方法是一致的，即既定约束下的最优化方法。

7.5.1 效用可能性曲线

在 7.3.3 中我们探讨了交换和生产的帕累托最优状态的寻找方法。在技术水平和生产要素总量既定的情况下，从生产可能性曲线 PP' 上取一点 $B(X_1, Y_1)$，B 点属于生产的帕累托最优配置，且 B 点的选定也意味着经济体系中的产品总量已经确定；以该产出组合为基础可以构建一个消费的埃奇沃思盒形图，并从中得到一条交换的契约曲线 CC'。交换的契约曲线 CC' 上的每一点都属于交换的帕累托最优配置，但只能找出一个点 b，该点处效用水平的切线斜率和过 B 点的切线斜率相等，即产品边际替代率和边际转换率相等，因此，b 点属于交换和生产的帕累托最优配置，如图 7-6 所示。现在我们将 b 点处的个人效用水平提取出来，重新记作 (U'_A, U'_B)。由于 b 点满足帕累托最优条件，因此我们将 b 点对应的效用组合 (U'_A, U'_B) 称为"最优"效用水平组合。

依照同样的步骤，在生产可能性曲线 PP' 上再取一点 B'，得到一个满足帕累托最优条件的 b' 点，b' 点同样对应一组"最优"效用水平，记为 (U''_A, U''_B)。这样，我们就在生产可能性曲线和最优效用水平组合之间建立了对应关系。由于生产可能性曲线上有无数个点，因此，最优效用水平组合也有无穷多个。将这无穷多个最优效用水平描绘在以 U_A 为横轴、以 U_B 为纵轴的直角坐标系中，可以得到一条效用可能性曲线，又称为效用可能性边界，如图 7-7 所示。

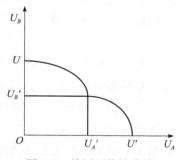

图 7-7　效用可能性曲线

效用可能性曲线 UU' 具有哪些性质？首先，效用可能性曲线向右下方倾斜，即 U_A 和 U_B 呈反比关系，或者要提高一个消费者的最优效用水平，必须以降低另一个消费者的最优效用水平为代价。否则，当提高一个消费者的最优效用水平，同时另一个消费者的最优效用水平不变差，那么就存在帕累托改进，最优效用水平组合就不符合帕累托最优标准。因此，效用可能性曲线一定是向右下方倾斜的。其次，效用可能性曲线的凹凸性和位置有哪些特点？由于效用水平的高低是一个"序数"概念，只存在高低区别，不存在差距是多大的问题，因此表示效用水平的那个数值是"随意"的，只要我们用较大的数值表示较大效用即可，具体用多大的数值则无关紧要。这就意味着效用可能性曲线的位置和凹凸性是"随意"的。综合以上分析，我们发现：除了向右下方倾斜，我们无法获得更多有关效用可能性曲线性质的信息。

另外，在图 7-7 中，效用可能性曲线 UU' 将直角坐标系第一象限划分为两个区域：UU' 曲线左下角的封闭区域和 UU' 曲线右上部分的区域。其中，右上部分的任何一点都表示在目前的技术条件、要素和产品总量的基础上无法达到的效用水平组合，称为"效用不可能"区域；封闭区域的任何一点都表示在目前的技术条件、要素和产品总量的基础上可以达到的效用水平组合，但却不是最优效用水平组合。因为其中的任何一点都存在帕累托改进，即在改善其中一个消费者的效用水平时，其余消费者的效用水平不降低。因此，这一封闭区域称为"无效率"区域。效用无效率点存在的原因则可以通过效用水平组合的产生过程分析，具体原因包括：交换的无效率、生产的无效率、交换和生产的无效率或者其中两个、三个条件没有得到满足。

7.5.2 社会福利最大化与均衡解

福利经济学的目的是要在由效用无效率区域和效用可能性边界组成的效用可能性区域中寻找一个或多个点，使得社会福利能够达到最大。但是帕累托最优条件仅仅告诉我们使社会福利最大化的点必然在效用可能性曲线上，并没有指出具体在哪一点。本节剩余部分就是要尝试在效用可能性边界上找出这样的点。

首先我们给出社会福利的表示方法。简单地讲，社会福利函数是所有个人效用水平的函数。假设社会由两个人组成，其效用分别用 U_A 和 U_B 表示。因此，社会福利函数 W 用公式表示为：

$$W = W(U_A, U_B) \tag{7-25}$$

根据式（7-25），给定一组效用水平的组合，就可以算出相应的社会福利水平。同样，如果给定一个社会福利水平，例如 W_1，则社会福利函数转化为 U_A 和 U_B 之间的关系。这类似于我们在讨论消费者效用最大化问题时提出的单个消费者无差异曲线，只不过这里讨论的是社会福利的最大化问题，因此我们也将 W_1 曲线称为社会无差异曲线。

$$W_1 = W(U_A, U_B) \tag{7-26}$$

同一条社会无差异曲线上的不同两点所代表的社会福利水平是相等的。另外，假设社会无差异曲线凸向原点，且离原点越远，社会无差异曲线所代表的社会福利水平越高。

将社会无差异曲线与效用可能性曲线绘制到一张图中，得到图 7-8。可以看出，社会福利函数和效用可能性边界可能会有三种关系：相交、相切和相离。对于相交的情况，例如图 7-8 中的社会无差异曲线 W_1，其与效用可能性边界相交于 a 点和 a' 点，在 a 和 a' 之间的众多效用组合处在"效用无效率"区域，即这些效用组合所代表的社会福利水平虽为 W_1，但存在明显的帕累托改进；对于相切的情况，例如图 7-8 中的社会无差异曲线 W_2，它与效用可能性边界仅有一个切点，即 b 点。W_2 上的其余各点都在效用不可能区域；对于相离的情况，例如图 7-8 中的社会无差异曲线 W_3，与效用可能性边界没有任何交点，它上面的所有效用组合都处在"效用不可能"区域。

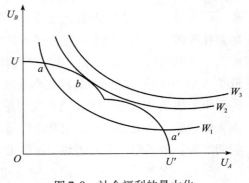

图 7-8 社会福利的最大化

图 7-8 中的 b 点是一个帕累托最优配置点。因为 b 点在效用可能性曲线上，根据效用可能性曲线的推导过程，我们知道 b 点所代表的资源配置满足交换的帕累托最优、生产的帕累托最优、交换和生产的帕累托最优条件。同时 b 点所处的社会福利也是在效用约束下最大的社会福利。这本质上是一个约束条件下的最大化问题，其中约束条件是效用可能性

边界，需要最大化的是社会福利水平。在凸性社会无差异曲线的假定下，切点必然是最大化点。

7.5.3 均衡的多样性与阿罗不可能性定理

1. 均衡的多样性

上一节中我们假定社会福利函数是凸向原点的，从而在约束条件下社会福利最大化的点就是社会无差异曲线和效用可能性曲线的切点。那么问题是，社会福利函数必然是凸向原点的吗？

基于不同的制度环境、文化信仰和风俗习惯，经济学说史上不同学派提出了不同的社会福利函数，其中典型的社会福利函数包括边沁社会福利函数、伯努利-纳什社会福利函数以及罗尔斯社会福利函数，如图 7-9 所示。为了简化表达与分析，我们依然假设社会由两个消费者 A 和 B 组成。

1）边沁社会福利函数。边沁社会福利函数又被称为功利主义社会福利函数、加法型社会福利函数，它强调的是社会成员的效用总和，忽略内部分配。其表达式如下：

$$W_1 = U_A(X) + U_B(X) \tag{7-27}$$

式中，X 表示消费的商品数量。

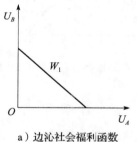
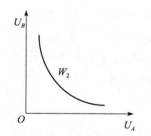
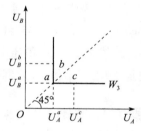

a）边沁社会福利函数　　b）伯努利-纳什社会福利函数　　c）罗尔斯社会福利函数

图 7-9　三种典型的社会福利函数

在图 7-9a 中，设社会福利为 W_1，则 $U_B = W_1 - U_A$。可以看出，社会总福利只取决于每个社会成员的效用水平总和，完全忽略分配问题。例如，当效用组合（U_A，U_B）取值为（5，5）、（1，9）以及极端值（0，10）时，社会福利不受影响，均为 10，因为边沁社会福利函数仅关注总和，不关注内部结构。

2）伯努利-纳什社会福利函数。伯努利-纳什社会福利函数又称乘法型社会福利函数。其表达式如下：

$$W_2 = U_A(X) \times U_B(X) \tag{7-28}$$

乘法型社会福利函数意味着当成员的个人效用总和相等，或社会福利在成员之间的分配越是平均时，社会福利就越大。当（U_A，U_B）分别取（5，5）、（1，9）和（0，10）时，所有成员的效用总和为 10，但社会福利分别为 25、9 和 0。可以看出，社会总效用在成员之间的分配越是平均，社会福利越大；分配越不平均，社会福利越小。因此，乘法型社会福利函数更关注分配问题。

3) 罗尔斯社会福利函数。其表达式如下：

$$W_3 = \min(U_A(X), U_B(X)) \tag{7-29}$$

从式（7-29）中可以看出，罗尔斯社会福利等于社会上效用水平最低的单个成员的效用。其几何表示为图 7-9c 中的 "L 形" 社会无差异曲线。当 (U_A, U_B) 在 c 点时，$U_A > U_B$，根据罗尔斯社会福利函数的定义，社会福利 W_3 等于效用较小的消费者 B 的效用，即 U_B^a。当 (U_A, U_B) 在 b 点时，$U_A < U_B$，根据罗尔斯社会福利函数的定义，社会福利 W_3 应该等于效用较小的消费者 A 的效用，即 U_A^a。当 (U_A, U_B) 在 a 点时，$U_A = U_B$，即所有社会成员的效用水平相等，根据罗尔斯社会福利函数的定义，社会福利 W_3 等于 U_A^a，也等于 U_B^a。

将以上三种典型的社会福利函数与效用可能性边界结合起来，得到图 7-10。

当效用可能性曲线不变，社会福利函数变化时，均衡点的位置并不相同。加法型社会福利函数和效用可能性曲线的切点在 a 处，乘法型社会福利函数和效用可能性曲线的切点在 b 处，而罗尔斯社会福利函数和效用可能性曲线的唯一交点在 c 处。a、b 和 c 点因为都在效用可能性曲线上，因此，从效率的角度来看，都符合帕累托最优条件，属于帕累托最优状态；但从公平的角度看，a 点离 45°线最远，U_A 远大于 U_B；c 点就在 45°线之上，U_A 等于 U_B，因此，c 点比 b 点和 a 点更加平均，U_A 和 U_B 之间的差距更小。

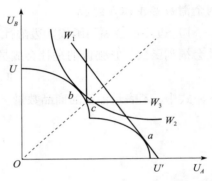

图 7-10 不同社会福利函数下的均衡点

2. 阿罗"不可能性定理"

综合以上关于帕累托最优化条件与社会福利最大化的分析，似乎资源配置问题得到了彻底的解决，即在既定技术条件和要素总量的前提下，生产者生产什么、生产多少以实现利润最大化，产品在消费者中如何分配以实现社会福利最大化，等等，所有问题都得到了解决。但依然存在一个棘手的问题——社会福利函数在现实中真的存在吗？或者说，能不能从众多的个人偏好出发，通过某种规则，例如少数服从多数、独裁等，最终形成社会偏好？

美国经济学家肯尼斯·阿罗（1921—2017）在 1951 年运用较高深的数学知识在相当宽松的条件下证明了：在非独裁的情况下，不可能存在适用于所有个人偏好类型的社会福利函数。这就是著名的阿罗"不可能性定理"。

本章小结

本章在回答一般均衡的存在性问题的基础上重点探讨了一般均衡的最优性问题和社会

福利的最大化问题。其要点可以归纳如下。

1) 一般均衡是指经济体系中所有市场同时处于供求相等的一种稳定状态。不同于局部均衡，一般均衡充分考虑到经济体系中单个市场之间的相互影响。因此，在一般均衡分析中，不仅要分析该商品价格对其供求关系的影响，还要分析替代品与互补品价格、生产该商品的生产要素价格、消费者收入等其他相关因素的影响，即把经济体系中的所有经济单位和所有市场联系起来加以考虑和分析。

2) 可以证明，基于一系列严格假定条件，完全竞争经济体系存在一般均衡解，即存在一组价格，使得经济体系中所有市场均处于供求相等的稳定状态。

3) 实证经济学研究的是"是什么""为什么""会如何"的问题；而规范经济学研究的是"应该如何"的问题。经济学教科书的绝大多数内容都属于实证经济学的研究范畴。

4) 经济效率，又称帕累托最优状态标准或帕累托标准。对于某种资源配置状态，如果不存在任何帕累托改进，则称这一状态为帕累托最优状态；或者，对于某种资源配置状态，如果任何改变都不可能使至少一个人的状况变好而又不使其他任何人的状况变坏，则称这一状态为帕累托最优状态。

5) 帕累托最优条件包括交换的帕累托最优条件、生产的帕累托最优条件、交换和生产的帕累托最优条件。其中交换的帕累托最优条件要求每一个消费者在两种商品之间的边际替代率都相等；生产的帕累托最优条件要求每一个生产者在两种要素之间的边际技术替代率都相等；交换和生产的帕累托最优条件要求每一个消费者的边际替代率与产品的边际转换率都相等。

6) 可以证明，在完全竞争经济体系中，一般均衡的价格体系能够使得该经济体系达到交换和生产的帕累托最优状态。

7) 以效用可能性曲线为约束，求解社会福利最大化问题时，不同的社会福利函数假定会带来不同的均衡。然而，阿罗却给出了定理，否定了社会福利函数的存在性，即在非独裁的情况下，不可能存在适用于所有个人偏好类型的社会福利函数。

实训与实践

一、基本概念
1. 一般均衡　　2. 帕累托最优状态标准和帕累托改进　　3. 帕累托最优条件
4. 边际转换率　　5. 阿罗"不可能性定理"

二、分析简答
1. 局部均衡和一般均衡的关键区别是什么？
2. 实证经济学和规范经济学在研究范畴上的区别是什么？
3. 生产可能性曲线具有哪些特征？为什么？
4. 完全竞争经济的均衡状态符合帕累托最优条件吗？为什么？
5. 效用可能性曲线具有哪些特征？为什么？

6. 列举三种典型的社会福利函数并简要说明它们的特点。

三、计算

1. 假设在纯交换的经济体系中有两个成员——成员 1 和成员 2；存在两种商品 X 和 Y，总产量分别为 X' 和 Y'；成员 1 的效用函数为 $U_1 = X_1^{\frac{1}{2}} Y_1^{\frac{1}{2}}$；成员 2 的效用函数为 $U_2 = X_2^{\frac{1}{3}} Y_2^{\frac{2}{3}}$。

   问题：

   1) 当分配方案达到帕累托最优时，推导 X_1 和 Y_1 的关系式。

   2) 其他假设条件不变，商品扩展为三种 X、Y 和 Z，总产量分别为 X'、Y' 和 Z'；成员 1 的效用函数为 $U_1 = X_1^{\frac{1}{3}} Y_1^{\frac{1}{3}} Z_1^{\frac{1}{3}}$；成员 2 的效用函数为 $U_2 = X_2^{\frac{1}{6}} Y_2^{\frac{1}{6}} Z_2^{\frac{2}{3}}$。当分配方案达到帕累托最优时，推导 X_1、Y_1、Z_1 之间的关系式。

2. 在一个荒岛上只有鲁滨逊和星期五两个人，每天只能搜集到总共 4 斤粮食。鲁滨逊的效用函数是 $U_1(X_1) = \frac{1}{2} X_1$；星期五的效用函数是 $U_2(X_2) = X_2$；X_1 和 X_2 分别是两人的粮食消费量。

   问题：

   1) 如果粮食在两人之间平均分配，则各自的效用是多少？

   2) 如果要求消费后两人的效用相等，则粮食应该如何分配？

   3) 如果要求消费后两人的效用之和最大，则粮食应该如何分配？

   4) 如果两人都同意 $W = U_1 U_2$ 的社会福利函数，且要求社会福利最大化，则粮食应该如何分配？

Chapter 8 第 8 章

市场失灵与微观经济政策

市场失灵在很大程度上是容易确定的,其范围也容易控制,它需要明确的政府干预。由于现实中所有的市场都是不完备的,信息总是不完全的,道德风险和逆向选择问题对于所有市场来说是各有特点的,因此经济中的市场失灵问题是普遍存在的,政府把注意力集中在较大、较严重的市场失灵情况上是比较合理的。

——约瑟夫·尤金·斯蒂格利茨

约瑟夫·尤金·斯蒂格利茨,1943 年生于美国印第安纳州,美国著名经济学家,美国哥伦比亚大学教授。2001 年斯蒂格利茨由于在不对称信息市场理论领域所做出的贡献,被授予诺贝尔经济学奖。斯蒂格利茨的著作主要有《现代经济增长理论》《公共经济学讲义》《公共部门经济学》《政府在经济中的作用》《社会主义向何处去——经济体制转型的理论与证据》等。斯蒂格利茨对以下许多重要的经济理论问题进行了开创性的研究:风险厌恶、公共财政、信息不对称、效率工资理论。斯蒂格利茨是"市场失灵"的主要倡导者之一,认为市场在环境治理、公共健康、公共安全以及研究开发等领域难以产生有效率的结果,强调政府作用的重要性。

约瑟夫·尤金·斯蒂格利茨(Joseph Eugene Stiglitz)

📖 本章核心内容提示

1. 市场失灵的表现形式;
2. 垄断的无效率以及对垄断的管制;
3. 信息不对称的结果以及政府作用;
4. 外部效应的无效率以及政府作用;
5. 公共物品的特点以及供给;
6. 收入分配的影响以及政府的调节。

从以上各章，尤其是从一般均衡的分析中可以得出这样的结论：以完全竞争为特征的市场机制可以有效率地配置资源，即实现帕累托最优，但是，完全竞争是以一系列严格的假设前提为条件的，如完全竞争、完全信息，不存在交易成本，当这些前提条件不完全具备时，那么市场的运行就不可能出现帕累托最优，经济就会出现无效率，就会出现市场失灵（market failure）。所谓市场失灵，是指市场机制不能有效地发挥配置稀缺性资源的作用，难以实现帕累托效率的状况。市场失灵的表现主要有：一方面，当存在不完全竞争、公共物品、外部性、信息不完全时，帕累托最优很难实现；另一方面，完全竞争即使可以实现帕累托最优，但竞争的结果也可能出现使人不能忍受的贫富悬殊。市场失灵成为政府干预的有力依据，政府是实施微观经济政策的主体，目的是促进市场更有效率地运转，避免市场失灵所产生的不良后果。因此，现实中的市场经济，是既存在市场机制又存在政府干预的混合经济。现代市场经济的正常运行，既依赖市场这只"看不见的手"的调节，同时也离不开政府这只"看得见的手"的干预。

8.1 作为市场失灵的垄断

狭义的垄断指行业内只有一个厂商的完全垄断，广义的垄断指竞争的缺乏，它和完全竞争相对立，是存在垄断因素的不完全竞争，这里讨论的垄断是广义的垄断。在市场经济中，垄断因素的存在既有优点也有缺点，优点表现在：第一，可以实现规模经济，从事大规模生产，从而降低生产成本。第二，垄断企业实力雄厚，可以进行科学研究和产品开发，推动技术创新。垄断的缺点表现在：第一，垄断对经济效率有影响，无法实现帕累托最优。第二，垄断还会产生社会成本。第三，垄断必然伴随寻租行为。

8.1.1 垄断对经济效率的影响

从前面关于垄断的分析可知，无论垄断程度怎样，只要存在垄断因素，企业或多或少对价格有一定影响，价格会高于边际成本，即 $P > MC$，而产量则低于完全竞争情形下的产量，显然，垄断对消费者不利，但高价格是垄断企业所乐见的，因为垄断企业可以赚取较高利润。那么，从整个社会的角度看，垄断是好还是坏呢？

在图 8-1 中，如果一个厂商面临一个完全竞争的市场，并且是市场价格的接受者，那么就会有竞争的均衡价格和产量 (P_c, y_c)。如果厂商在垄断市场中经营，那么厂商对市场价格的决定有一定程度的控制并选择利润最大化的产量水平，垄断的价格和产量就是 (P_m, y_m)。

垄断厂商的产量水平是具有帕累托最优的水平吗？我们知道，所谓帕累托最优，是在不减少一方福利的情况下，就不可能增加另一方福利的状态；如果通过改变现有的资源配置而提高了一方的福利但并不会减少另一

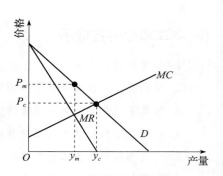

图 8-1 垄断的无效率

方的福利，这种改变就是帕累托改进。我们来观察图 8-1 所示的垄断状态是否存在帕累托改进的可能。

反需求曲线 $P(y)$ 表示：在每一个产量水平上，人们为额外购买 1 单位商品所愿意支付的价格。因为对于 y_m 和 y_c 之间的所有产量水平来说，$P(y)$ 大于 $MC(y)$，所以存在一个产量区域，在这个区域内，人们愿意对 1 单位产量支付比它生产成本更高的价格。很明显，这里存在着帕累托改进的可能。

如果考虑垄断产量水平 y_m 处的情况，由于 $P(y_m) > MC(y_m)$，所以有人愿意对 1 单位额外产量支付比生产成本更高的价格。假定厂商生产这单位额外产量，并按价格 P 出售给这个人，这里 $P(y_m) > p > MC(y_m)$。那么这个消费者的境况就变得更好了一些，因为他恰好愿意为这个消费单位支付 $P(y_m)$，而这个消费单位却按 P 的价格被出售。同样，为生产该单位额外产量，垄断厂商增加的成本是 $MC(y_m)$，但将它按 $P > MC(y_m)$ 的价格出售，所有其他单位的产量却都按与以前相同的价格出售，所以那里没有发生什么变化。可是，在这额外产量的销售中，市场的每一方都有一些额外剩余——市场交易每一方的境况都变得比过去更好一些。而没有其他人的境况变得比过去更坏，即存在"帕累托改进"的可能[⊖]。

8.1.2　垄断的社会成本

垄断不仅是无效率的，还造成社会福利的无谓损失，这种无谓损失就是垄断的社会成本，我们可以通过比较完全竞争和垄断情况下的消费者剩余和生产者剩余来理解垄断的社会成本（假设竞争的市场和垄断者有相同的成本曲线）。图 8-2 给出了垄断者的平均收益曲线和边际收益曲线以及边际成本曲线。为了使利润最大化，厂商在边际收益等于边际成本之处生产，因此均衡价格和产量分别是 P_m 和 Q_m。在一个竞争的市场中，价格必须等于边际成本，由平均收益（即需求）曲线与边际成本曲线的交点决定了竞争价格（P_c）和产量（Q_c）。当竞争价格（P_c）和产量（Q_c）移动到垄断价格（P_m）和产量（Q_m）时，两个剩余是如何变化的？

在垄断时的价格较高，且消费者购买量也较少。由于价格较高，因此购买的消费者丧失了由四边形 A 给出的消费者剩余，并且那些在价格 P_m 没买而在价格 P_c 将会购买的消费者也损失了消费者剩余，数量由三角形 B 给出，因而消费者剩余的总损失为 $A+B$ 的面积。不过，生产者通过较高的价格获得了 A，但却损失了三角形 C，即它以价格 P_c 销售 $Q_c - Q_m$ 能赚到的额外利润。因而生产者剩余的总得益为 $A-C$ 的面积。从生产者剩余的得益中减去消费者剩余的损失，我们

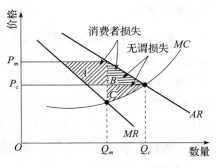

图 8-2　垄断造成的无谓损失

[⊖]　[美] 哈尔·R. 范里安. 微观经济学：现代观点 [M]. 上海：上海三联书店，1994.

就可以看到剩余的净损失为 $B+C$ 的面积，这是垄断造成的无谓损失（deadweight loss）。即使垄断者的利润通过税收被再分配给其产品的消费者，也仍然会有一定的非效率，因为产量比竞争时要低。而上述无谓损失就是这种垄断造成的社会成本[1]。

8.1.3 寻租

在现实生活中，垄断的社会成本可能超过图 8-2 的三角形 B 和 C 所示的无谓损失，因为企业为获得垄断地位，要参与寻租（rent seeking）：企业为获得或维护其垄断地位而花费大量资源用于非生产性活动上。寻租活动的目的一般是为了寻求政府保护某些行业，也有的寻租活动是为了维持纯粹的私人垄断地位。寻租活动包括用游说方式（或捐款活动）获得政府允许或保护的垄断地位，也包括通过宣传和公关来避免反垄断调查的行为，还包括通过扩大生产规模让潜在竞争者难以进入的行为。

寻租活动需要使用大量的资源，包括人力资源，这些资源本来可以用于生产性活动，却成为一种非生产性活动的支出，导致资源利用的扭曲和浪费，正如布坎南指出的："寻租行为是一种制度背景下发生的行为，它最大化了个人收益，却导致社会浪费。"[2] 寻租活动还导致大量财富的再分配，使少数人获得巨额经济利润，例如代表 10 个不同集团的 10 个企业家在华盛顿的国会外活动，以影响国会让他们享有垄断的权力，最后仅有一人成功，垄断给他带来 1 000 万美元的利润，这就意味着 9 个未获得垄断权力的集团的 900 万美元转移到了获得垄断权力的一个集团。而且寻租往往是寻求政府的保护，所以寻租往往与政府腐败相联系，这种没有用于社会生产的贿赂费用无疑增加了社会成本。

8.1.4 对垄断的公共政策

我们已经知道，与竞争市场相比，垄断引起市场失灵，因为垄断企业的定价高于边际成本，产量却小于完全竞争条件下的产量，导致稀缺的资源并没有被配置到最有价值的用途上，带来资源配置的无效率和无谓损失，并引起大量寻租行为。针对垄断导致的一系列问题，政府可以通过反垄断法来加强竞争，也可以通过管制来规范垄断者的行为。

1. 反垄断法

西方不少国家都不同程度地制定了反托拉斯法，其中最为突出的是美国。19 世纪末 20 世纪初，美国出现了第一次大兼并，形成了一大批经济实力雄厚的大企业，这些大企业被叫作垄断或托拉斯。垄断的形成和发展，深刻地影响到美国社会各个阶级和阶层的利益。从 1890 年到 1950 年，美国国会通过了一系列法案和修正案来反对垄断。其中包括谢尔曼法（1890 年）、克莱顿法（1914 年）、联邦贸易委员会法（1914 年）、罗宾逊—帕特曼法（1936 年）、惠勒—李法（1938 年）和塞勒—凯弗维尔法（1950 年），统称反托拉斯法。美国的这

---

[1] 罗伯特·S. 平狄克，丹尼尔·鲁宾费尔德. 微观经济学（原书第 7 版）[M]. 高远，译. 北京：中国人民大学出版社，2009.
[2] 谭崇台. 寻租理论及其思想渊源 [J]. 经济评论，1994（03）.

些反托拉斯法规定，限制贸易的协议或共谋，即禁止签订固定价格或者分割市场的协议；禁止垄断或企图垄断市场；禁止兼并造成的垄断；禁止有排他性规定，比如规定购买你商品的顾客不得购买竞争者的商品；禁止价格歧视；禁止不正当的竞争或欺诈行为等。

我国于1993年通过了《中华人民共和国反不正当竞争法》，于2008年开始实行《中华人民共和国反垄断法》。我国的反垄断法规定的垄断行为包括：经营者达成垄断协议；经营者滥用市场支配地位排除、限制竞争；具有或者可能具有排除竞争效果的经营者集中。2018年3月，我国依据《国务院机构改革方案》，组建国家市场监督管理总局，整合原来三家反垄断执法机构职责，形成统一执法模式。

案例 8-1　高通公司滥用市场支配地位案

2015年2月，国家发改委正式对外发布处理结果：高通公司滥用市场支配地位实施排除、限制竞争的垄断行为成立，责令其停止相关违法行为，并处2013年度我国市场销售额8%的罚款，共计60.88亿元人民币（约合9.75亿美元）。

据国家发改委通报，2013年11月，国家发改委根据举报启动了对高通公司的反垄断调查。在调查过程中，国家发改委对数十家国内外手机生产企业和基带芯片制造企业进行了深入调查，获取了高通公司实施价格垄断等行为的相关证据，充分听取了高通公司的陈述和申辩意见，并就高通公司相关行为构成我国反垄断法禁止的滥用市场支配地位行为进行了研究论证。

经调查取证和分析论证，高通公司在CDMA、WCDMA、LTE无线通信标准必要专利许可市场和基带芯片市场具有市场支配地位，实施了滥用市场支配地位的行为，包括收取不公平的高价专利许可费，没有正当理由搭售非无线通信标准必要专利许可，在基带芯片销售中附加不合理条件。

通报称，高通公司的行为排除、限制了市场竞争，阻碍和抑制了技术创新和发展，损害了消费者利益，违反了我国反垄断法关于禁止具有市场支配地位的经营者以不公平的高价销售商品、没有正当理由搭售商品和在交易时附加不合理交易条件的规定。

除了对高通做出罚款决定外，国家发改委还责令高通公司停止违法行为即时整改。通报还表示，在反垄断调查过程中，高通公司能够配合调查，主动提出了一揽子整改措施。这些整改措施针对高通公司对某些无线标准必要专利的许可，包括对为在我国境内使用而销售的手机，按整机批发净售价的65%收取专利许可费；向我国被许可人进行专利许可时，将提供专利清单，不得对过期专利收取许可费；不要求我国被许可人将专利进行免费反向许可；在进行无线标准必要专利许可时，不得没有正当理由搭售非无线通信标准必要专利许可；销售基带芯片时不要求我国被许可人签订包含不合理条件的许可协议，不将不挑战专利许可协议作为向我国被许可人供应基带芯片的条件。对此，高通公司发表声明称，不打算对这一裁定提出异议，将支付9.75亿美元的罚金，并为其手机芯片设定专利授权费用。

资料来源：高通公司滥用市场支配地位被处60亿罚款－法治频道－新华网。

2. 对垄断企业的价格监管

垄断厂商如果按照 $MR = MC$ 原则进行生产，那么价格会高于边际成本，导致资源配置的无效率，而且垄断厂商此时获得了超额利润，即大于零的经济利润，也被认为是不公平的，所以需要政府对垄断企业进行价格监管，如果政府监管的目标是帕累托最优，那么价格应确定为等于边际成本，此时垄断企业仍然能获得一部分经济利润；如果政府监管的目标是消除垄断企业的经济利润，从而按照更低的平均成本确定价格，但此时就不能实现帕累托最优。可见，公平和效率目标是矛盾的。

垄断企业中有一类企业属于自然垄断形成的，自然垄断是指在一个行业中，由一家企业来提供产品比由两家以上的企业提供产品更能达到最低平均成本。自然垄断企业的平均成本曲线和一般垄断企业的平均成本曲线不同，一般垄断企业的平均成本曲线呈 U 形，即先下降后上升，但自然垄断企业的平均成本随着产量的增加却在不断下降，即平均成本曲线不断下降，所以边际成本曲线总是位于平均成本曲线的下方。自然垄断的例子有：有线电视网、电力系统、天然气和电信等，当然，随着技术的进步，曾经是自然垄断的行业也可以成为一个具有竞争性的行业。当一个企业处于自然垄断地位时，这个企业就会制定高价格来获得经济利润。按照帕累托最优条件，自然垄断企业的产量和价格是缺乏效率的，因为消费者所支付的价格高于生产产品的边际成本，垄断厂商获得了超额利润。

政府对自然垄断企业实行监管，可以按照边际成本确定价格或按平均成本确定价格，如果按照边际成本确定价格，虽然可以实现帕累托最优，但会造成自然垄断企业的亏损，因为这时的价格即平均收益低于自然垄断企业的平均成本，此时，政府必须补贴垄断厂商的亏损，垄断厂商才能继续生产下去。如果政府按照平均成本确定价格，那么受到监管的企业只获得正常利润，从整个社会福利的角度看，消费者支付的价格高于按照边际成本确定的价格，存在帕累托改进的可能。而且，按照边际成本和平均成本确定价格进行监管，实施起来难度较大，因为政府不能直接观察到企业的成本[⊖]。

政府还可以采用收益率监管和价格上限监管，收益率监管是指政府按照竞争市场中正常的收益率确定垄断企业的收益率水平，前提条件是政府已经了解企业的总成本，也知道企业已经使其总成本最小化，但是受管制的企业可能不会使成本最小化，反而有增加成本并提高价格的激励，比如购置豪华的办公设备、高级轿车等。在实际经济中，价格上限管制更可取。价格上限管制是指明确规定自然垄断企业价格的最高上限，价格上限管制和按照平均成本定价的结果相同，在实践中，价格上限可能更高一些，而多出来的经济利润被要求必须与客户分享或承担一定的社会责任。如果价格上限定得过低导致企业亏损，政府可以通过对遭受亏损的企业实行补贴使垄断企业维持赚取正常利润的水平。

⊖ 高鸿业. 西方经济学：微观部分 [M]. 6 版. 北京：中国人民大学出版社，2015.

8.2 不对称信息

一般均衡模型表示的帕累托最优的前提假设之一，是所有经济活动主体都掌握同样的对称信息，这意味着经济活动双方对于商品的价格、质量、供求等具有完全的、对称的信息，如果这一假设不存在，竞争的结果就不能保证达到帕累托效率。例如，在产品市场，"卖家总比买家精"，也就是说产品的销售者比购买者能掌握更多与产品有关的信息；在保险市场，被保险人比保险公司更了解自己可能遇到的风险；在借贷市场，借方比贷方更了解自己的偿债意愿和能力；在劳动市场，应聘者比招聘者更了解自己的生产能力和努力程度；在公司制企业，经营者比所有者更了解企业的经营状况。所有这些状况被称为不对称信息（asymmetric information），即经济活动中，一方当事人比另一方拥有更多的信息，信息不对称的存在造成市场机制不能有效率地发挥作用，即市场失灵。"市场经济的特征是高度的非理性和不完整性。旧的模型假定信息是完美和理想的，但即使很小程度的信息不完整也能够导致很大的经济后果，用通俗的话讲就是'一些人知道的比另一些人多'"⊖。

产品市场的信息不对称由乔治·阿克洛夫（George Akerlof）于1970年发表的一篇经典论文《"柠檬"市场：质量的不确定和市场机制》中首先提出并进行分析，后来信息不对称被广泛用于分析保险市场、金融市场以及劳动市场⊖。2001年诺贝尔经济学奖授予了在信息不对称领域做出突出贡献的三位经济学家——乔治·阿克洛夫、迈克尔·斯宾塞和约瑟夫·斯蒂格利茨。

信息不对称所讨论的"信息"，并不是泛指一切人类社会所传播的内容如音讯、消息或数据等，经济学中的信息不对称主要有两类信息：一是关于当事人行为的信息，二是关于当事人的身份、能力、成本等信息。不对称信息中一方拥有的信息优势也相应分为"隐蔽活动（hidden action）"和"隐蔽信息（hidden knowledge）"。隐蔽活动是指经济活动当事人不被他人观察到的活动，比如工人在工作中的努力程度，雇主是无法准确观察清楚的，即使监督，成本也可能会很高。隐蔽信息是指经济活动当事人拥有不被他人观察到的信息，比如医生、律师、经理等专业化程度较高的活动。"隐蔽信息"一般发生在经济交易之前，其结果是逆向选择（adverse selection），"隐蔽活动"一般发生在经济交易之后，其结果是道德风险（moral hazard）。通俗地说，"隐蔽信息"是指当事人撒谎，"隐蔽活动"是指当事人的偷懒行为，可以说，信息不对称所讨论的是当事人撒谎或偷懒所产生的后果以及如何让人不偷懒、不撒谎的问题，因此，信息不对称理论解释了现实生活中的许多制度安排。

在产品市场，当产品的生产和消费成了两个相分离的行为；在劳动市场，当劳动的所

⊖ 斯蒂格利茨获得诺贝尔经济学奖后在哥伦比亚大学举行的新闻发布会上的讲话，引自梅世云. 论金融道德风险 [M]. 北京：中国金融出版社，2010.
⊖ 载于《经济学季刊》第84卷，"柠檬"一词在美国俚语中表示"次品"或"不中用的东西"。原文为：Akerlof, G. (1970) The market for lemons: Quality uncertainty and the market mechanism. *Quarterly Journal of Economics* 89: 488~500.

有和劳动的使用相分离；在借贷市场，当储蓄和投资成了两个相分离的行为；在保险市场，当投保人的风险由保险公司承担，信息不对称问题就产生了；在生产领域，当所有者和经营者分离成两个主体，委托－代理问题就产生了。

8.2.1 隐蔽信息与逆向选择

在产品市场上，只有卖主知道他所销售的产品的质量，买主无法鉴别商品的好坏，即买卖双方关于产品质量的信息出现不对称，从而不同质量的产品按照同一价格出售时，逆向选择问题就出现了，结果市场上就会出现更多低质量的产品而不是高质量的产品。由于信息不对称导致的逆向选择问题首先由乔治·阿克洛夫在分析二手车市场时提出，后来被用于分析保险市场、金融市场以及劳动市场。

假定在一个二手汽车市场，既有高质量也有低质量的汽车出售，再假定买卖双方都知道哪一种是高质量的哪一种是低质量的，那么这个市场就不存在什么问题，高质量的汽车将按照高价格出售，低质量的汽车将按照低价格出售。但是，如果汽车的买方不能确定二手汽车的质量，即他不能分辨哪一辆是高质量的哪一辆是低质量，而二手车的卖方更了解他的汽车质量，情况又会怎样呢？在这种情况下，买方就会对二手车的质量做出猜测，假定起初买方估计一辆汽车是高质量车和低质量的可能性都是50%，那么买方会把所有车都看作是"中等"质量的，买方愿意支付的价格也是介于高质量和低质量之间的平均价格。谁愿意按平均价格出售二手车呢？当然是低质量汽车的卖方，因为这个价格介于高质量车和低质量车之间，是高于低质量汽车的，但是高质量汽车的卖方却不愿意按平均价格出售他的汽车，因为他的汽车的价格被低估了，这时只有低质量汽车可供出售。当买方开始明白，在二手车市场，大部分车（比如80%）是低质量汽车时，那么买方对二手车的需求会降低，同时按平均价格购买汽车的意愿也进一步降低，当买方认为在二手车市场上只有低质量汽车时，他愿意支付的价格就是低质量汽车的价格，而这一价格对于高质量汽车的卖方来说太低了，以至于任何高质量二手车都不愿意进入市场，结果二手车市场的均衡价格一定在低质量汽车价格水平，高质量汽车被逐出市场。

我们看到，在二手汽车市场，由于买方和卖方关于汽车的质量信息不对称，产生了低质量汽车把高质量汽车逐出市场的逆向选择现象，高质量二手汽车的交易就很难发生，二手车成交量很小，市场运行不畅，因此，信息不对称是产生市场失灵的一个主要因素。

由信息不对称引起的逆向选择问题不仅存在于二手车市场，而且在其他产品和服务市场也广泛存在，比如关于乳制品的质量，生产者比消费者更清楚，当某一国产品牌的乳制品出现质量问题时，消费者不能确定其他的国产乳制品就一定安全，于是会购买国外产品。再比如，在服务市场，许多家庭其实非常需要家政服务，但如果对家政服务人员提供的服务质量高低无法确定，那么他们宁愿选择自己干家务，这既不利于服务业的发展，也不利于专业化分工。

保险市场的信息不对称导致逆向选择。投保人比保险公司更了解自己的风险概率（比如事故可能性、健康状况等），如果保险公司不能区分高风险人群和低风险人群，它就可能根据平均风险水平确立保费，结果那些出事故可能性比平均水平低的人，会选择不投保，而那些出事故可能性高于平均水平的人会购买保险，甚至只有那些很可能遭受损失的人才会购买保险，这就是保险市场的逆向选择。

借贷市场也存在由于信息不对称现象而产生的逆向选择。当储蓄和投资成了两个相互分离的行为，贷款者和借款者之间必然出现信息不对称，贷款者处在信息优势的地位，他对自己的经营与财务现状和未来发展方面的信息比放款者知道得更多、更准确。由于贷款者无法区分高风险和低风险借款者，必然对所有借款者收取同样的利率，这会吸引高风险的借款者，迫使利率上升，结果是低风险的借款者被挤出了信贷市场，真正愿意借款的反而是高风险者。这就是金融市场信息不对称造成的逆向选择风险，即最有可能违约的借款人往往最积极地寻求贷款。由于逆向选择增加了不良贷款风险，贷款者甚至不惜拒绝发放任何贷款。

劳动市场信息不对称现象会导致失业。根据效率工资理论，由于雇主和雇员存在信息不对称，工人比雇主更了解自己的能力以及努力程度，雇主很难监督工人的努力程度，也很难根据工人的努力程度支付不同的工资，只能支付相同的工资，当支付的工资较低时，能力较强且努力工作的工人就会离去，这就是劳动市场的逆向选择，因此，雇主会选择支付高于均衡工资水平的工资，高工资往往能吸引能力更强的工人来申请工作，从而不仅使雇主以较低的成本挑选出高素质的工人，把付出较少努力者拒之门外，而且避免了雇用低素质工人的成本。

当出现逆向选择问题时，市场机制就很难实现优化资源配置的作用，在二手车市场，高质量的二手车卖主宁愿自己拥有也不愿卖出；在借贷市场，如果贷款者意识到那些积极寻求借款的往往是高风险者，他宁愿不提供任何借款；在劳动市场，雇主支付高于均衡工资水平的工资，会引起失业；在保险市场，如果保险公司认识到只有那些很可能遭受损失的人才会买保险，保险公司很可能不会出售保险。结果，关于产品、资金、劳动和保险的交易就很难进行，市场机制失灵，更不用说实现帕累托最优。

案例 8-2　婚恋市场的"柠檬现象"

所谓"剩女"，即城市中受过高等教育的大龄（通常指 27 岁及以上）未婚女性。由于信息不对称情况下对另一半的超值期望较难实现，中国"剩女"呈逐年上升趋势。从女性的角度出发，在婚恋市场中，男性作为需求方，女性作为供给方，假设：(1) 在婚恋市场中，适婚男性与适婚女性的数量相等；(2) 适婚女性只分为两种，即高素质与低素质女性，各占 50%；(3) 高素质适婚女性对自己的预期售价为 2 000，低素质适婚女性对自己的预期售价为 1 000。由于婚恋市场的买卖双方信息是不对称的，买方只会以平均预期价格进行选择。由于高素质和低素质的适婚女性各占 50%，所以市价格为：$1/2 \times 1\,000 + 1/2 \times 2\,000 = 1\,500$。这就出现了"逆向选择"问题：由于高素质适婚女性的预期售价高于市场价格，她们会选择退出婚恋市场成为"剩女"，但这个价格对于低素质的"剩女"非常有吸引力，此时婚恋市场就会出现"柠檬"现象。它将激励更多的低素质适婚女性进入婚恋市场，并且将高素质适婚女性挤出市场，导致婚恋市场将逐渐萎缩，于是"剩女"现象便产生。

资料来源：姜昕映．基于信息不对称视角的中国剩女现象分析［J］．市场论坛，2015（12）．

8.2.2 隐蔽活动与道德风险

逆向选择是由于信息不对称导致在交易之前出现的问题，道德风险是由于信息不对称导致交易之后发生的现象。具有信息优势的一方在最大限度地增进自己的效用时做出不利于处于信息劣势一方的行为，比如欺诈、违约、投机取巧等这些"不恰当"或"不道德"的行为，这些行为在西方叫"道德风险"。

经济学之父亚当·斯密在《国富论》中就注意到道德风险现象的存在："无论如何，由于这些公司的董事是他人的钱财而非自己的钱财的管理者，因此很难设想他们会像私人合伙者照看自己的钱财一样地警觉，所以在这类公司事务的管理中，疏忽和浪费是或多或少存在的。"

道德风险理论首先由阿罗（1965）在分析保险问题时提出，因为保险市场存在广泛的信息不对称条件下的委托－代理关系，后来扩展到其他信息不对称条件下的委托－代理关系中。当委托人（principal）授权代理人（agent）从事某种行为并签订合同，委托－代理关系就产生了。在委托－代理关系中，双方所拥有的信息往往不对称，委托人一般不具备信息优势，而代理人往往具有信息优势。比如，雇用关系中雇主是委托人，工人是代理人，雇主并不能完全监督工人的才干和努力程度；在保险关系中，保险公司是委托人，投保人或被保险人是代理人，保险关系发生后，保险公司很难完全观察被保险人的行动；在借贷关系中，银行不可能完全监视借款者的行为；在物业管理者和业主关系中，业主是委托人，物业管理部门是代理人，物业管理部门不一定按照业主希望的那样进行管理。在委托－代理关系中，由于信息不对称，代理人所得到的报酬大于他付出的努力。国内学者讨论委托－代理问题主要集中在企业的所有者和经营者关系中，企业的所有者是委托人，企业经营者是代理人，企业经营者往往比所有者更了解企业的经营状况，具有信息优势，当经营者开始追求自己的利益，比如自己的控制力、额外津贴、豪华的办公条件等，而不是所有者的利润最大化目标时，委托－代理问题和道德风险就产生了。

在现实生活中，是买了汽车保险的司机在开车时更小心呢还是没买汽车保险的司机开车时更小心呢？当然是没买汽车保险的司机开车时更小心，而买了汽车保险的司机在开车时更容易疏忽大意。我们观察到这样的现象，每当夜幕降临时，在城市的大街小巷都停靠着许多汽车，但很少看到自行车停放在大街上，这是为什么？这和能否买到保险有关，自行车车主一般不会买自行车失窃保险，在这种情况下，自行车车主就会想各种办法防止自行车失窃，比如使用昂贵的车锁、交费放入有人看管的停车场等，这时个人承担失窃的全部后果，均衡状态是他采取的预防措施的边际收益等于边际成本。但汽车不同，汽车车主一般要购买汽车失窃保险，那么汽车失窃所造成的损失是由车主和保险公司共同承担，这时车主的损失就会减少，那么他对汽车失窃就不会采取更谨慎的措施。在医院，我们观察到，如果某人享有全额医疗保险，他就会更频繁地就医。这是有关保险的"悖论"：如果保险太少，人们会承担很多风险；保险太多，人们会采取不恰当甚至不道德的行为，去从事有更大风险的活动。如果一个人在购买保险后行为有可能改变，就会出现道德风险。

道德风险不仅是保险公司面临的问题，在借贷市场也存在道德风险：借款者在获取贷款后可能违背契约，从事风险更大的项目和投资（比如去赌博）；对于存款银行，如果实行了存款保险制度后，银行可能从事风险较大的贷款和投资项目。劳动市场同样面临道德风险问题，工人在被雇用后在没有被完全监督时责任心有可能下降，出现偷懒行为。

在有道德风险的情况下，保险公司可能被迫提高保险费甚至干脆拒绝出售保险；如果担心道德风险发生，贷款者可能会减少甚至拒绝提供贷款，导致资金限额分配以及借款者排队现象；在实行存款保险制度的国家，出现了"大银行不容易倒闭"现象，导致资本市场的不完全竞争。总之，道德风险减少了人们达成互利合约的可能性，造成了效率的损失。同时，道德风险也降低了市场有效配置资源的能力，可见，事后的信息不对称也会造成市场失灵。

8.2.3 纠正信息不对称的措施

从以上分析可以看出，经济活动中信息不对称的广泛存在可能导致交易前的逆向选择和交易后的道德风险后果，无论是逆向选择还是道德风险，都会减少互利的交易发生，降低了效率，同时降低了市场有效配置资源的能力，造成市场失灵。为了减少信息不对称所造成的后果，一方面，经济活动当事人会采取防范措施，另一方面，政府会制定微观经济政策，目标是使处于信息劣势的一方获得充分而准确的信息，达到经济活动双方当事人的信息对称。

1. 防范逆向选择的措施

在前面分析的二手车市场中，卖方知道汽车的质量，买方不知道汽车的质量，不得不对汽车的质量进行猜测，这种信息不对称的结果是逆向选择，使互利双赢的交易很难实现。如何避免这种情形？信号传递是有效的措施。

（1）**发送信号**（signaling）。斯宾塞以劳动市场为例，提出劳动的卖方（新工人）向劳动的买方（雇主）传递关于劳动质量（劳动生产率、努力程度）的信号，可以减少逆向选择，改进市场运行状况。劳动市场中能够传递劳动生产率的一个强信号就是劳动者的受教育程度，比如受教育年限、学位、毕业学校、平均成绩等，因为雇主相信生产率较高的人一般较聪明、精力更旺盛、专注力更强、学习和工作更努力、得到高水平教育更容易，可见，教育不仅能增进一个人的劳动生产率，而且发挥着鉴别一个人劳动生产率高低的信号作用。

发送信号在商品市场也发挥着重要作用，发送关于商品质量信号的形式多种多样，比如做广告，维持良好的声誉，使产品标准化，提供产品质量保证书、维修服务保证书等。

保险公司如何规避保险市场的逆向选择？保险公司可以给一个机构的所有人员提供保险，即共同保险，这样对保险公司来说，分散了风险，降低了大量高风险个人购买保险的可能性；对于高风险的个人，由于其损失的概率更低，所以他更愿意参加共同保险，因此，共同保险水平是保险质量的一个潜在信号。

在借贷市场，借款者去银行申请借款时，总是穿戴整齐，给贷款者发送的信号是：他是有能力还款的。某些企业还提供"权威部门"或"专家"的认证或评估，向潜在的投资者发送信号，证明其项目的低风险性。

（2）**信号筛选**（screening）。以上我们分析的是处于信息优势的一方主动披露自己信息的行动，称为发送信号。如果处于信息劣势的一方要求处于信息优势的一方披露私人信息，则我们称之为筛选。比如借款者到银行申请住房抵押借款时，银行会要求借款者填写披露大量私人信息的表格，比如收入、年龄、婚姻状况、银行账户、其他资产等，银行将根据这些信息决定是否提供以及提供多少贷款。另外，在借贷市场，贷款者通过要求借款者提供抵押品，也可降低逆向选择风险，借款者也愿意提供抵押品，这样可以以较低利率获得贷款。在保险市场，保险公司通常要求购买保险者填写医疗病史，并做体检，通过筛选，保险公司就会知道哪些人是高风险病人，从而提高保费甚至拒绝提供保险。

（3）**信息的私人生产和销售**。发送信号和筛选信号都需要成本，同时，如果信号是被动披露的，那么信号可能存在虚假的成分，这就需要在交易双方之外存在一个更客观公正的第三方来披露信息，这个第三方可以是生产和销售信息的公司，比如某些信用评级机构，它们生产信息并卖给需要这些信息的人。另外，媒体也是重要的信息生产者和销售者，比如，当你计划购买一台计算机又不知如何挑选计算机时，可以通过网络、电视或杂志来获取有关信息。

（4）**政府监管**。要防范逆向选择问题，政府的监管是非常重要的，政府通过制定微观经济政策来强制和鼓励披露信号，规范信号的披露，比如要求生产者提供有关商品的质量保证，要求上市公司披露财务状况，同时，政府通过建立客观公正的信息披露机制，比如公布质量标准、质量监督报告等，也能防范信息不对称。

2. 防范道德风险的措施

道德风险的存在导致市场失灵、道德风险行为的盛行，也降低了社会从分工和协作中所提高的劳动生产率，防范道德风险的目的就在于规范人们之间的相互关系，把道德风险降到最低限度。防范道德风险，仅靠伦理意义上的劝告和谴责是远远不够的，必须依靠各种制度和法律的设计。

（1）**设计监督机制**。比如，有的企业和单位在工作场所安装摄像机，以监督员工的工作状态；有的企业安装上网行为管理系统，来防止员工在工作时间做其他事情；有的家庭在自己家里安装隐蔽摄像机，以监督保姆的行为；有的企业股东可以加强对企业的财务以及经理的监督，比如，日本和德国的银行通常持有企业的股份，并且是企业董事会的成员，这样的制度安排，使银行能有效实行对企业的监督。

任何监督都是有成本的甚至成本很高，并且在监督过程中还容易出现搭便车问题，例如，当公司的股东不止一个时，如果所有的股东都寄希望于别的股东进行监管，而自己坐享其成，那么监督就很难实现。

（2）**设计激励机制**。鉴于监督成本很高且有的行为很难监督，如果行为的结果便于观察和评价，那么设计激励机制更有利于防范道德风险。比如，有的企业向员工支付高于均衡工资水平的效率工资，以防员工偷懒，因为如果被抓住并被解雇，他可能无法再找到另一份高工资工作；大部分企业设计业绩津贴，将员工的报酬和工作成果挂钩；有的企业设计延期支付制度，比如年终奖金、工龄工资等，如果员工偷懒并被解雇，那么他的损失将会很大。

（3）**设计限制性条款**。为了防范道德风险的发生，委托人就必须设计一些限制性的条款，防止代理人从事损害委托人利益的行为。比如保险公司的免责条款、商品保修保证书中的免责条款——"由于本人使用不当造成的损害，不在保修范围"；又如在银行的贷款合约中写入限制借款人从事高风险活动的条款。

（4）**建立声誉评价机制**。在委托-代理关系中，如果代理人的声誉高到得失攸关的地位，如果代理人从事损害委托人利益的投机行为，那么他的声誉将蒙受巨大损失。这时，代理人将慎重行事，以维护和提高他的声誉，从而提高自身长期的市场价值。声誉类似于借贷关系中的抵押品或借款者的资产净值，抵押品或借款者的资产净值越大，那么借款者违约的可能性越小，因为一旦违约，他的损失会很大，那么出现道德风险的可能性就会减少。

（5）**设计风险分担机制**。道德风险之所以产生，主要是因为信息不对称条件下代理人和委托人的风险与权利不对称，处于信息优势一方的代理人承担的风险很小，但权利很大，因此，他们更倾向于不顾委托人的利益，冒更大的风险，以获取自身更大的利益。因此，要防范道德风险，就要设计风险在委托人和代理人之间有效、合理的分担机制。比如，在医疗保险中，医疗费用由医疗保险机构和患者分别按一定的比例负担，能够有效增强患者降低费用意识，提高其监督医院的积极性，减少道德风险发生的可能性。

（6）**政府干预**。政府不仅通过微观经济政策防范逆向选择问题，同时还通过制定法律法规来防范道德风险，如对那些隐瞒、骗取利润的欺诈行为的当事人进行严厉的刑事惩罚。

8.3 外部效应

在经济活动中，一个经济行为人的生产或消费活动可能对另一个经济行为人或环境造成影响，这种影响可能是正面的，也可能是负面的，或者说，可能是正的外部效应，也可能是负的外部效应。比如，某地方政府为建水力发电站而修建的水坝可以使周围农民的耕地避免被洪水淹没，为了发电而修建的水坝提高了周围农民的福利水平，但农民并没有因此而支付相应的费用（正的外部效应）。同时，修建水坝减少了下游渔民的捕鱼量，降低了下游渔民的福利，但并不因此向下游渔民提供补偿（负的外部效应）。生产造成的环境污染是负的外部效应的典型例子。总之，一种活动的收益或成本，并不完全由活动的当事人来分享或承担，这就是外部效应（externality）。我们知道，在竞争的市场经济中，市场机制能实现帕累托有效配置，有一个隐含假定，那就是没有外部效应，如果存在外部效应，市场机制就不一定能实现帕累托效率，就会出现市场失灵，这时需要政府干预来解决外部效应问题。

8.3.1 外部效应的分类

1. 生产的外部效应

生产的外部效应是指生产者在进行生产活动时对其他人或环境带来的影响，如果带来的是损害（外部成本），则为生产的负外部效应；如果生产者的生产活动对其他人或环境带来的是利益（外部收益），则为生产的正外部效应。

生产的正外部效应分为生产者对生产者的正外部效应和生产者对消费者的正外部效应。如果苹果园旁边住着养蜂者，苹果园给养蜂者提供了蜜蜂采蜜的场所，同时，蜜蜂也帮助苹果授粉，那么养蜂人与苹果园主都产生了正外部效应，同时也得到了正外部效应。这是生产者对生产者的正外部效应的例子。如果把教育也看成是生产活动，那么教育使教育的消费者（受教育者）成为劳动生产率高的人，教育产生了正外部效应，不仅使受教育者成为更理智和更守纪律的公民，而且还能促进技术的扩散，这是生产者对消费者的正外部效应的例子。

生产的负外部效应分为生产者对生产者的负外部效应和生产者对消费者的负外部效应。比如，钢厂把污染物排放入河流中会危及下游渔场的生产，是对生产者的负外部效应，污染物也会危及把河水作为饮用水的沿河居民，这是对消费者的负外部效应。

2. 消费的外部效应

消费的外部效应是指消费行为对其他人带来的利益（正的外部效应）或损害（负的外部效应）。消费的正外部效应分为消费者对消费者的正外部效应和消费者对生产者的正外部效应。比如，一个宿舍的某个同学注射了预防传染病的疫苗，结果不但使他本人避免了感染传染病的危害，也使同宿舍的同学减少了感染传染病病毒的可能性，这是消费者对消费者的正外部效应。再比如，一个消费者积极参加健身活动，不仅能使自己身体健康，还减少了保险公司支付的医疗费，这是消费者对生产者产生的正外部效应。

消费的负外部效应分为消费者对消费者的负外部效应和消费者对生产者的负外部效应。比如，中国传统婚礼讲究热闹，通常在户外会有喧闹的音乐和锣鼓，这些活动确实营造了婚礼喜庆的氛围，但噪声也影响了邻居的休息，这是消费者对消费者的负外部效应；如果这种婚庆活动发生在学校和医院周围，也影响了正常的教学和医院的医疗服务，这是消费者对生产者的负外部效应。

8.3.2 外部效应与无效率

当存在外部效应时，一种商品的价格并不反映它的社会价值，结果厂商可能生产得太多或太少,造成市场的低效率,当存在负的外部效应时,即当一方的行动给另一方造成损害时,市场上并没有一种惩罚机制让施害方来补偿这种外部的成本,或者使这些外部成本能够反映在价格上,那么这种造成负外部效应的行为就会增加。当存在正外部效应,即一方的行为使另一方受益时,市场并不存在一种激励机制来鼓励这种行为,那么这种行为就会减少。无论是正外部效应还是负外部效应,都不能实现帕累托效率,必然造成资源配置的无效率。

1. 负外部效应与无效率

负的外部效应是私人成本和社会成本、私人效应和社会效应不一致的结果。就生产的外部效应来讲,私人成本是生产者在生产中支付的所有投入的价格。社会成本是私人成本加上生产者强加给其他经济单位的成本(外部成本)。在存在负的外部效应的影响下,社会成本高于私人成本。

假定随着造纸厂产量的增加,所造成的边际外部损失成比例增加。图8-3b表示整个市场的供求状况,D表示市场需求曲线,$S=MC'$表示市场供给曲线,由不考虑外部效应时厂商的边际生产成本曲线,即厂商的私人边际成本曲线水平加总而来。D与MC'的交点是市场均衡点,对应的市场均衡产量为Q',市场均衡价格为P。图8-3a表示单个厂商在竞争性市场的生产决策。MC表示某单个厂商的边际成本曲线,即它的供给曲线,MEC(marginal externality cost)表示单个厂商的边际外部成本曲线。假定市场上所有的厂商都具有相似的外部性,MEC'为所有造纸厂对整个社会造成的边际外部成本,社会成本等于私人成本与外部成本之和,因此,造纸厂的社会边际成本曲线由行业边际生产成本曲线与行业的边际外部成本曲线纵向加总而来($MSC'=MEC'+MC'$),有效的产量为Q^*,对应的价格为P^*。如果不采取消除外部性的措施,整个社会的市场均衡产量Q'将高于有效产量Q^*,市场均衡价格低于有效价格。由此带来的社会福利损失可由图8-3中曲线MSC'、Q'、D之间的阴影来度量[○]。

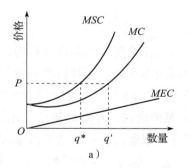
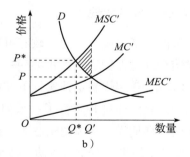

图8-3 负外部效应与无效率

○ 蔡继明. 微观经济学 [M]. 北京:人民出版社,2002.

2. 正外部效应与无效率

正的外部效应也会造成资源配置的低效率，比如某一房主在他家临街的花园里种花，美丽的花卉不仅美化了主人的庭院，而且使邻居和过往行人感到赏心悦目。在图8-4中，横轴代表房主对花园的美化水平，MC曲线是美化花园的边际成本曲线，边际成本不受美化水平的影响，它是水平的。需求曲线D衡量美化投资对房主的边际私人效益。市场均衡，即最大化房主效用水平的美化水平是q_1。但是美化花园并不仅仅给房主带来收益，还给其邻居和往来行人带来效用，假设边际正外部效应曲线为MEB，该曲线向右下方倾斜，表示外部边际效应递减。那么美化花园的边际社会收益曲线为MSB，该曲线由房主对美化水平的需求曲线D和边际正外部效应曲线MEB纵向加总而来，即

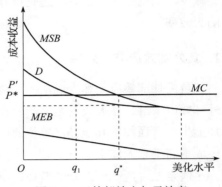

图8-4　正外部效应与无效率

$MSB = D + MEB$，有效产出q^*由MSB曲线与MC曲线的交点决定，这时增加美化投资的边际社会收益等于美化的边际成本。但是在市场条件下，房主不可能得到投资的全部收益，对房主而言，投资水平超过q_1就不划算，结果市场均衡产量低于最优产量。要鼓励达到有效率的投资水平，就需要较低的边际投资成本（或者说美化价格P^*），这是市场力量所不能及的[一]。

8.3.3　纠正外部效应的政策

我们知道，外部效应导致了资源配置的无效率，如何解决这种无效率，使资源配置更接近于最优状态？政府可以通过两种方法来纠正外部效应，一种是直接管理，另一种是间接调控。

1. 纠正外部效应的直接管理

对于产生负的外部效应的行为，政府可以通过法律法规来限制这种行为以降低社会成本，比如通过实行环境保护法来禁止某些社会外部成本远远大于其自身利益的环境污染行为。美国在20世纪70年代制定并实行了控制空气污染的法律以及"清洁水法"，治理空气和水污染问题。我国通过并实行了一系列环境保护法律：环境保护法、水污染防治法、大气污染防治法、环境噪声污染防治法等。政府还可以通过各种行政手段来限制某些环境污染行为，比如禁止某些生产经营活动，甚至对一些严重污染企业采取"关、停、并、转"措施；实行行政许可证制度，规定只有持有政府行政主管部门颁布的生产经营许可证才能生产和排污；规定工厂可以排放的最高污染水平，或要求企业采用某项减少排污量的技术。

[一]　蔡继明. 微观经济学［M］. 北京：人民出版社，2002.

对于产生正的外部效应的行为比如教育、医疗等，为了克服服务不足问题，政府可通过建立公立学校和公立医院，由政府直接提供教育和医疗服务。对于有较强外部效应的传染病的预防，政府可免费提供免疫疫苗，通过直接提供服务，达到边际社会成本等于边际社会收益的有效率的数量。

2. 纠正外部效应的间接调控

间接调控方式，无论是通过税收还是排污许可证的交易，或者企业的合并，其目的是使企业产生排污成本，排污量越大，成本越高，从而达到使污染造成的外部成本内部化，即由排污企业承担。

（1）**税收和补贴政策**。对造成负外部效应的行为实行征税或征收排污费政策，征税或收费的数额相当于该行为引起的外部成本，比如，对每个工厂排出的每吨废物征收一定比例的税收或排污费。美国使用较多的是税收政策，欧洲普遍采用排污费政策。对于造成正的外部效应的行为实行补贴政策，补贴额相当于外部性活动引起的外部收益，比如，对于高新技术企业的研究活动给予补贴。

（2）**允许污染许可证的交易**。比如，环保部门规定当地每个工厂每年的排污量不得高于 200 吨，而 A 工厂想增加 100 吨的排污量，可以寻找愿意出卖 100 吨排污量许可的 B 企业，这 100 吨排污许可的价格是 500 万元，那么 A 企业付给 B 企业 500 万元，B 企业就会同意减少 100 吨的排污量。这样交易的结果，不仅污染总量没有变化，还使两个企业的状况都变好，A 企业由于得到 100 吨的排污许可而扩大了生产，B 企业虽减少了 100 吨排污许可，但得到 500 万元，也是合意的。这里，"污染权"就成为一种商品，污染权的数量要足以保证环境能被人们接受，政府可以用出售污染权所得的收入来改善环境质量。污染权既可以由政府卖给企业，也允许企业之间在污染权市场交易污染权，甚至还允许受害者或潜在受害者为避免受污染而购买。那些降低污染的边际成本较低的企业卖出它们的许可证，而那些降低污染成本较高的企业会买进这些许可证，在污染权市场，企业买进或卖出污染权，直到其污染的边际成本等于污染许可证的市场价格。

（3）**合并企业**。如我们前面列举负外部效应的例子，钢厂排出的污染物影响到下游渔业的生产，如果把钢厂和渔场合并成一个企业，原来的外部效应就内部化了。合并后的企业将按照边际收益等于边际成本的原则决定自己的产量，合并后原来由钢厂造成的成本便由合并后的企业统筹对待，从而实现资源配置的帕累托最优状态。

8.3.4 纠正外部效应的市场机制：科斯定理[一]

尽管依靠政府的干预可以解决某些外部效应问题，但并不能解决所有外部效应问题，

[一] 罗纳德·科斯（Ronald Coase）于 1937 年发表《企业的性质》，1960 年发表《社会成本问题》，这两篇论文所要解决的重要问题就是外部效应问题，他认为市场在某些情况下是解决外部效应的有效方法，这被称为"科斯定理"。

并且政府干预的成本较大，效率一般较低。除了政府干预，还可通过市场或其他途径纠正外部效应问题。

科斯定理认为，如果私人各方可以无成本地就资源配置进行协商，那么，私人市场就总能解决外部效应问题，并有效地配置资源。科斯定理的三个假设前提是：①交易成本为零；②产权或权利界定清楚；③允许产权或权利在当事人之间自由交易。产权（property right）指人们对他们的财产的所有权、使用权和处置权。下面举例说明科斯定理是如何发挥作用的。

老王和小李是邻居，老王年纪大了耳朵背，却喜欢看电视，因此他必须把声音调得很大才能听见，但这声音对邻居小李来说是噪声，干扰了小李的生活。老王从看电视中得到收益，却给小李带来了负的外部效应。是应该强迫老王关掉电视，还是应该让小李忍受噪声干扰的痛苦呢？

我们先来考虑什么样的结果对社会有效率？那就要比较老王从看电视中得到的收益与小李承受噪声的成本，如果收益超过成本，有效率的做法是让老王继续看电视而让小李生活在噪声中；如果成本超过收益，老王就应该关掉电视。

根据科斯定理，市场可以自动达到有效率的结果，如何实现呢？假设老王在法律上有权把电视声音调高，即使已经影响到邻居小李，或者除非小李给老王足够的钱让老王自愿放弃看电视，否则老王则继续看电视。如果小李给的金额大于老王看电视的收益，老王将接受这笔交易。比如，老王从看电视中得到的收益是 500 元，而小李由于噪声承受了 800 元的成本，在这种情况下，小李给老王 600 元，让他放弃看电视，老王也会乐意接受。双方的状况都比以前变好了，也达到了有效率的结果。当然小李也有可能不愿意提供任何老王接受的价格，例如，老王从看电视中得到的收益是 1 000 元，而小李承受的噪声成本是 800 元，如果老王不会接受任何 1 000 元以下的出价，而小李又不愿意提供 800 元以上的价格，结果是老王会继续看电视，小李只能忍受噪声。这种结果是有效率的。

但是如果小李在法律上有权要求平静的环境，结果会怎样呢？根据科斯定理，最初的产权分配对市场达到有效率的结果无关紧要。例如，假设小李可以通过法律强迫老王放弃看电视，虽然这种权利对小李很有利，但结果也许并不会改变，因为老王可以向小李付钱，让小李同意他看电视。如果看电视对老王的收益大于对小李的成本，那么两人将就看电视问题讨价还价。

可见，从社会的角度看，无论最初的产权怎样分配，老王和小李都可以达到有效率的结果，但最初的产权分配对个人很重要，它决定了经济福利的分配，是老王有权看电视，还是小李有权得到安静的环境，决定了在最后的协商中该谁向谁付钱。双方可以通过协商解决外部效应问题。

科斯定理说明，无论最初产权如何分配，私人经济主体可以通过协商达成协议解决外部效应问题，在协议中，每个人的状况都可以变好，而且结果是有效率的。

科斯定理成立的一个前提条件是交易成本为零，如果在协商过程中存在交易成本，则协商的方式并不奏效。比如，老王和小李需要花很长时间进行协商，而且起草和执行合约还需要支付律师的费用。

8.3.5 纠正外部效应的第三种力量

第三种力量是指政府干预、市场机制之外的民间社会力量，包括家庭、学校、公共场所、社会监督机构以及民间组织。第三种力量主要通过社会道德规范、社会监督以及慈善行为来纠正外部效应问题。

日常生活中的许多行为，比如不乱扔垃圾、不在公共场所大声喧哗等，并不是因为法律禁止，而是受到道德规范的约束，而道德规范的形成依靠道德教育，这种教育被斯蒂格利茨称为"黄金律"教育，即"要产生正外部效应"和"不要产生负外部效应"。"己所不欲，勿施于人"的教育就要求人们要考虑到自己的行为可能对别人造成的影响，即要将外部效应内部化。

慈善行为也是为了解决外部效应问题，比如捐资助学，就是解决教育的正外部效应问题；又如，一些民间环保组织，就是为了解决环境污染的负外部效应问题。

案例8-3 消费的负外部效应：从负外部性看犬只管理

2018年11月，杭州发生了一则因狗而起的热门的新闻，一只狗的男主人在遛狗时不拴绳，途中狗吓到一对母子，双方发生口角，狗的主人对那位母亲拳脚相加，把她打致骨折，他自己则进了公安局。养狗、抽烟、开车等事，粗一看，都是个人的事，我想养就养，想抽就抽，想开就开，其他人管不着。之所以需要公共管理介入，是因为它们具负外部效应且没法通过个人协商化解。譬如抽烟，烟民说自己有吸烟权，非烟民说自己有健康权，各执一词。根据科斯定理，假设交易成本约等于0，双方可以协商，谈出一个价格来，一方买断另一方的权利，使对方放弃权利主张。

但很多时候，交易成本不仅不约等于0，反而可能极高。比如，你在商场抽烟，客流如织，你如何跟每一个受你吸烟侵害的人谈判？在朋友家的棋牌室，交易成本就低得多了，你只需说服牌友同意你吸烟即可。可见，越是公共场所，化解负外部效应冲突的交易成本越高，就越需要公共管理介入。养狗亦是如此。你带一只狗上街，会让不特定的路人有受到惊吓的可能，甚至造成人身伤害，负外部效应显而易见。车辆限行有争议，但仅就外部效应而言，私家车的确在尾气排放和道路资源的占用上，具有负外部效应，给地方政府限牌限行提供了合乎逻辑的理由。

各地加强犬只管理，让爱狗人士感觉自己受到了排挤、伤害，以致愤懑不已。其实大可不必。如果你看透养狗、吸烟和开车的外部效应，或许就不觉得委屈了。

早有有识之士提议：城市规划部门和房地产开发商，可对养狗人士和怕狗人士"分而治之"。通过合约前置性地明确权利，不失为一记妙招。就好比你去住酒店，如果要抽烟，就别住"无烟房"了，至少一定范围内可以化解个人行为的外部效应问题。

——案例来源于2018年11月15日的《南方周末》

8.4 公共物品和公共资源

公共物品和公共资源对整个社会的运行非常有必要，但公共物品和公共资源具有非排他性和非竞争性，不能通过市场机制对其供给进行调节，这是市场失灵的又一原因。政府在制定合适的关于公共物品和公共资源的政策时，也要考虑公共物品和公共资源供给的成本与收益。

8.4.1 物品和资源的分类

对物品和资源分类的依据是物品和资源的排他性与竞争性。当一种物品只有付费购买者才能够从中得到收益，排除了其他人的使用时，这种物品就具有排他性（excludability），比如衣服、饮料以及理发服务；当不管付费与否，购买者都能从一种物品中得到收益时，这种物品就具有非排他性（nonexcludability），比如国防以及不收门票的公园。当对一种物品的使用会减少其他人使用的数量时，这种物品就具有竞争性（rivalry），比如河里的鱼；当对一种物品的使用并不会减少其他人使用的数量时，这种物品就具有非竞争性（nonrivalry），比如路灯的使用。

根据是否具有竞争性和排他性，物品和资源可以分为以下四类，如表8-1所示。

表8-1 物品和资源的分类

	竞争性	非竞争性
排他性	私人物品	自然垄断资源
非排他性	公共资源	公共物品

①私人物品是既有竞争性又有排他性的物品，经济中大多数物品都是私人物品：只有购买才能得到，且购买者是唯一获益者。前面几章分析的供给和需求以及一般均衡，隐含地假设物品是私人物品。②公共物品是既具有非竞争性又具有非排他性特征的物品：能被大家共同消费，一个人使用并不减少另一个人对它的使用，比如路灯、清洁的空气、国防等。③公共资源在消费中有竞争性但没有排他性。比如海洋里的鱼是竞争性的，因为一条鱼被捕到时，其他人就不可能再捕到，但这些鱼是非排他性的，因为很难阻止他人捕鱼。④自然垄断资源在消费中既有排他性又有非竞争性，比如互联网和有线电视，通过加密等手段来实现排他性，以向使用者收取费用，但如果一个人支付了费用，就无法仅限制其使用。

8.4.2 搭便车问题与公共物品的供给

1. 搭便车问题与政府供给

私人物品的竞争性和排他性决定了只能由购买者独自享有，而公共物品的非排他性和非竞争性却使人们可以共享，由此引出"搭便车"问题。"搭便车"是指得到一种物品的利益但避开为此付费的行为，"搭便车"往往导致市场失灵，无法达到有效率的目的。

设想在某一居民楼某一单元里的五层住着 A 和 B 两户居民，他们共用的楼梯的灯管就是公共物品，因为它不具有排他性。要阻止另一户居民不使用灯管的照明是不可能的，而且也不具有竞争性，因为 A 使用了灯管的照明，并不减少 B 使用灯管的照明。

假定 A 和 B 每户每天有 50 元的收入，每户对楼梯灯管的评价是 30 元，买灯管的成本是 40 元，由于两户对灯管的评价总和大于其成本，所以购买灯管符合帕累托标准。但两户在购买灯管的问题上并不总是意见一致，有以下几种可能情况：①两户都认为应该购买，因此他们平均分摊买灯管的费用；②两户都认为不应该买，因此两户都不享有灯管带来的照明；③一户认为应该买，另一户认为不应该买，则认为应该买的独自承担买灯管的费用。

如果 A 和 B 两户居民都决定购买灯管，每户都从其收入的 50 元中拿出 20 元作为购买灯管的费用，两户都将享受照明带来的福利 30 元，并将剩下的 30 元购买私人物品，结果，每户便拥有 60 元的总福利（30 元公共物品的福利和 30 元私人物品的福利）。如果两户都认为不买灯管，那么每户只享有 50 元私人物品的福利。

如果 A 居民认为应该购买灯管，而 B 居民认为不应该购买，A 居民就要承担购买灯管的全部费用 40 元，只剩下 10 元购买私人物品，他得到的总福利只有 40 元（30 元灯管的福利和 10 元私人物品的福利），而 B 居民虽没有支付购买灯管的费用，却可以享受到灯管 30 元的福利（搭便车），他的 50 元收入可以购买私人物品，因此 B 居民的总福利是 80 元。相反，如果 A 不买，B 购买灯管，结果 A 由于"搭便车"得到 80 元总福利，而 B 只得到 40 元。A 和 B 两户居民如果从个人利益最大化考虑，都愿意选择不买灯管而让对方买，自己可以"搭便车"，这时总福利最大是 80 元，结果是两户都不买，福利最小，这是最无效率的决策，如表 8-2 所示。

表 8-2　搭便车问题

A＼B	买	不买
买	60，60	40，80
不买	80，40	50，50

这个例子说明，两户居民找不到更好的解决办法，只要存在公共物品，就难以避免"搭便车"现象。

"搭便车"问题的存在说明市场机制不能很好地解决公共物品的供给，但是政府可以解决这个问题，如果政府确信一种公共物品的总收益大于成本，它就可以提供该公共物品，并用税收收入对其进行支付，从而使每个人的状况变好，国防是公共物品的典型例子，国防也是最昂贵的公共物品之一。什么是公共物品？它应该由政府提供还是由市场提供？在不同的历史时期，由于公共物品性质特征的变化以及对政府职能定位的变化，公共物品供给的边界是不断变化的。比如经济学教科书中通常把灯塔作为公共物品的经典例子，但在 19 世纪英国海岸有一些灯塔是私人提供的，当时灯塔的所有者向附近的港口所有者收费，如果港口所有者不付费，灯塔所有者就关灯，船只就会避开这个港口。这时，灯塔更像一种私人物品。所以，确定什么是公共物品的关键是看使用者的人数以及是否具有排他性。

2. 公共物品的最优数量

如果已知公共物品的需求曲线和供给曲线，就可以得到公共物品的均衡价格和均衡数量，那么，如何找到公共物品的需求曲线呢？我们先来复习私人产品的市场需求曲线。私人物品的市场需求曲线是将同一市场的所有个人需求曲线水平相加得到的。如图8-5a所示，假定某个产品市场只有 a 和 b 两个消费者，各自对这种产品的需求曲线分别为 d_a 和 d_b，将消费者 a 和 b 的需求曲线 d_a 和 d_b 水平相加，便得到市场需求曲线 D，市场需求曲线 D 与供给曲线 S 相交于 H 点，决定该私人物品的均衡数量为 Q_0，均衡价格为 P_0 ⊖。

公共物品的市场需求曲线则是把所有个人需求曲线垂直相加。在图8-5b中，d_a 和 d_b 是公共物品的个人需求曲线，D 是公共物品的市场需求曲线，由于公共物品的非排他性和非竞争性，a 和 b 两个消费者都消费相同数量的公共物品，而对公共物品支付的价格等于 a 和 b 两个消费者支付的价格之和，因此，公共物品的市场需求曲线 D 是 d_a 和 d_b 垂直相加得到的。公共物品的市场供给曲线 S 可以由生产该公共物品的边际成本曲线表示，该公共物品的市场需求曲线 D 和供给曲线 S 相交，决定了均衡价格 P_0 和均衡数量 Q_0。

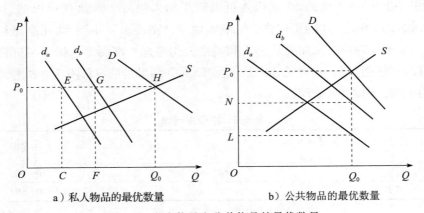

a）私人物品的最优数量　　　　b）公共物品的最优数量

图8-5　私人物品和公共物品的最优数量

3. 公共物品的成本－收益分析

通过前面的分析，我们已经知道由于搭便车现象，市场并不能提供有效的公共物品，需由政府来提供，我们也从理论上用供求曲线分析了公共物品的最优数量，但是在实践中，消费者很难准确地陈述他们对公共物品的价格和需求量之间的关系，也就很难得出实际的对公共物品的需求曲线，而且消费者在享用公共物品时都有搭便车的倾向，因此，公

⊖　西方经济学编写组.西方经济学：上册［M］.北京：高等教育出版社，2011.

共物品供给的决策不能用微观经济学中市场上的个人决策来解决,而要用成本－收益分析。

　　成本－收益分析是评估公共物品是否具有经济效率的一种方法,如果一个项目的收益/成本比等于或大于1,那么这个项目是有效的,但是在估计一个项目的收益时,有些收益很难用货币来衡量,比如一个城市要建一条高速公路,这条高速公路的收益包括:①人员和货物运输成本的降低;②增加了当地就业、教育和医疗服务。成本是这条高速公路的建设和维修费用。由于成本－收益分析中的收益很难用货币来衡量,就必须建立一个成本－收益指标体系,比如用高速公路服务的人数作为分子,来替代难以计量的收益,用公路的费用现值作为分母,形成一个确定高速公路的优先次序的成本－收益指标,从而简化了哪些路该修哪些路不该修的决策。

4. 集体决策

　　政府是否提供以及提供多少公共物品,不仅是一个成本－收益问题,还涉及政府的决策与选择,而政府的决策不同于市场中的个人决策,政府必须通过非市场的集体决策来决定公共物品的供给。在政府决策中,假定政府也面临一个政治市场,政治市场中也有需求和供给双方,需求方是选民或纳税人,供给方是政治家、官员。

　　对公共物品的供给,由于需求方——选民的意见常常不一致,这些分歧只能通过投票来表达选民对公共物品的需求,在各种投票规则中,有两种投票规则最能代表集体决策的特点。①一致同意规则,是指方案必须经全体投票人赞成才能通过的规则。一致同意规则可以达到帕累托最优状态,因为如果有人蒙受损失,他就不会投票同意,一致同意就意味着某项公共物品的供给满足了全体投票者的需求,不存在使任何一个人的福利受到损失的现象。但是一致同意规则的缺点也是明显的,那就是决策成本太高,一个项目的提案要获得一致同意,需耗费大量的时间和人力。另外,如果投票者之间存在地位悬殊,地位弱的投票者往往被迫投赞成票。②多数规则,是指一个方案只需半数以上的投票者通过即可。多数规则能增进多数人的福利,但会使少数人的福利受到损失。

8.4.3　公共地悲剧与公共资源的合理利用

1. 公共地悲剧

　　1968年,英国的加勒特·哈丁教授在《科学》杂志上发表了题为《公共地悲剧》[⊖]的文章,他以牧羊人与牧场资源的例子来解释他的论点,作为理性人,牧羊人希望自己的收益最大化,在一块无人管理的公共草地上,每增加一只羊会带来两种影响:正面的影响是牧羊人可以从增加的羊上获得所有利润;负面的影响是牧场的承载力因为额外增加的羊而下降。但是增加一只羊所获得的收益由牧羊人得到,而公共草地资源的减少却转嫁到所有

⊖　Garrett Hardin, The Tragedy of the Commons, *Science*, Vol. 162. No. 3859（December 13, 1968）.

牧羊人身上。牧羊人决定不顾草地的承受能力来增加他的羊群,但是当所有牧羊人纷纷仿效无限制放牧时,牧场会被过度使用,草地就迅速恶化。哈丁称之为"持续进行,永无休止的悲剧"。可能发生公共地悲剧的还有其他公共资源,如空气、海洋、河流、鱼群等。哈丁发现,人们追求自身利益的行动并不像斯密所言能促进公共利益,因此,市场机制在优化资源配置方面的作用失效。

2. 公共资源的合理利用

为了克服公共地悲剧,使公共资源的配置更有效率,哈丁还提出解决公共地悲剧的方式:明晰产权、污染者付费、政府直接管制等。

(1) **明晰产权**。公共地的悲剧常常因为产权缺失,即某些有价值的物品或资源并没有从法律上界定它的所有者,因此,克服公共地悲剧的一种方法,就是明确界定产权,让使用者的边际成本与边际收益相等,实现资源的有效利用。但是,在大多数情况下,公共资源的规模很庞大,或者有的资源私有化后就失去了原来的价值,比如大气、森林和海洋。

(2) **污染者付费**。尽管作为公共资源的空气不能私有化,但如果政府能明确界定造成空气污染的污染源,就可以通过出售污染许可证的办法进行管理。比如欧洲碳排放交易体系的建立,先设定二氧化碳排放总量的上限,对成员国设置排放限额,排放配额的分配综合考虑成员国的历史排放、预测排放和排放标准等因素。

(3) **政府直接管制**。当有些公共资源既不能私有化,又不能实行配额管理时,就需要政府所有或政府直接经营。公共地悲剧的发生不是因为是公共地,而是因为是无人管理的公地,因此,如果公共地由政府所有,并且政府的管理是高效率的,那么就可以避免公共地悲剧的发生。

8.5 收入分配差距与政府调节

收入分配是经济社会所要解决的三个基本问题之一:为谁生产的问题,即生产出的产品如何分配,收入分配问题是经济学中最令人感兴趣也是最争论不休的问题。经济学家关于收入分配问题争论的焦点集中于以下三个问题:如何衡量收入分配?引起收入差距的主要原因是什么?政府在收入分配和减少贫困中发挥什么作用?对收入分配的研究正是要回答以上三个问题,相应地也包括以下三个方面:一是对收入分配的测度;二是关于收入分配的解释;三是基于公平观点对收入分配的评价以及政府如何运用经济社会的政策工具对收入分配进行调节。

8.5.1 收入分配差距的现实

按照收入分配差距的度量方法,对我国现实经济的收入分配差距进行统计性描述,结果如下。

1. 我国不同收入级别的家庭的收入占总收入的百分比

我们把家庭总数按收入水平划分为同样规模的 5 组，收入最低的占 20%，收入次低的占 20%，中等收入的占 20%，次高收入的占 20%，收入最高的占 20%。考察每组家庭的收入占总收入的百分比，从表 8-3 可以看出，2005 年我国收入最低的 20% 的家庭得到所有收入的 5.73%，而收入最高的 20% 的家庭得到所有收入的 47.81%，收入最高的 20% 的家庭得到的收入是收入最低的 20% 家庭收入的 8.34 倍。

表 8-3　所选年份我国各类家庭组收入占总收入的百分比（%）

年份	收入最低的 20%	收入次低的 20%	收入中等的 20%	收入次高的 20%	收入最高的 20%
2005	5.73	9.8	14.66	22	47.81
2001	4.66	9	14.2	22.1	49.9
1998	5.9	10.2	15.1	22.2	46.6

资料来源：国家统计局网站。

2. 我国收入差距的洛伦兹曲线

图 8-6 所示是我国 2005 年收入分配的洛伦兹曲线，横轴表示各类家庭从左向右的累积百分比，纵轴表示与收入人数相应的总收入累积百分比。如果每个家庭获得平均收入，则洛伦兹曲线是一条平分图标的绝对平均线，在这条线上，20% 的人将获得总收入的 20%，40% 的人将获得总收入的 40%。从图 8-6 可以看出，收入最低的 20% 获得了总收入的 5.73%，40% 的收入者获得总收入的 15.53%，总收入中超过 40% 的数额达到 52.19% 被收入最高的 20% 的人得到。

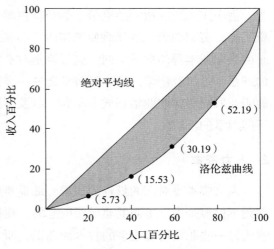

图 8-6　我国 2005 年洛伦兹曲线

3. 部分国家的基尼系数

基尼系数是将洛伦兹曲线转化为数学表达，如果收入是完全平等的，则基尼系数是零，如果收入极端不平等，即一个人拥有所有的收入，基尼系数是 1，基尼系数越大，收入的不平等程度越大。表 8-4 所示是一些国家的收入分配数据。

表 8-4　部分国家的基尼系数

国家	年份	基尼系数	国家	年份	基尼系数	国家	年份	基尼系数
中国	2015	0.46	美国	2015	0.48	意大利	2012	0.35
巴西	2013	0.53	英国	2012	0.33	澳大利亚	2010	0.35
俄罗斯	2012	0.42	德国	2011	0.31	加拿大	2010	0.34

资料来源：世界银行。

8.5.2 影响收入分配的因素

在第 6 章我们介绍了工资是由劳动供给和劳动需求决定的,劳动需求又反映了劳动的边际生产率,在均衡时,工人得到了其生产的物品或劳务的边际产品价值。事实上,劳动市场不同于产品市场,也不同于要素市场,正如卡尔·波兰尼所说:"劳动这种所谓的商品不能被推来操去,不能被不加区分地加以使用,甚至不能被弃置不用,否则就会影响到作为这种特殊商品的载体的人类个体生活。市场体系在处置一个人的劳动时,也同时在处置附在这个标识上的生理层面、心理层面和道德层面的实体人。"⊖实际上,劳动市场经常处于不完全竞争状态,信息是不完全和不对称的,存在外部效应,因此,在劳动市场的供求因素以外,还存在其他影响收入的因素。

1. 补偿性工资

古典经济学家亚当·斯密注意到劳动挣得的差异性,并形成著名的补偿原理。斯密认为,由于工人之间激烈的竞争,劳动存在频繁的流动性,工人总是从低工资工作流向高工资工作,劳动的流动性最终使工作的"净优势与净劣势"均等化。之所以出现工资差异,是因为职业本身的性质不同,高工资是对不愉快的、复杂的、不安全的、责任重大的工作的补偿。古典经济学之后,经济学家进一步证明,由于不同的职业承担的风险不同,不同的职业所需要的职业培训成本不同,以及不同地区的生活成本不同,收入的差别正是这些不同因素的反映。

2. 人力资本

人力资本是对人的投资的积累。最重要的对人的投资是教育,教育和培训意味着收入差距不仅仅是由于不同的禀赋所引起的,在很大程度上还是职业不同的结果,因为一些职业比另一些职业需要更多的技术和知识,而一些人比另一些人在教育和培训上付出了更多的努力、时间以及费用,所以工资收入必然反映这种区别,如果没有这种区别,那么供给就会减少。人力资本理论证明了当不同的工作需要不同的技术投资时,收入差距是必然的。人力资本投资不仅决定了不同工人的生产能力,而且也决定了有着不同教育水平、经验和职业培训的人收入的不同。从图 8-7 可以看出,我国 1995 年到 2006 年这十多年间,高技术人员占多数的行业和低技术人员占多数的行业,其平均劳动报酬之比呈现不断扩大的趋势⊜。

3. 劳动市场的不完全竞争性

当工人被一个或少数几个雇主雇用时,就会出现对劳动的买方垄断或寡头垄断,许多

⊖ 卡尔·波兰尼. 大转型:我们时代的政治与经济起源 [M]. 杭州:浙江人民出版社,2007.
⊜ 申丹虹. 中国劳动市场转型中的个人收入分配研究 [M]. 北京:经济科学出版社,2009.

学者已经证明在买方独家垄断的劳动市场上，工资率和雇用水平都低于完全竞争情况下的工资率和雇用水平，琼·罗宾逊认为买方垄断会造成对工人的剥削；当出现只能雇用工会会员时，就是对劳动卖方的垄断。当工会通过取得某一企业或产业劳动供给的合法垄断时，它就拥有了市场权力。工会对工资的影响也取决于雇主生产所处的市场类型，如果雇主在完全竞争或垄断竞争情况下进行生产，那么工会提高工资率就只能以减少就业为代价；如果企业处于垄断市场，赚取了大量超常利润，那么要比在高度竞争环境下经营的企业更容易涨工资；如果劳动需求曲线缺乏弹性，工会提高工资而又不遭受重大就业损失的能力就更强；如果工会垄断遇到了独家买主，即垄断雇主，不存在"均衡"水平，那么工资率和就业水平最终取决于工会和资方谈判的相对能力。

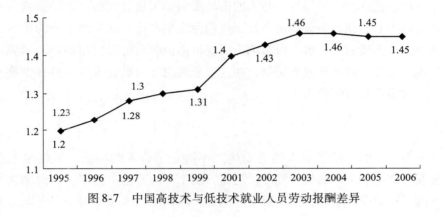

图 8-7　中国高技术与低技术就业人员劳动报酬差异

4. 劳动市场的不完全信息

在现实生活中，完全信息是不存在的，由于不同企业支付不同工资，而工人对许多可以获得的工作机会并不了解，也不能确定哪一个企业会提供何种工资，因此，人们在确定工作岗位之前，通常要搜寻一段时间，而搜寻是需要成本的，对一个理性的求职者来说，他不可能无限期地寻找下去，直至找到令人十分满意的工作为止。事实上，大多数求职者都根据自己的偏好遵循"适可而止"的寻找规则，而另一些人虽然很希望更换工作，但是由于他们不了解情况，所以他们依旧待在原岗位。信息不完全性的存在降低了劳动的供给弹性。对于那些希望增加雇用工人的企业来说，劳动的供给弹性越小，它们为吸引既定数量的额外工人而必须支付的工资就越高。由于信息不完全，企业并不完全了解所招聘工人的质量，在招聘工人时难以决定应该支付多少工资。搜寻理论的提出就是解释工人和企业如何面对这种信息不完全问题，解释为什么存在一些高工资的职位，而另一些人却原地不动。

5. 歧视的存在

如果在其他方面都相同的工人做同样的工作，却由于属于不同的人群（如种族或性别）而获得不同的工资，就产生了歧视。歧视分为市场前歧视和市场后歧视。市场前歧视本质上会使人们有更少的机会接受教育和培训。市场后歧视主要是指工资歧视和就业歧视：工资歧视是指具有相同生产率的人，工资率不同；就业歧视是指限制某些人群从事某些职业或使某些人群承受更大的失业负担。

6. 经济租金和控制范围

经济租金从供给的有限性角度解释了高收入者的收入决定。经济学家用经济租金概念解释明星、企业高级主管等人的高额劳动收入，因为这些人所拥有的技能的供给是相对固定的，而对这种技能的需求却是巨大的，有限的供给和无限的需求结合在一起，使这些人获得可观的收入。控制范围从需求的角度来解释了高收入者的高额收入，大多数人的经济活动在一个很小的范围内，但另外一些人的市场影响范围是巨大的，这种影响力来自对巨额资本和财富的控制，比如企业高级主管，他们做出生产什么或如何生产的决定，而这样的决定将影响企业的赢利或亏损。由影响力而获得高额收入可以应用到许多领域，如职业运动员、影星、歌星、软件开发人员等，在这些领域成功的机会很少，只有少数人能满足市场的需要，从而获得巨额收入。

7. 效率工资

在第 6 章中，我们介绍了工人的劳动生产率决定了收入的高低，但效率工资理论表明，收入分配方式影响工人的努力程度，进而影响工人的劳动生产率。厂商愿意支付高于均衡工资的高工资来雇用工人，高工资可降低工人离职率。如果工人获得在职培训或再培训，那么一旦失去已经培训过的工人，企业的成本会很大。通过支付高于市场出清工资率的工资，使工人不愿意失去具有较高工资水平的工作，有望减少劳动的转换和更迭。有的经济学家认为高工资能激发工人的积极性，能提高工人的平均努力程度，工人可能会更加努力来回报企业，更愿意接受新技术，从而更易提高生产率。

8.5.3 政府对收入分配的调节

收入分配的前两个问题，即收入分配的度量以及引起收入分配的原因，是从实证的角度对收入分配的描述，收入分配的第三个问题，即政府是否应该对收入分配进行干预以及如何干预则属于经济学中的规范研究。均等（equity）和不平等（inequity）两个概念表面看起来虽然有很强的规范性含义，但这两个概念首先是对一种客观的分配结果或分配状态的描述，它只是回答不同人之间分配的结果是否有差别或有多大差距，并不包含对这种分配结果的价值判断，"均等"或"不平等"并不意味着合理或不合理。如果要对分配结果进行价值判断，首先要寻找产生收入差距的原因，然后根据社会认可的公平价值标准，来对分配结果和分配过程进行价值判断。

1. 公平与效率

公平和效率要回答以下问题：什么是效率？什么是公平？两者是否有矛盾？如何处理

两者的关系？所谓效率，就是帕累托效率：一种资源如何重新分配，都不可能使任何一个人的收入增加而不使另一个人的收入减少，帕累托效率的目标是达到资源配置的最优。至于什么是公平，由于对公平的价值判断标准不同，对过程公平和结果公平的强调不同，形成了三种公平观点。

第一种公平观点强调机会和过程的公平。这种观点认为只要决定收入分配的过程是公平的，即使分配的结果显示基尼系数很高，也无关紧要，只要过程公平就是公正的。政府的职责是保证每个人拥有平等的权利，拥有同样的机会发挥自己的才能。一旦建立了公平的规则，政府就没有理由改变由此引起的收入分配结果，因此这种观点认为政府不应该进行收入的再分配。

第二种公平观点强调社会总效用最大化。这种观点强调所谓公平就是使社会所有成员的效用最大化。政府制定政策的目标就应该是使社会上所有人总效用最大化。由于边际效用递减规律，即随着一个人收入的增加，从增加的 1 单位货币中得到的效用是递减的，因此一个穷人从增加的 1 单位货币中得到的效用要大于一个富人从增加的 1 单位货币中得到的效用，因此，为了达到社会总效用最大化，政府应该通过收入再分配政策实现更平等的收入分配。

第三种公平观点强调最小效用最大化。这种观点认为一个公平的社会更应该关注处于收入分配最底层的人群，提高社会中那些状况最差的人的福利，因此，政府应该通过社会转移支付，把富人的收入转移给穷人，增进最不幸者的福利。

第二种和第三种公平观点虽然都为政府的收入再分配政策提供了理论依据，但并不意味着政府的收入再分配政策应该实现每个人的收入完全相同。因为绝对的平均主义会降低人们的工作积极性，当工作量减少时，社会收入就会减少，总效用也会减少。因此，政府必须寻求公平和效率之间的平衡。

2. 政府对收入分配的调节

1）调节的目标。政府对收入分配进行调节的目标是既要促进效率的提高，又要实现公平。首先，重视机会和过程的平等，通过法律、制度的完善，保证给每个人提供平等的就业机会、发展的机会、受教育的机会、迁徙的机会，只有机会和过程平等，才能促进资源尤其是劳动资源的有效配置，使整个社会的经济达到资源配置的最优。其次，机会平等以及过程的公平，并不能保证结果的平等，当收入差距过大时，不仅会带来社会问题，还会影响经济增长，所以，政府对收入分配的调节既要保证机会和过程公平，又要兼顾结果的平等。

2）调节的措施。

第一，最低工资法。对于存在法定最低工资的国家，OECD 的报告指出，从 1980 年至 1997 年，荷兰实际最低工资下降了 21.5%，美国下降了 19%，加拿大下降了 4.4%。但在同一时期，日本的实际最低工资增加了 40.7%，法国增加了 16.4%，新西兰增加了 8.1%，比利时增加了 5.0%，除了新西兰在最低工资增长情况下仍然出现工资不平等以外，其他国家的实际最低工资下降大体上和工资不平等加剧情况相一致。最低工资不仅可以提高工资分配中最低收入水平，而且可以减少低工资收入人数。低工资工人受最低工资的影响最大，那些原来工资不到最低工资水平的可直接增加工资[⊖]。

尽管可以很容易用供给和需求曲线说明高于均衡工资水平的最低工资减少了对劳动的需求，增加了对劳动的供给，结果导致了失业。但是，最低工资对就业的影响主要取决于对劳动的需求弹性，如果对最低工资影响到的不熟练劳动的需求缺乏弹性，那么最低工资所减少的就业就是微不足道的。

第二，收入再分配。美国政府进行收入再分配的主要来源是社会保障税和带有累进性的个人所得税。进行收入再分配的措施主要有：社会保障计划，主要对退休或丧失劳动能力的人以及他们的遗属进行支付，另外为老年人和残疾人提供医疗与健康保险；失业补贴，对失业工人的补贴；福利计划，对那些不符合社会保障和失业补贴条件的人提供收入。

本章小结

本章讨论了市场失灵和针对市场失灵的措施特别是政府经济政策。市场失灵主要表现为垄断、信息不对称、外部效应以及公共物品等，这些因素阻碍了市场机制对资源配置的调节。就垄断而言，垄断不仅造成低效率和社会成本，而且还产生了寻租行为，政府应该通过立法来管制垄断行为，并且通过经济手段来调节自然垄断企业。不对称信息造成交易前的逆向选择问题以及交易后的道德风险问题，只有市场交易双方和政府共同采取措施才能纠正信息不对称造成的问题。无论是正的外部效应还是负的外部效应，都会造成低效率，可以通过政府的直接管理以及间接调控来纠正外部效应，市场以及第三种力量也是纠正外部效应的不可或缺的力量。公共物品具有非排他性和非竞争性，容易出现搭便车问题。为了避免搭便车现象，公共物品的供给适合由政府提供，无人看管的公共资源容易出现"公共地悲剧"，需合理使用公共资源。即使以上市场失灵都得到纠正，资源配置达到帕累托最优，结果也可能出现不能忍受的收入悬殊问题，因此，政府应该通过制定经济政策，既保证分配过程的公平，又调节分配的结果。

实训与实践

一、基本概念

1. 市场失灵　　　　2. 信息不对称　　　　3. 外部效应
4. 公共物品　　　　5. 寻租　　　　　　　6. 搭便车

[⊖] Sebastián Waisgrais. Wage inequality and the labour market in Argentina: Labour institutions, supply and demand in the period 1980-99. International Institute for Labour Studies Geneva. 2003.

7. 公共地悲剧   8. 效率工资   9. 逆向选择
10. 道德风险

二、分析简答
1. 举例并作图说明垄断的社会成本。
2. 分析道德风险和逆向选择对市场经济活动的影响。
3. 分析正的外部效应和负的外部效应对经济的影响。
4. 什么是"科斯定理"？"科斯定理"成立的条件是什么？

三、论述
市场失灵有哪些表现？如何克服市场失灵？

参 考 文 献

［1］　吕建军. 微观经济学原理［M］. 2版. 广州：暨南大学出版社，2008.
［2］　曼昆. 经济学原理［M］. 梁小民，译. 北京：北京大学出版社，1999.
［3］　高鸿业. 西方经济学［M］. 4版. 北京：中国人民大学出版社，2007.
［4］　黄亚钧，等. 微观经济学［M］. 2版. 北京：高等教育出版社，2005.
［5］　梁小民. 西方经济学导论［M］. 2版. 北京：北京大学出版社，2005.
［6］　吴易风. 西方经济学［M］. 北京：中国人民大学出版社，1999.
［7］　卜洪运. 微观经济学［M］. 北京：机械工业出版社，2009.
［8］　平狄克，鲁宾费尔德. 微观经济学［M］. 高远，等译. 北京：中国人民大学出版社，2000.
［9］　汪祥春. 微观经济学［M］. 大连：东北财经大学出版社，2004.
［10］　弗兰克，伯南克. 微观经济学原理（原书第4版）［M］. 李明志，等译. 北京：清华大学出版社，2010.
［11］　霍格A，霍格J. 经济学导论［M］. 刘文忻，等译. 北京：华夏出版社，2004.
［12］　赵英军. 西方经济学［M］. 北京：机械工业出版社，2006.
［13］　萨缪尔森，诺德豪斯. 经济学（原书第17版）［M］. 萧琛，译. 北京：人民邮电出版社，2003.
［14］　哈伯德，奥布赖恩. 经济学（微观）［M］. 北京：机械工业出版社，2011.
［15］　萨缪尔森，诺德豪斯. 经济学（原书第12版）［M］. 萧琛，译. 北京：中国发展出版社，1992.
［16］　刘秀光. 微观经济学［M］. 福州：厦门大学出版社，2003.
［17］　张世贤. 经济学演义［M］. 北京：华夏出版社，2004.
［18］　张卫东. 微观经济学［M］. 北京：首都经贸大学出版社，2003.
［19］　马歇尔. 经济学原理［M］. 朱志泰，译. 北京：商务印书馆，1964.
［20］　罗宾斯. 论经济科学的性质和意义［M］. 朱泱，译. 北京：商务印书馆，2000.
［21］　张延. 对西方经济学基本前提假设的研究［J］. 北京大学学报（哲学社会科学版），1998（5）：112.
［22］　范里安. 微观经济学：现代观点［M］. 上海：上海三联书店，1994.
［23］　蔡继明. 微观经济学［M］. 北京：人民出版社，2002.
［24］　高鸿业，吴易风，吴汉洪，等. 现代西方经济学：上册［M］. 2版. 北京：经济科学出版社，2001.
［25］　帕金. 微观经济学（原书第8版）［M］. 张军，译. 北京：人民邮电出版社，2009.
［26］　佟琼，杨旭. 经济学原理：微观［M］. 北京：机械工业出版社，2011.
［27］　申丹虹. 中国劳动市场转型中的个人收入分配研究［M］. 北京：经济科学出版社，2009.